La Insurreccion En Filipinas
– Primary Source Edition

Manuel Sastrón

LA INSURRECCIÓN

EN

FILIPINAS

POR

MANUEL SASTRÓN

ex Diputado á Cortes,
ex Gobernador civil en aquellas islas, Consejero
de Administración, ex Intendente general de Hacienda interino,
Capitán en el escuadrón Voluntarios de Manila, etc., etc.

TOMO I

MADRID
IMP. DE LA VIUDA DE M. MINUESA DE LOS RÍOS
Miguel Servet, 13. — Teléfono 651.
1897

PROEMIO

A un pueblo que ofrece tales mórbidas manifestaciones cuales las que
acaba de presentar gran parte del
pueblo tagalo, antes que ser discutido por los políticos y juzgado por los
historiadores, le interesa ser objeto
de las reflexiones de los moralistas y
del diagnóstico de los médicos, porque si estos elementos científicos,
juzgando el mal aludido, lo declarasen «una pérdida del equilibrio en
el constitutivo moral, obtendríase
como consoladora atenuante para
hechos tan inauditos cuales los de
la presente rebelión en Filipinas,

una explicativa clara, una razón de
patogenia digna de no ser menos-
preciada por aquellos que legislan y
definen en juicios solemnes para lo
presente y lo futuro».

Entendemos fuera fortuna singular para el gran número de filipinos
ingratos, determinadores del triste
cruel acaecimiento revolucionario
de 1896, poder aplicar al hablar del
mismo aquella frase del Dr. Laborde
en sus interesantes cartas á su co-
lega el Dr. Moreau: «un vent de·fo-
lie, a passé par là», ó lo que es igual
para nosotros: el pueblo tagalo acaba de sufrir un verdadero intenso
acceso de locura.

Solamente evocando esta hipótesis es como nosotros, testigos pre-
senciales de los hechos, podremos
contener en algo, no en todo ni aun
en mucho, las durezas justísimas
que debemos producir y produciré-
mos al calificar y somera y pobremente describir el delito perpetrado

por los rebeldes tagalos contra la
secular magnánima dominación española en el extremo Oriente; en el
gran Archipiélago filipino; en ese
vasto imperio que, para la Corona
de España, adquirieron los heroicos
inconcebibles esfuerzos de Magallanes y de Legaspi, fieles intérpretes
de la sabia ley con que España trazó
el procedimiento suave, humanitario, verdaderamente cristiano con
que aquellos indios han sido regidos
en·el transcurso de todos los tiempos y edades.

Desde la poquedad de nuestras
fuerzas de inteligencia no nos es
posible acometer, ni lo soñamos,
empresa tan ardua cual para nosotros fuera la de relatar por modo
completo, bien y fielmente, «la insurrección filipina de 1896», de perdurable, execrada y tétrica memoria: lo que meramente intentamos,
por impulsos de nuestro patrio amor
y de nuestro afecto singular hacia

aquella española tierra, desde nuestra juventud muy frecuentada, es:

1.º Recordar algo del estado político-social en que hallaron los españoles á los indígenas filipinos.

2.º Bosquejar cuánto entendemos debe ese pueblo filipino á la dominación española.

3.º Discurrir brevemente acerca de lo que en concepto nuestro se refiere al período preparatorio y prodrómico de la abonimable rebelión de los tagalos á quienes aludimos.

4.º Detallar un poco de la rebelión misma.

5.º y último. Puntualizar lo que nuestro juicio nos señala como más conveniente para la causa santa de la integridad del territorio.

Si por la pureza de nuestras intenciones el lector quiere disimular nuestras notorias deficiencias de forma, y sobre todo las que podamos revelar en doctrinales ideas, recibiremos merced, hacia la cual siempre prodigaremos el más sincero reconocimiento.

MANUEL SASTRÓN.

Madrid, 1897.

CAPÍTULO PRIMERO

Síntesis del estado político-social en que los españoles hallaron á los pobladores de las islas Filipinas.

Entre las conquistas y descubrimientos de pueblos ignotos, de que puedan gloriarse genéricamente los 456 millones de individuos que constituyen la raza blanca ó caucásica, no se ha logrado una de las primeras ni efectuado uno solo de los segundos, por modo más conforme con la moral cristiana, que aquel que se evidencia en el descubrimiento, conquista y régimen instituído por los españoles en el Archipiélago filipino.

Un puñado de heroicos navegantes, montando frágiles carabelas,
ninguna mayor de 130 toneladas,
dirigidas con brújula, cuyas observaciones no podían ser enmendadas,
desconociéndose, según se descono-
cían, las oscilaciones de declinación;
un puñado de hombres de espada,
quienes la esgrimieron en más ocasiones que para sostener el derecho
de dominio, indiscutible por toda
ley moral, natural y divina, fielmente interpretadas por la ley civil y por
los códigos internacionales, para di-
rimir contiendas y vengar ultrajes
que de continuo y desde lo inmemo-
rial venían manteniendo é infirién-
dose los pueblos que aquéllos venían descubriendo; y un puñado de
misioneros (¡¡los frailes de Filipinas!!) que acompañaban siempre
aquellas expediciones y quienes con
cristiana fe y palabra santa, brota-
da de sus labios entusiasta y elocuente, afrontando todo linaje de

riesgos personales, fueron los verdaderos conquistadores de aquellas
hordas de salvajes ó semisalvajes,
ya fueran éstas compuestas de *aetas*
ó de *malayos:* un puñado de navegantes, un puñado de hombres de
espada, un puñado de frailes, de todos los cuales, religiosos, guerre-
ros y navegantes, sólo algún escor-
bútico por las privaciones solía lograr volver á ver el lugar y sitio de
su cuna: tres puñados de hombres,
en uno solo amalgamados y patrióticamente confundidos; hé aquí los
tres elementos que el cielo envió,
por medio de la España de Felipe II,
á las tierras que constituyen el Archipiélago magallánico.

Y con la feliz llegada de aquellos
españoles inicióse allí, con la primera misa celebrada en la embocadura del río de Butuan y año de 1521,
la era dichosa de la nueva vida, la
vida del Evangelio y de la civilización para aquellos desdichados pue-

blos, presa de la ignorancia y de la barbarie.

¿Cuál era si no el estado político social en que sumidos estaban?

Hallaron los españoles en Filipinas menos de un millón de habitantes, divididos en tribus sojuzgadas por caudillos ó reyezuelos, *Datos* entre los bisayas, *Maguinoo* entre los tagalos, sin otro título de soberanía que el impuesto por la mayor fuerza bruta y crueldades de quien con tales atributos de vida muscular y perversidad de sentimientos lo pretendía y lograba.

Hallaron los españoles en aquellas tierras oceánicas, por Magallanes descubiertas y por Villalobos llamadas Filipinas, una exigua representación de infinidad de razas inferiores, todas malayas y mongólico-malayas, de cuyos odios recíprocos y de cuya división y confusión es buena prueba los treinta y un dialectos que allí se hablaban entre aquellas tribus, sin

otro objetivo que el de guerrear unas
con otras hasta el logro del exterminio de la más débil.

Hallaron los españoles unas rancherías, en las cuales los habitantes
que poseían caracteres más marca-
damente malayos no tenían otro Dios
que el Sol y Bathala, al cual repre-
sentaban pornográficamente con los
atributos de los dos sexos, unidos
por un zig-zag ó *S* horizontal, sím-
bolo para ellos de la luz increada;
además de á este Bathala ó *dios fabri-
cador* y al Sol, adoraban á la Luna y
á las estrellas, como los asirios, y á
algunas aves y animales, singularmente el caimán ó cocodrilo, otorgando gran veneración y respeto á
los *Anitos* y á los *Dinatas,* es decir, á
ídolos que por herencia recibían de
sus antepasados los tagalos y los bisayas: unas gentes, que no tenían
templos ni rito alguno, y sí solamente una clase sacerdotal, constituída por unas cuantas mujeres em-

baucadoras que se denominaban *catalonas* ó *babaylanas*, según eran tagalas ó bisayas.

Hallaron los españoles en aquel extremo Oriente un pueblo sin mantener documento ni tradición alguna respecto de su origen y antigüedad; gentes sin noción ni práctica de derecho alguno positivo; pueblos llenos de supersticiones degradantes todas, ya fuesen éstas del grupo de las inofensivas, cual la del «Bugniac ti siroc ti lato», en virtud de la cual, una ceremonia celebrada en familia para cambiar de nombre á un niño enfermizo, bastaba para asegurar la salud de éste y cambiar en el mismo su endeble temperamento por otro de brillo, en orgánicas energías, ó ya correspondiesen tales supersticiones á las sangrientas, de las cuales aun se practica en algún pueblo del Norte de las islas la que se refiere á una, la más brutal interpretación que puede dar la ignorancia á los fenómenos de rigidez cadavérica. Cuando por ella el cadáver del indígena presenta en tiesura un dedo de sus manos, el individuo que le sucede en la jefatura de familia, obligado queda por mandato del muerto á producir una víctima, á matar á otro, sea quien fuere el deparado por el acaso, con el fin de que el asesinado por tal aterradora superstición empuje al fallecido por enfermedad ó afecto cualquiera común, hacia la región del eterno bienestar.

Hallaron los españoles gentes tan desdichadas en todo orden y desde todo punto de vista, que después que se les dió á conocer la pólvora, la aplicaron al «arte de partear» del modo que el Dr. Bowring describe en los literales términos siguientes:

«Cuando llega este caso (alude al »en que una mujer indígena da á »luz), se llama á la *mabuting hilat* ó »partera. Si el parto es laborioso, se »supone obra de los espíritus dañi-

»nos, y para dispersarlos se dispara »á la misma cabecera de la paciente »una caña cargada de pólvora, cuyo »tiro produce una gran explosión.

»La criatura recién nacida se co-»loca inmediatamente en una al-»mohada ó estera y se pone al aire, »á fin de hacer que salgan los ma-»los espíritus del cuerpo, á cuyo »efecto encienden tres velitas de »cera, y las colocan en la barba y en »los dos carrillos del infante, expo-»niéndole á una desgracia. Estas »costumbres son en todo lo posible »reprimidas por los misioneros, que »procuran sustituirlas con las prác-»ticas de la Iglesia.»

La observación del Dr. Bowring es ciertísima, según con toda verdad afirma un distinguido comentador de la obra *Una visita á las islas Filipinas,* escrita por el citado doctor, ex gobernador de Hong-Kong y ministro plenipotenciario que fué en China, y poseedor tal vez del criterio más desapasionado entre los extranjeros que han descrito las tierras filipinas y que han comentado la gloriosa dominación española. Aun en muy próximos pasados años se tenían noticias de existir entre las más ignorantes familias indígenas casos análogos á los que tan verídicamente relata el Dr. Bowring.

Pero llegaba á más, á mucho más, la abyección de aquellos pueblos, porque los españoles hallaron entre ellos gentes de tan bárbaras sangrientas costumbres, según concienzudamente afirma L'Abté Migne, que solían aquéllos celebrar la muerte dada á alguno de nuestros valerosos castellanos, sirviéndoles de vaso común para beber el cráneo del asesinado por alguna flecha de las que usaban, y hoy usan, de punta envenenada con tóxicos que llevan como adherentes al arco que las despide.

Hallaron los españoles un pueblo

enteco por la inanición, con gran error por alguien todavía llamada sobriedad de los países cálidos: gentes aniquiladas por la piratería, sin tener idea de la propiedad territorial, ni de la industria ni del comercio, consistente en aquellas fechas en sólo el cambio de ganado con sus vecinos los chinos y los de Borneo.

Hallaron los españoles gentes que vivían conculcando los más elementales preceptos del derecho natural y de la moral cristiana: un pueblo constituído por familias libres y de libertos que surgían de una esclavitud, la cual se adquiría y sufría por la venta que de sus propios hijos hacían los padres, ó por el vil contrato con que un acreedor explotaba la imposibilidad de que un deudor le pagase el importe de un bahaque ó taparrabos.

Hallaron los españoles unas tribus que no conocían la moneda, pero que, sin embargo, gemían bajo la pesadumbre de tributos enormes pagados en especie, además de prestar sin remuneración alguna cuantos servicios personales reclamaba el provecho del cacique, á quien seguían por sólo el instinto de propia conservación compelidos.

Hallaron los españoles gentes en que los donativos redimían de las penalidades impuestas por los delitos más graves; rancherías, regidas en cada agrupación por un déspota, sólo en ocasiones rodeado de lo que se llamaban principales, monopolizadores con aquél, de todo lo poco que producían aquellas fertilísimas tierras de miseria, desolación y muerte.

En ellas no era indisoluble el contrato matrimonial: con sólo reintegrarse de la dote el marido ó la mujer, según cuál de los dos fuese el culpable, podían recíprocamente repudiarse y casarse de nuevo. Si en el matrimonio no se lograban hijos, podía el marido, con el beneplácito de su mujer, haberlos en esclava; y si entre los tagalos no se notó la poligamia, entre los bisayas era muy común observar que un principal viviese con dos ó tres mujeres, consideradas todas legítimas.

Siempre que entre aquellas miserables gentes se practicaba algún sacrificio en pro de la salud de un enfermo, colocábase al lado de éste el animal que iba á ser sacrificado: generalmente era una tortuga de mar ó un cerdo. La sacerdotisa hería á este animal, y con la sangre que se obtenía por aquella incisión, se friccionaba el cuerpo del enfermo y los de quienes cuidaban á éste: sin embargo, hasta después que al animal sacrificado se le extraía el hígado, víscera con minuciosidad reconocida por la sacerdotisa, no podía ésta establecer el pronóstico correspondiente al enfermo.

Tal es en incompleta síntesis el estado de profundo abatimiento en

que sumido estaba el escaso millón
de individuos de raza malaya, en sus
ramas tagala y bisaya, que hallaron
los españoles; estado horrible, si no
de igual, de mayor abyección al que
ofrecían los dayaks ó malayos de
Borneo, y sus congéneres los maca-
sares y los javaneses.

CAPÍTULO II

Rápida enumeración de algunos conceptos por los cuales el pueblo filipino debe gratitud eterna y sumisión constante á la dominación española.

1.º Especial carácter del régimen político instituído. — 2.º Cristianización de aquel extenso territorio. — 3.º Origen de la propiedad territorial. — 4.º Reclutamiento del ejército indígena.—5.º Tributación comparada.—6.º Aprovechamientos forestales. — 7.º Contribuciones industrial y urbana.—8.º Comercio.—9.º Presupuestos.

1.º *Especial carácter del régimen político instituído.* — Menos de tres siglos y medio de dominación española han realizado en aquella España oceánica el más portentoso favorable cambio que las edades presentan en la historia de la humanidad.

La dominación española instauró, y sin solución de continuidad ha seguido en Filipinas, desde el mando de Legaspi hasta nuestros días, un sencillísimo régimen político, concordando con todas las medidas de gobierno, lo único que en aquel pueblo rudimentario, cuando lo hallaron los españoles, había, que pudiera considerarse muestra de lo que siquiera tendiese á humanización y cultura: el respeto á los jefes de familia, á los ancianos y á los jefes de tribu.

Pero al mismo tiempo nuestros antiguos monarcas, al acrecentar y ampliar sus cetros gloriosos con los territorios de las Indias, iniciaron en éstos, y constantemente en ellos siguieron, una política de asimilación. Todos los gobiernos de la Metrópoli han venido refrendando después interminable serie de medidas inspiradas en el mismo magnánimo proceder, sin similar en la historia colonial de nación alguna.

«Porque siendo de una Corona los »Reinos de Castilla y de las Indias, »las leyes y orden de gobierno de »los unos y de los otros debían ser »lo más semejantes y conformes que »ser pueda; los de nuestro Conse- »jo en las leyes y establecimientos »que para aquellos pueblos ordena- »ren, procuren reducir la forma y »manera del gobierno de ellos, al »estilo y orden con que son regidos »y gobernados los Reinos de Castilla »y de León, en cuanto hubiere lugar »y permitiera la diversidad y dife- »rencia de las tierras».

Hé aquí la Ordenanza 14 del Consejo, dictada por el Rey D. Felipe II y reiterada por D. Felipe IV en la 13 de 1636.

Pues bien: la dominación española, destruyendo entre aquellas gentes del Archipiélago filipino todas las tiranías de los datos y principales que regían las tribus, cimentó el organismo nuevo político-administrativo sobre la base tradicional de que el indio viviese bajo la tutela de sus principales, tutela privada, es claro, de las violencias que ofrecía antes de nuestra dominación.

De este modo, asumiendo cuanto á generales intereses atañe, daba la dominación española á la administración local, con generosidad admirable, una vida esencialmente comunista.

¿Qué le falta hacer á la Administración española de lo que en buena ley debiera conducir más derechamente al bienestar de aquellos habitantes á quienes en tal grado de ignorancia halló?

La dominación española ha llevado á Filipinas en toda su extensión, sin limitaciones de raza, ni de tiempo, ni de distancia, no lo más sustancial, sino todo cuanto revela un progreso señalado en el régimen político de la Metrópoli.

Por vehemente, patriótica iniciativa de Ministros de la Corona, por muy diversas doctrinales ideas separados, á Filipinas se llevaron, sin otro impulso que el de procurar el mejoramiento de aquellos pueblos, que por modo tan admirable lograron todas las más importantes medidas de administración y gobierno.

A Filipinas fué *hasta el Código penal* vigente en esta madre patria, conducido por el Real decreto de 4 de Septiembre de 1884, que refrenda el Ministro de Ultramar señor Conde de Tejada de Valdosera.

Á Filipinas fué, por el mismo señor Ministro refrendado, el Real decreto de 29 de Mayo de 1885, creando *hasta* los Juzgados de paz, que en su casi absoluta totalidad los desempeñan los indios: soberana disposición confirmada por otro Real decreto de 5 de Enero de 1891, que refrenda el Ministro Sr. D. Antonio María Fabié, de las mismas políticas doctrinas que el señor Conde de Tejada de Valdosera, y por igual honradísimo, y ambos, hombres de proclamada conspicuidad y de estudio asiduo.

Á Filipinas fué, conducido por el Real decreto de 31 de Julio de 1889, *hasta el Código civil* que en la Península rige, sin que tenga para aquellas islas otra alteración que la establecida por Real orden de 31 de Diciembre del mismo año, correspondiendo los títulos 4.° y 12 del libro 1.°, que se refieren al matrimonio y á los registros.

Á Filipinas fué, por el Real decreto de 19 de Mayo de 1893, conducido el nuevo «Régimen municipal», en el que resulta admirablemente combinado el respeto á la secular legislación, con los progresos que en la vida local desarrollarse deben, para alcanzar en suma los que á todo el territorio interesan.

De esa famosa ley, en cuyo ilustre autor el Ministro Sr. Maura, justo es declarar que los elementos todos de más valimiento para la sana crítica, reconocen el más entusiasta anhelo de establecer por el amor recíproco entre los pueblos coloniales y su Metrópoli los vínculos sagrados determinados por el descubrimiento y conquista, en un sabio libro, recientemente publicado por el R. P. Procurador y Comisario de Agustinos calzados misioneros de Filipinas, libro que en atento B. L. M., suscrito por los otros PP. Procuradores de Dominicos, Franciscanos y Recoletos, acabamos de recibir con honrosa satisfacción, se lee lo siguiente: «Reco- »nocemos en la exposición al autor »de un privilegiado talento, dirigido »y halagado por su levantado deseo; »distinguimos la idea del bien del »progreso municipal que persigue; »pero al calcarla en los moldes del »Municipio peninsular para ser tras-

»ladada á aquellas abrasadoras lati-
»tudes, se padece un error lamenta-
»ble: el de creer ó juzgar similares los
»pueblos de allende y de aquende.»

Texto literal, que contiene concepto análogo al que nosotros expre-
samos, sin elocuencia alguna, en estos otros términos de escueta fran-
queza: ¿Por qué el ilustradísimo Ministro de Ultramar Sr. Maura fué
tan magnánimo? ¿Por qué la dominación española en Filipinas viene
siendo tan y tan ilimitadamente con-
fiada y generosa con aquellas gentes
de tan distinta raza, de civilización,
á pesar de nuestros esfuerzos, aun no
completada, y de costumbres todavía tan insanas?

Y desde este único punto de vista,
para mirar sin apasionamiento los
hechos, podrá alcanzarse la razón
con que en las aplicaciones de la ley
Municipal á que aludimos pueda y
deba achacarse alguna deficiencia á
los instauradores prácticos, aunque

no fuese en modo alguno por voluntad torcida ocasionada; será lícito,
y desde luego razonable y seguro,
ejercer el perfecto derecho que la
Administración española tiene para
acusar de ingratitud supina á los indios que la tal reforma no supieron
bendecirla y grabarla indeleblemente
en la propia trama de su corazón,
pero jamás podrá nadie con justicia,
del dictado de esta ley, concordada
con toda secular tradición legislativa
en Filipinas, derivar otra cosa que no
sea loor y encomio para el esclarecido Ministro Sr. Maura y Montaner.

2.º *Cristianización de aquel extenso
territorio.* — La dominación española
ha logrado en Filipinas la evangelización de un pueblo idólatra, convir-
tiéndolo en un pueblo cristiano, merced á la constante santa labor de
nuestros misioneros. Ha aumentado
la población en el 90 por 100 cabal
de lo que la encontró, pues aquella

superficie de 345.000 kilómetros cuadrados, que es la totalizada por las sumas parciales de la extensión que ofrecen las más de 1.200 islas diseminadas por aquel mar proceloso de los baguíos ó tifones, presenta hoy, aunque sea desigualmente distribuída, una densidad de población expresada por 20 habitantes para cada kilómetro cuadrado. Pero en realidad, la densidad de población obtenida en Filipinas es muy superior á la de casi todos los pueblos de Europa, y más superior aún en todos los de América, en donde tal vez uno solo de éstos la haya adquirido igual, porque si de la superficie expresada se resta aquella que ocupa, población que sólo nominalmente está bajo la soberanía de España, superficie que, según se lee en los interesantes concienzudos estudios del ex Intendente general de Hacienda de aquellas islas Sr. Jimeno Agius, asciende á 150.000 kilómetros cuadrados, resulta que no son 20, sino 41, los habitantes que en Filipinas corresponden á cada unidad de tal superficial medida.

3.º *Origen de la propiedad territorial.* — La dominación española, que acabó con la piratería y con todas las guerras intestinas, creó la propiedad territorial, entregándola al indio que simplemente ofrecía labrar las tierras, en cuya plena posesión después le ha garantizado con toda la fuerza de la ley Hipotecaria misma que rige en la Península, pero con una notable diferencia, y es que en Filipinas no la ha sujetado á contribución alguna.

4.º *Reclutamiento del ejército indígena.* — La dominación española creó, y ha venido manteniendo, un reducísimo ejército indígena, constituído *in totum* por voluntarios, ó formado en virtud de tan expansivas leyes de reemplazo, que han per-

mitido éstas acudir á las filas aquellos indígenas á los cuales les parecía bien acudir, siempre y no más
del uno por ciento de los que se sor-
teaban.

5.º *Tributación comparada*. — La
dominación española en Filipinas
mantuvo durante más de trescientos años el carácter de los tributos
en aquel archipiélago, moralizando
la exacción de los mismos y mante-
niéndola siempre en exiguas proporciones, cuando eran tan enormes
las que satisfacían los indígenas á
sus caudillos; y al reunir nuestra
Administración en un solo concepto
para tributar, los diferentes en que
se recaudaba en aquellos pueblos lo
que para el sostenimiento de las
leves cargas públicas se precisaba,
creóse el impuesto de cédulas personales por Real decreto de 6 de Marzo de 1884. El producto íntegro de
este impuesto lleva al Tesoro canti-

dad que no llega á *siete millones de pesos;* y como quiera que este impuesto es el único tributo, pues es sucedáneo de los que se recaudaban con el nombre de *Tributos de naturales y de mestizos, diezmos de reservados, industria del rom, sanctorum, Cajas de Comunidad* y otros anexos á estos conceptos, resulta, que no asciende á un peso lo que á cada natural de las islas corresponde satisfacer al Estado por cambio de la vida tan cómoda que éste le proporciona. Este tributo, además, viene á satisfacerlo en mayor cuantía el español peninsular en aquellas islas residente y sea cual fuere el estado y condición social que disfrute ó sufra; el oficial quinto de Administración civil, tributa más que el indígena más acaudalado. ¡La tributación en Filipinas, limitada puede decirse á lo que acabamos de expresar á grandes rasgos, mientras que en los Estados de Europa diez lustros há que cada habitante ya satisfacía de 25 á 50 pesetas! Y el tiempo pasa, aumentando, sí, la población y la pública riqueza en todas esas naciones, pero habiendo de soportar, según patrióticamente en todas ellas los contribuyentes soportan, incomparables mayores gravámenes.

La contribución que satisface al Estado cada habitante de la Australia asciende á 37 pesos, al propio tiempo que no llega á 16 pesos lo que satisface cada ciudadano de Inglaterra. A 10 pesos 60 céntimos asciende lo que paga cada habitante en Portugal; á 10 pesos 80 céntimos el de Suecia y Noruega; á 11 pesos 20 céntimos el de Bélgica; á 12,80 el de Alemania; á 13,60 el de Austria Hungría; á 17,40 el de Francia, aproximándose á 10 pesos lo que en promedio paga cada habitante en nuestra madre patria.

Y si el nuevo régimen político administrativo en la India inglesa ha

librado á aquellos habitantes indígenas de las violencias tributarias que
en el actual imperio indobritánico ca-
racterizaron la dominación del mismo ejercida por la Compañía de las
Indias hasta las adversidades del In-
dostán, bien asegurado queda para
Inglaterra el monopolio del mercado colonial, pingüe rendimiento para
el tesoro y muy provechoso á todo el
país colonizador de aquel vastísimo
territorio.

Francia percibió hasta por semes-
tres adelantados los impuestos establecidos en sus colonias de la Indo-
china sobre las tierras destinadas al
cultivo del arroz, entregándose al Gobierno, en especie, las muchas que
por agentes del mismo se dirigen y
el producto de las que arrienda, interviniendo además el Gobierno las
ventas y encargándose de la exportación de todos los productos agrícolas
del país.

Holanda, hasta el Gobierno de Vander-Bosch, del gran reorganizador de la Administración de Java, que resueltamente quiso implantar allí el régimen instituído por los españoles en Filipinas, venía, á pesar de aquel deseo, que á muchos ha hecho afirmar similitud entre nuestras leyes de Indias y la Ordenanza de Holanda de 1650, exigiendo á los javaneses un tributo que representaba las dos quintas partes de sus cosechas; y aunque no se mantiene ya la esclavitud, el Gobierno holandés percibe por el producto de los cultivos y de las industrias agrícolas que explota (incluso la del opio, sólo de la cual obtiene millones de pesetas) la cifra importante con que atiende la totalidad de gastos de sus colonias orientales, y el déficit que ofrece el de las occidentales: aun obtiene la metrópoli un *superávit*.

6.º *Aprovechamientos forestales.* — ¡La tributación en Filipinas, en aquel

tan portentosamente fertilísimo suelo, traduciéndose en la práctica esta
tan manifiesta fortuna por un in-
greso cuando más alto calculado en
170.000 pesos, como producto obtenido de aquella constitución forestal
y de aquellos montes maderables
tan dignos de admiración! ¡Aprovechamientos forestales en Filipinas,
cuando siempre han sido libres y
gratuitos los de pastos, jugos, frutos, resinas, almácigas, gomas, maderas tintóreas, las leñas y las esta-
cas para las pesquerías, según el artículo 20 del Reglamento definitivo
para el servicio del ramo de montes!
¡Aprovechamientos forestales, cuando todos los vecinos de aquellos pueblos, sin distinción alguna, disfrutan
el derecho de aprovechar gratuitamente en los montes del Estado las
maderas necesarias para recomponer
la casa en que habitan ó para construir una nueva si carecieran de
ella, para fabricar aperos de labor y

para construir embarcaciones destinadas á transportar los productos
agrícolas! (Art. 26 del Reglamento
citado.)

7.° *Contribución industrial y urbana.* — Y si la riqueza agrícola no
sufre carga alguna, si el comercio
tampoco la lleva sino por modo le-
vísimo, la industria, ¡ah!, ésta ha
debido llegar en Filipinas á ser en
realidad el gran principio en que se
fundase la pública riqueza, pues ni
la industria agrícola, ni la minera,
ni la manufacturera, puede decirse
que satisfacen un centavo, y eso que
solamente esta última transige en
los mercados y obtiene de millares
de telares caseros cantidad muy importante, tal vez superior á la que
con tantas ventajas para aquellos
pueblos transigía con anterioridad al
famoso decreto de los comienzos de
este siglo la Compañía de Filipinas.
De todos modos, sólo la tradicional

apatía de los indios filipinos es la que explica el escaso desarrollo de este poderoso factor de prosperidad pública.

La dominación española instituyó, administra y cobra una contribución industrial, en términos que sólo á gratitud imperecedera obligar debe, puesto que la tabla de exenciones á que la Administración pública se atiene, excluye de esa contribución á todas las clases pobres de la sociedad filipina, con el fin de favorecer todas las pequeñas industrias; pero es que además fija para las industrias grandes, cuotas ciertamente muy distanciadas de la proporcionalidad entre ellas y las utilidades sumadas á quienes las ejercen.

La dominación española, hasta muy poco há, hasta primeros de Julio de 1879, no había gravado la propiedad urbana en aquellas islas en un solo centavo, y cuando el agrande de los servicios públicos se lo impuso, señaláronse para las fincas de tal clase, *de las cuales se perciba alguna renta,* el 5 por 100 de la líquida, deduciendo de la declarada el 40 por 100 en favor del dueño si la finca era de mampostería, y por igual concepto el 50 por 100 si la finca era de materiales ligeros, para gastos de conservación, reparos y huecos.....

¡Una llamada contribución urbana que conduce á las arcas del Tesoro público la nimia, sarcástica cifra de 134.000 pesos, para relacionarla con las viviendas, muchas de ellas espléndidas, que ocupan 8.000.000 de habitantes!

8.° *Comercio.* — ¡La tributación en Filipinas, lo mismo ayer que hoy y siempre, revistió y reviste caracteres de una verdadera dejación de derechos por parte del Estado en beneficio de los intereses particulares, especialmente de los que corresponden á los indios filipinos. Cuando en aquella libertad de un comercio que jamás tuvo más trabas que las supuestas, se hizo preciso dictar alguna ley estancando algún artículo, solíase añadir en la pragmática que lo estableciera la sencillísima paternal frase, «donde no se irrogue perjuicio alguno á los indios».

Y á los extranjeros, ya en los comienzos de nuestra dominación, se les otorgaron todos los beneficios de nuestras leyes en tal materia. ¿En dónde otro testimonio igual ó mayor del desprendimiento y generosidad del Estado?

Favoreciendo todo ello, y en vertiginosa progresión, por nada interrumpida, la contratación y el comercio, hase llegado en Filipinas á poder exhibir en los tiempos que corremos cuadros comparativos en nuestras Aduanas del valor y significación que ofrece el siguiente:

ADUANAS

Recaudación obtenida en las Aduanas de Filipinas desde el año 1865 al 1894.

Quinquenios.	Promedio.
1865- 69	869.549,76
1870- 74	997.833,04
1875- 79	1.382.994,79
1880- 84	2.231.303,23
1885- 89	2.328.466,76
1890- 94	3.929.767,94

Pero sobre todo desde el año 1809, la dominación española, con su gallardo sistema de administración, ha venido otorgando tal suerte de facilidades y de protección para el comercio, que al Archipiélago filipino han acudido representaciones de respetabilísimas casas mercantiles de todas las naciones del mundo, y hanse instalado allí otras, principalmente inglesas y alemanas, que mueven sus propios capitales con éxito no logrado por españoles peninsulares dedicados á operaciones análogas.

¡Una dominación cual la española, que legisla para Filipinas por modo que privilegia al insular y al extranjero residente, con detrimento (en intereses materiales) del elemento conquistador, á quien inferioriza!

No censuramos, ciertamente, conducta tan cortés y generosa ; con entusiasmo la aplaudimos, pero deseamos se aprecie cual merece por unos y por otros y por todos.

Andrew & C.°

Baer, Senior & C.°

Bock & C.°

Findlay, Richardson & C.°

Fleming (J. M.)

Forbes Mun & C.°

Froelihs y Kutner.

Fressel y C.°

Grindord & C.°

Gsul & C.°

Himszen & C.°

Hens & C.°

Hindley & C.º
Holliday & C.º
Hollmann & C.º
Jhonston, Gore Boot & C.º
Keller & C.º
Ker & C.º
Kuenler & Streiff.
Shevenger.
Smih, Bell & C.º
Spitz.
Spremgli & C.º
Stevenson & C.º
Strukman & C.º
Shun & C.º
Tillson, Hermann & C.º
Warner, Blodget & C.º
Wsinowski & C.º

Hé aquí los nombres de los principales importadores y exportadores á la cabeza del comercio de Filipinas, y creemos que con sólo la lectura (no fácilmente pronunciada por nosotros los españoles) de los nombres que acabamos de estampar, y que corresponden á los respetables jefes

de las casas mercantiles que allí operan, sobre una exportación é im-
portación representada por valores
aduaneros que en promedio ascien-
den respectivamente á más de 33 y
28 millones de pesos, se evidencia la
verdad absoluta de lo que venimos
afirmando, á saber: la magnanimidad de la dominación española otor-
ga mayor consideración, protección
y amparo á los intereses indirectamente relacionados con los nacionales, que á estos mismos.

Pudo vivir en Filipinas, por exigencias de la época y especiales circunstancias de lugar, durante tiempo escaso, mucho menor desde luego que
el trazado y seguido con gran insistencia por otras naciones en sus colonias, un régimen restrictivo y aun
casi prohibitivo que contuviera accidental y muy pasajeramente el movimiento mercantil iniciado en 1834
por la «Compañía de Filipinas», por
aquella sociedad hostilizada hasta

el punto de ser objeto de las más graves imputaciones de la crítica y censura, mas siempre miró ante todo el bienestar de aquel territorio español.

Por cierto que no sabemos siquiera el verdadero valor de los cargos contra aquella Compañía fulminados, pues nos extrañamos, y mucho, haberlos leído, cuando fidedignamente supimos que en realidad aquella Compañía, llamada *privilegiada,* que comenzó á desarrollar la industria algodonera muy activamente y con gran éxito en el Norte de Luzón, sólo obtuvo por premio á tales esfuerzos en bien del país y á los sacrificios que hiciera en pro del Estado, la amargura de las más fieras acusaciones y el mayor desastre para los capitales aportados por sus accionistas.

Es innegable que el movimiento mercantil por la dominación española desarrollado en Filipinas, mue-

ve á entusiasta aplauso. Muy cerca
de 400.000 toneladas suma la capacidad de los buques dedicados á la
navegación exterior entrados en los
puertos de Filipinas en 1894. Es claro que tal cifra, expresión del tonela-
je de carga allí destinado, debe rego-
cijarnos; pero al propio tiempo habrá
de sernos permitido nos duela el hecho de que de las 400.000 toneladas
dichas, sólo 54.622 hayan sido trans-
portadas por nuestra gloriosa nacional bandera.

9.º *Presupuestos.*—La dominación
española en Filipinas ha venido estableciendo cuantos servicios públicos disfrutan los pueblos de la Metrópoli, y que son los servicios de
que gozan los pueblos más cultos
del mundo. Hasta poco há afrontó el pago de todas las obligaciones con presupuestos de 7, 8 y 9
millones de pesos, y ahora mismo
los atiende con un presupuesto de

ingresos en 15 millones y medio de pesos calculados, incluyendo hasta los eventuales. La dominación española devuelve al país contribuyente, sin destinar á «Personal y material de guerra» más que 4.000.000 de pesos, y sin menoscabo de la cantidad de más de 2.000.000 de pesos con que los «Fondos locales» dotan los servicios que más influyen en el desenvolvimiento de los intereses morales, intelectuales y materiales de los pueblos.

Esta dominación española, que jamás abrigó el propósito de obtener provecho material en sus colonias, privó á los presupuestos de ingresos de Filipinas de los recursos importantes que suministraba el monopolio del tabaco, artículo cuya producción y consumo ha fomentado la economía política y la ciencia agronómica, en contra abiertamente de lo preconizado por las ciencias médicas. Porque, en efecto, aunque éstas, sin grandes entusiasmos, llevaron á su terapéutica para emplearla en dosis refractas esa planta anua, de tallo herbáceo y blanquecina flor, la higiene juzga con justa severidad el abuso del *Nicotiana Tabacum* de Linneo.

Y es muy digno recordemos cómo en las mismas fechas en que la dominación española, con su tan bien concebida cuanto mal interpretada ley del desestanco, daba nuevas evidentes muestras de su conducta tan generosa con los indios filipinos, otras naciones, á la cabeza del mundo civilizado, poseedoras de territorios coloniales inmensos, en regiones próximas, aun consignaban y percibían, según consignan y perciben hoy, cantidades muy próximas á 200 millones de pesetas por el monopolio del opio, del *Papaver somniferum* de Linneo, de esa extraña adormidera de la cual mana la lágrima que tantas hace verter, conduciendo

á muerte prematura á las razas orientales, en deplorable enervación por
los complejos efectos del narcótico
á que aludimos.

CAPÍTULO III

Continúa la enumeración de conceptos de igual índole que los anteriores.

1.º Instrucción pública. — 2.º Sanidad. — 3.º Beneficencia pública y particular. — 4.º Establecimientos piadosos. — 5.º Monte de Piedad y Caja de Ahorros. — 6.º Vías de comunicación. — 7.º Servicios especiales. — 8.º Administración pública en general. — Corporaciones religiosas.

1.º *Instrucción pública.* — La dominación española en Filipinas, sin tener en cuenta para nada ni nunca preeminencias de raza, morales y físicas, cuando la naturaleza misma es la que correlaciona la estructura orgánica, con todas las funciones

psicológicas, fisiológicas y hasta pa-
tológicas, viene imperando por modo
tan nobilísimo afectivo en aquel territorio (en el cual los indios cabalmente son quienes habían creado
privilegios de casta), que la cuidadosa atención otorgada por el Estado
á cuanto á Instrucción pública se
refiere no tiene precedente en nación alguna de las que han educado
y educan colonias más ó menos lejanas de sus metrópolis. No hay Estado que supere ni aun iguale á
nuestra España gloriosa en la adop-
ción de medios empleados para obtener la cultura de aquellas razas
oceánicas.

Así, se observa la existencia de
muchos pueblos y barrios ó visitas
en el archipiélago filipino, en cuyas
localidades no hay cura párroco más
que como anexo, ni clérigo alguno
coadjutor sino de accidental residencia, mientras que en aquellos mismos lugares no faltan permanente-

mente servidas dos escuelas, una para cada sexo.

Ya no existe capital ó cabecera de provincia en Filipinas en que no se haya instalado algún establecimiento oficial ó de enseñanza privada, habilitado para cursar y probar en él los primeros años académicos de la segunda enseñanza, ó algún Instituto en donde se obtenga completa, con los estudios de aplicación además.

Hay colegios de la excepcional importancia del de Santo Tomás, Ateneo municipal y San Juan de Letrán, atendiendo todos ellos, no sólo á la instrucción primaria con sus clases superiores ó preparatorias para la segunda, sino á toda ésta, hasta el bachillerato en Artes. Funcionan á la vez en los mismos las principales clases ó academias de adorno y gimnasios bien dirigidos, si en todas latitudes convenientes, indispensables allí para la educación de la infancia y la adolescencia, puesto que la disposición nativa de los temperamentos pide á voz en grito en aquellas regiones el cultivo de los músculos, para procurar el aumento de fuerzas radicales orgánicas, que la inacción hace fácilmente disminuir y la constante exudación cutánea pretende declarar extintas antes que llegue á la edad madura siquiera, el natural de aquellos países tórrido-termales de Rochard.

Allí *Escuelas de Practicantes de Medicina, de Farmacia* y *de Matronas.*

Allí gran número de *Colegios privados* y *dos Escuelas normales,* tipo, superiores, para maestras y maestros.

Allí *Escuela superior de Pintura, Escultura y Grabado;* allí *Granjas modelo* y *Escuela de Agricultura,* á cuyo frente distinguidos Ingenieros agrónomos patentizan lo que de aquel suelo fertilísimo puede y debe lograrse si se auxilia con el arte la obra magna de la naturaleza.

¿Y para la enseñanza superior?

¡Ah!

La dominación española sostiene en cada diócesis, un Seminario conciliar, y dotó á las islas Filipinas de una Universidad cual la Real y Pontificia de Santo Tomás, de tan amplio claustro, que en ella se cursan todas las carreras literarias; de sus aulas espléndidas, provistas cada día de más medios de los utilísimos de experimentación para la moderna enseñanza, y en cuyas aulas explican ciencia y predican virtud hombres de gran conspicuidad y estudio, religiosos y seglares que la practican, surgen á cientos de cientos jóvenes indígenas ostentando títulos académicos que enaltecen, porque dan verdadero valor social á quienes lo obtienen, y que á la vez otorgan á sus poseedores medios de subsistencia propia, por el derecho y sus aplicaciones en la práctica iguales á los que se derivan de los títulos similares obtenidos en las Universidades europeas, prescindiendo, que es bastante prescindir, del diferente esfuerzo con que se conquistan en la una y en las otras.

Y es que existe allí una política universitaria á base de lenidades, para pruebas de aptitudes y suficiencias, que se informa también en los mismos sentimientos de generosidad en que siempre y para todo se informó la política general del Estado en aquellas islas.

Por ello asimismo la dominación española recibe en el seno de su organismo político administrativo, para que la ayuden (sin necesitarlo) en el cumplimiento de las funciones á éste encomendadas, á los naturales filipinos, destinándolos á puestos activos, no sólo subalternos, que éstos los disfrutan todos, sino á cargos que no tienen otro límite jerárquico para los indígenas, que el mismo trazado por la ley en los distintos ramos del servicio público para los españoles peninsulares.

¡Una dominación cual la española, que crea cuerpos como el de Médicos titulares y forenses en aquellas islas, y nombra á los individuos que los constituyen con sujeción á lo dispuesto por el Real decreto de Marzo de 1876, regulando la provisión de cargos tan importantes (por la índole de sus oficios) en virtud de concursos cerrados y públicos, mas de todas suertes otorgando las plazas vacantes por mitad para peninsulares é indígenas!

2.º *Sanidad.* — La dominación española ha mirado con preferente atención, haciéndolo un objetivo de sus medidas previsoras, cuanto tiende á lo que es base primordial en la vida de los pueblos, y por ello viene ejerciendo sublimemente en Filipinas la tutela de que investida está respecto á la conservación de la salud pública. Con el mayor esmero, y para

obtener la más completa organización del servicio sanitario, ha creado los centros directivos y cuantos
establecimientos, juntas consulti-
vas, provinciales, locales y delegados facultativos son necesarios para
cumplir tan altos deberes de humanidad.

Precisa hacer constar que si los
servicios encomendados á la sanidad terrestre y marítima están en
Filipinas perfectamente montados,
dignos de todo encomio y alabanza
son los pertenecientes á la Sanidad
militar y de la Armada; bien demostrado está el alto concepto adquirido
y el respeto que merecen en España
y sus dominios y en todas partes los
esclarecidos individuos que constituyen estos cuerpos, encargados de
cuidar la salud del soldado de mar
y tierra. La asistencia que éstos lo-
gran, tanto en el campo de batalla
cuanto en los establecimientos per-
manentes y accidentales, en que se

acumula todo cuanto aporta el maravilloso progreso médico-quirúrgico de los tiempos modernos, prueba nuestro aserto.

3.º *Beneficencia.* — La dominación española fijó su celosa mirada en lo que á beneficencia atañe singularmente: en el mismo siglo XVI ya quedaban en España muy pocos pueblos que no contasen alguna fundación piadosa, algún establecimiento benéfico creado por aquellas esplendorosas figuras de la caridad cristiana, Santo Tomás de Villanueva, San Juan de Dios, San Vicente de Paúl y otros santos varones, quienes en la misma época, y aunando sus esfuerzos sin cuento, hicieron maravillas para poder erigir, según lo lograron, innumerables establecimientos en que recoger á los menesterosos.

Y el poder civil vino á completar el movimiento desarrollado entre la caridad pública, por la fuerza y virtud del ejemplo y predicación de aquellos sublimes apóstoles.

Influídos los españoles por esta santa atmósfera, y conforme con la vertiginosa marcha seguida en la metrópoli, á poco de fundarse por el ínclito Miguel López de Legazpi la ciudad de Manila, sucesivamente, y con el producto de legados, donaciones y fundaciones, fueron creándose los establecimientos é instituciones de piadosos auxilios que para los menesterosos procuraba la beneficencia particular. Y, al propio tiempo, inició la Beneficencia general los que á ella competen exclusivamente con las dotaciones del Estado, resultando, que muy pronto se lograron en la capital del Archipiélago, como después en las cabeceras de provincias principales, casas benéficas destinadas al socorro de tanto desvalido como en el orden intelectual, moral y físico presentaban y siempre ofrecen aquellos pueblos, de clima tan enervador y de hábitos muy distanciados de los preceptos más elementales de higiene privada y pública.

Allí están ejerciendo de continuo y en toda su extensión los sagrados oficios de la caridad, las obras pías, con su *Real Casa de Misericordia*, el *Colegio de Santa Isabel*, al cual ya en 1680 se le concedía alguna encomienda en el Norte de Luzón; la *V. O. T. de San Francisco de Manila*, la de *Santo Domingo*; el *Colegio de San Juan de Letrán de Agaña* y el *Dotal de Santa Potenciana*.

La dominación española, además de instituir en muchas cabeceras de provincia los albergues para desamparados y enfermos que hemos dicho, ha dotado á la capital de las islas de cuanto constituye, en suma, un plan general para cumplir tanto y tan sagrado deber como se destacaba en aquellas tierras de desorden y abatimiento.

Allí en Manila se instituían cole-

gios como *el de Santo Tomás*, fundado á principios del siglo XVII, y *el
de San Juan de Letrán*, este último
también tan antiguo como la Universidad, y del que ya nos hemos
ocupado al hablar de instrucción pública; concédense en él numerosas
becas de gracia; fué fundado por
Juan Jerónimo Guerrero hacia 1630.

Allí el *Colegio de San José*, en el
que, según también hemos dicho, se
hallan establecidas las Facultades de
Medicina y Farmacia. Es más antiguo aún que el de Santo Tomás.

*El Beatorio de San Sebastián de Ca-
lumpang.*

Allí el *Hospital de San Juan de Dios*
ya fundado en 1596 y á la altura
mayor de los de su clase.

Allí el *Real Hospicio de San José* aco-
giendo á los niños pobres. En él se
reciben además, y muy especialmente, á los alienados, los cuales hallan
en aquella casa benéfica, tan fiel
cumplidora de las severas reglas de

higiene y salubridad, no sólo manu-
tención y recogimiento, sino todos
los medios que la ciencia reclama y
la caridad debe prodigar á aquellos
desgraciados vesánicos, expresión la
más amarga de las desventuras que
sobre el hombre pueden caer.

En Manila y lugares próximos
existen el:

*Beatorio y Colegio de Santa Catalina
de Sena,* fundado en el siglo XVII.

Beatorio de la Compañía, fundado
en 1684.

*Beatorio de San Sebastián de Calum-
pang,* en 1735.

Beatorio de Santa Rita de Pásig.

El de Santa Rosa, de mediados del
siglo XVIII.

Allí el Hospital de San Lázaro, sublime creación de un humildísimo
lego de la Orden de San Francisco,
Fray Juan Clemente llamado, vivísimo ejemplo de cuanto la virtud y el
genio pueden producir; pues en efecto, aquel bendito religioso, que ni leer

sabía, según las crónicas afirman, sin recursos, ó con los muy escasos que su Prelado diocesano y el Gobernador pudieron proporcionarle, supo construir con gran presteza, el prodigioso Hospital por Sixto V llamado de *Santa Ana;* por Clemente VIII *Misericordia; de Naturales* por el Papa Paulo V, y *de San Lázaro*, según acabamos de denominarlo, que es como por todos se llama hoy.

La tan admirable institución de las *Hijas de la Caridad* está encargada del régimen interior y de asistir á los enfermos de los hospitales civiles y militares, así como el de la marina en Cañacao, dedicándose además esas santas mujeres á la enseñanza en diferentes y muy importantes establecimientos: *La Concordia*, las *escuelas municipales*, el *Asilo de San Vicente de Paúl*, el de *Santa Isabel en Nueva Cáceres*, el de *San José en Jaro*, la *Casa de Caridad de Cebú*, etc.

En Manila, ó á pocos kilómetros,

que es igual, la Orden de San Agustín sostiene el grandioso establecimiento «Asilo de huérfanos de Tambobong», fundado por una junta de damas en 1882. Cientos de niños que perdieron á sus padres ven, por favor del Cielo, atenuados los tristes efectos de desdicha tamaña, con la fortuna de ser recogidos allí por los Padres Agustinos, los cuales atienden, no sólo á la subsistencia y educación moral de aquellos asilados, á quienes sin tal beneficio prestado por la evangélica caridad, la miseria y abandono haría víctimas de las durezas de la fortuna, sino que se les procura un permanente bienestar con la posesión de un oficio, aprendiendo principalmente el tan lucrativo de la tipografía, allí enseñado por modo completo y adornándolo, á guisa de provechoso entretenimiento, con el cultivo de la música, de la cual asimismo pueden alcanzar honrado medio de subsistencia.

La misma Orden de San Agustín creó y sostiene el *Asilo de huérfanas de Mandaloyan*, llamado de *Nuestra Señora de Consolación*, á cargo de las Madres Agustinas de San Felipe Neri.

Todas las corporaciones religiosas de Filipinas han fundado y sostienen ó dirigen y administran establecimientos piadosos de instrucción y albergue para los desgraciados, establecimientos que en una ú otra forma y proporción, son atendidos también por el Estado.

4.º *Monte de Piedad y Caja de Ahorros.* — La beneficencia creó asimismo en Manila, el Monte de Piedad, cuyos excelentes servicios pueden apreciarse con sólo tender rápida mirada sobre las cifras que revelan el desarrollo de sus operaciones, conduciendo á aquel magnífico establecimiento á un grado de esplendor y de pujanza excepcional.

Tal establecimiento benéfico tiene

adjunta la *Caja de Ahorros*, institución que tanto moraliza, infundien-
do en el hombre prudente estímu-
los para la economía, laboriosidad
y orden. La ventajosa organización
del Monte de Piedad y la Caja de
Ahorros, apoyándose recíprocamente, determina completa seguridad y
fijeza para el uno y para la otra, y
hace que recaigan en pro de los necesitados y de los imponentes los
resultados de la prosperidad lograda
por el establecimiento de que nos
ocupamos tan á la ligera, como de
todos los demás que sólo enumera-
mos, por los propósitos y deseos
que tenemos de no molestar con exceso á nuestros bondadosos lectores.

5.º *Vías de comunicación.*—La dominación española, aspirando sin cesar á que los *mil cincuenta y cinco*
pueblos que designa el nomenclátor
de Filipinas vivan comunicándose
entre sí y unos con otros con la

mayor facilidad, según reclaman los intereses verdaderamente legítimos de todo orden, desarrolló cuanto hasta hoy desarrollar pudo dada aquella enorme extensión superficial, las vías de comunicación tanto terrestres como marítimas.

Mucho hay que hacer respecto de las primeras, es claro: todavía hay pueblos sin caminos vecinales siquiera para poder cambiar sus productos con el litoral. En vías férreas aun no se disfruta allí más que una línea explotada en extensión de 196 kilómetros desde Manila á Dagupan (Pangasinan); pero el movimiento marítimo adquiere vuelo extraordinario, ya por el establecimiento de líneas regulares de vapores que en toda dirección surcan las aguas del Archipiélago (en el cual al propio tiempo se mantiene importante navegación á vela), ya por el aumento logrado en la navegación de altura, no sólo con la metrópoli, sino con los grandes puertos de la América, de China y del Japón.

7.º *Servicios especiales.* — Al desarrollo de todas las fuerzas de producción que en Filipinas viene operándose especialmente desde cuarenta años há, contribuyen mucho los constantes servicios encomendados á los cuerpos especiales, cuyas actividades de consuno ensanchan grandemente los horizontes extensos de aquella pública riqueza.

El cuerpo de Ingenieros civiles (en el cual prestan distinguidos servicios también los Ingenieros militares), á pesar de lo mucho que le ocupa atender la construcción y reparaciones de los edificios del Estado, dedica á las demás obras públicas todos los esfuerzos que dentro de las consignaciones del presupuesto caben: son admirables realmente las que lleva á cabo en estos últimos años, sobre todo en puentes y faros.

Por lo que á estos últimos respecta, ajústase al notabilísimo plan general del alumbrado del Archipiélago, que situará en accidentadas costas en plazo breve 40 luces cuyos destellos blancos y rojos, continuos ó alternados, tantos desastres están llamados á evitar.

Y este plan á que nos referimos, volvemos á asegurar ha de verse pronto realizado, pues ya en 1.º de Enero del año próximo pasado, aparte de las luces que sostiene la Marina, el Comercio y las Corporaciones locales, lucían por cuenta del Estado 17 faros de los 40 que se han de construir.

Manila va á contar con un puerto monumental, grandiosa obra que por el mismo Cuerpo de Obras públicas está construyéndose, y ya muy adelantado relativamente á los formidables diámetros de aquellas dársenas.

Funciona en Filipinas, un distinguido cuerpo de Ingenieros de montes, cuya Inspección general, con los cuatro distritos forestales en que se dividen las islas y la Jefatura de comisiones especiales, dirige el aprovechamiento y custodia de los montes del Estado; está al frente de la parte técnica en la composición de terrenos realengos; practica los estudios referentes á la flora del Archipiélago; demarca las leguas comunales: informa sobre la concesión de terrenos agrícolas; practica los trabajos periciales para la venta de terrenos baldíos, auxiliando á la Intendencia general de Hacienda, después de practicar todos los servicios mencionados y otros que la encomienda la Dirección general de Administración civil, de cuyo Centro depende la Inspección general de este ramo, así como de él dependen las demás Inspecciones que corresponden á Fomento y Gobernación.

Allí el servicio geológico-minero encomendado á la Inspección gene-

ral de Minas, la cual, con las tres comisiones en que está dividida para
llevar á cabo los servicios, practica
los tan importantes de campo y gabinete que la índole de la riqueza
minera requiere, ocupándose muy
especialmente en el estudio de aguas
minerales y en la formación de cartas y estudios geológicos de todas
clases.

Allí un servicio meteorológico encomendado á los PP. Jesuítas, los
cuales lo desempeñan por modo admirable en su magnífico Observatorio de Manila, en el cual han acu-
mulado los aparatos meteorológicos,
seismológicos y magnéticos de mayor precisión; todo cuanto esta moderna ciencia ha descubierto y apli-
cado para la observación y estudio
de los fenómenos atmosféricos en los
últimos treinta años, que es realmente prodigioso. Los trabajos meteorológicos del Observatorio de Manila son de grandísima importancia,

y si no la adquieren mayor por sus aplicaciones á la navegación y á la agricultura, y hasta para la salud pública, será porque los trabajos á que aludimos no sean suficientemente conocidos, lo cual tampoco consistirá en falta de celo por parte de los PP. Jesuítas en difundir tan importantes estudios.

8.º *Administración pública en general. — Corporaciones religiosas.* — La dominación española ha instituído en Filipinas una Administración pública, tanto central como provincial, en modestísima escala; pero aun así, está compuesta de factores análogos á los que constituir puedan la Administración de los pueblos más cultos del orbe, y desde luego excediendo á la más expansiva de éstos.

Este aserto es incontrovertible. La Administración pública española, que en el organismo de detalle, en Administración provincial, no cuenta en las provincias de Filipinas y en sólo sus cabeceras congregados sino con 7, 8 ó 9 funcionarios públicos peninsulares, jamás ha tenido representante alguno directo de la Administración civil, sino que en los 1.055 pueblos que hemos dicho se cuentan en las islas, la raza conquistadora no ha dispuesto de otro elemento para su representación más genuina que el Cura párroco, es decir, *el fraile.* El fraile, custodio fiel de todos los intereses públicos en aquellos pueblos que en Administración eclesiástica aun podrían llamarse parroquias-misiones, pues este y no otro es, según nuestro pensar, el verdadero carácter con que hay que mirar á los feligreses indígenas de las más cultas parroquias. Es claro que entre esos indígenas, indudablemente, los hay que son muy buenos cristianos; pero tienen en general tan escasa retentiva, que sólo con la asidua predicación es como los in-

dios filipinos pueden conservar en
su inteligencia nociones y conceptos
sin adulterar.

Pero no deja de ser digno fijar la
atención sobre este punto de la Administración pública: hay que observar que ni siquiera tal único representante de la raza dominadora
existe en cada pueblo de aquellas
islas, sino que hay muchos en que
el cura párroco es un clérigo indígena. — No lo recordamos bien, mas
desde luego afirmamos, no serán en
número menor de 60 á 70 los clérigos indígenas que en sólo la diócesis
de Manila (y hay cuatro obispados
en el Archipiélago además del metropolitano) disfrutan canongías y
prebendas y están al frente de parroquias, entre las cuales las hay importantísimas, y consignadas por
modo de tal significación deferente,
que la parroquia de la misma capital del Archipiélago regida está por
cura indígena, como cura párroco

6

indígena es también el del populoso arrabal de Quiapo, y curas párrocos indígenas son aquellos clérigos que administran los lugares vecinos de Mariquina y San Pedro Macati, y Muntinlupa y los pueblos de Dinalupijan y de Calacá y de Lian y de Indang y de San Roque, San Francisco de Malabón, Alfonso, Magallanes, Ternate, Méndez Núñez, Tunasán, Santa Cruz, Torrijos, Mogpog, Bosoboso, Angona, Jalajala, Cainta, etcétera, etc.

¿Es que por acaso á la Administración española le faltó en algún tiempo personal eclesiástico? Jamás. En ello sólo hay lo que apuntado queda: el generoso afán que la dominación española ha evidenciado siempre en Filipinas de conceder al elemento indígena todo, todo, todo cuanto ha debido engendrar en él la mayor simpatía y confianza hacia los españoles.

¿Para qué necesita la Administra-

ción española el auxilio del clero indígena, cuando para administrar las
parroquias y las numerosísimas misiones allí establecidas se ha venido
contando desde el descubrimiento y
conquista con *corporaciones religiosas*
compuestas de frailes misioneros por
número y calidad bastantes para
atender á la evangelización de aquel
vastísimo territorio, según ya hemos
consignado ; á la administración parroquial ; á la de tanto y tanto establecimiento piadoso como los que
hemos también enumerado ; para
practicar constante, secularmente,
oficios auxiliares, pero substancia-
lísimos en la Administración pública ; frailes que además de dedicarse
á toda esta santa labor, provechosí-
sima para el Estado y para la Religión, se dedicaban y dedican en aquellos pueblos á las enseñanzas y aplicaciones de las artes y de la industria y agricultura y del comercio,
impulsando á los indios á la práctica

y ejercicio de todo lo que puede conducirlos al mejoramiento de sus intereses materiales?

Con igual patriótico tesón cuida-
ron siempre los frailes de Filipinas
de la sagrada integridad del territorio y del orden público contra
todas las maquinaciones que entre
aquellas variedades de razas se producían para alterarlo. Singularmente en hechos de esta índole intervinieron, siempre con éxitos brillantes, aquellas corporaciones religiosas
de Agustinos, Recoletos, Dominicos
y Franciscanos, que desde el año
1565 al 1606 sucesivamente se es-
tablecieron en aquellas islas, y que
fueron las que hubieron de vencer
los más serios obstáculos presentados á nuestra dominación. La falta
de soldados españoles, pues nunca
aquellos invictos caudillos que regían el Archipiélago, desde Legazpi hasta Malcampo, solían contar
con más de 400 ó 500, obligó en cien

ocasiones á los frailes de Filipinas á trocar momentáneamente sus cogullas por sombreros de nito ó de burí, y al frente de muchedumbres armadas, por ellos dirigidas, acometieron denodadamente á los enemigos y á los perturbadores de aquellos pueblos que se oponían á que éstos entrasen en el concierto social por los trabajos de nuestros misioneros atraídos. Está tupida la historia de Filipinas de heroicos gloriosos hechos llevados á cabo por los frailes, quienes fueron los restauradores del público sosiego en tan graves trastornos y revueltas.

A los frailes débenles los indios filipinos eterna gratitud é imperecedero amor; mas la Administración pública española les tributa y habrá de tributarles de seguro, y por siempre, las consideraciones y el respeto que merecen los hombres que la glorifican por sus virtudes cívicas y cristianas.

Los señalados servicios de los frailes en el Archipiélago filipino comienzan, según hemos consignado ya, en las primeras expediciones.

El P. Urdaneta es quien trazó el derrotero más conveniente para regresar de Filipinas á España.

Nuestros Adelantados recomendaban á los frailes también la difícil gestión de continuar explorando aquellas tierras y aquellos mares, y con 12 soldados, ocho grumetes y un desgaritado, los PP. Cantova y Walter descubrieron y evangelizaron todas las tierras al Este de las Marianas situadas. En aquellas tierras, sin embargo, y con ocasión de ir á bautizar un neófito, fueron asesinados el P. Cantova, su intérprete y dos soldados que le acompañaban á Mogmog, desde Jalahep, en donde quedara el resto de aquel puñado de valerosos exploradores y conquistadores.

Con 17 soldados llegó á las costas del extremo Norte de Luzón el ínclito Juan de Salcedo, y aquella fuerza, auxiliada por los frailes Agustinos y Dominicos, redujo y evangelizó las tierras de Cagayán, Isabela, Pangasinán y Nueva Vizcaya. Manila, Bataan y Bulacán ya eran cristianas desde 1578, es decir, á los dos ó tres años de predicación sostenida por los Agustinos y los Franciscanos. Estos mismos, al propio tiempo, cristianizaban los Ilocos y fundaban Laoag y Bantay, territorio poblado por diversas y fieras razas. Mr. Gironier afirma, después de haber visitado el Archipiélago, la existencia en él, en aquellas épocas, de gentes de costumbres hasta antropófagas.

Con el auxilio de los PP. Agustinos, pudo Martín de Goiti, quien sólo con 80 soldados castellanos contara, vencer la insurrección más grave que en Filipinas se produjo durante el memorable mando de Legazpi.

¿Quiénes sino los frailes Recoletos, delegados por la autoridad superior de las islas, obligada á acudir con presteza á otros lugares, dieron cima á la arriesgada empresa de reducir los cimarrones y los aetas, pobladores de la abrupta región de Zambales y de la de Mariveles, no menos accidentada?

¿Quién redujo verdaderamente las tierras de la Unión, fundando á Agoo, sino los frailes PP. Picazo y Baeza, y quién sino el P. Jiménez, Agustino, inició la evangelización en Albay, continuada tan activamente por los PP. Franciscanos, de la propia suerte que los Agustinos terminaron la iniciada en Batangas por los Franciscanos?

¿Á quién sino á estos últimos se debe ¡en tres años!, desde 1578 á 1581, la creación de los pueblos de Naga y Bula, de Naboca y de Quipayo, de Dact y de Indan y de Paracale, en las tierras de Camarines Norte y Sur?

¿Quién sino los religiosos Franciscanos, Agustinos, Dominicos y los PP. Jesuítas cristianizaron la provincia de Cavite, y quién ó quiénes sino los primeros de estos religiosos fundaron los pueblos de Marigondón, Silang, Indang y Malabón? Los frailes de esa provincia, la mayor parte de ella administrada hoy por los Recoletos, fueron los que redujeron á todos los infieles que la poblaban: de éstos ya no queda allí uno solo: en cambio alójanse en la misma muchos ingratos.

¿Quiénes sino los frailes Franciscanos fundaron los pueblos de La Laguna y Tayabas? Si Juan de Salcedo destrozó en Pangasinán los restos de la pirática expedición de Limahón y Siosco: si en hecho tan brillante reveló valor excepcional Guido de Lavezares, ¡ah!, sin la intervención de los frailes Franciscanos singularmente, que capitanearon masas indígenas contra aquellos piratas, y sin los oficios señalados del agustino Fr. Jerónimo Marín, á quien ciegamente obedecieron Lacandola y Rajá Solimán, no se habría obtenido victoria tan señalada contra aquellas hordas, ni se hubiera impedido tan por completo el levantamiento que se inició de muchos indios contra España.

Pero..... no podemos continuar; nos lo veda en absoluto nuestro plan trazado para el presente pequeñísimo trabajo. Sólo para enumerar en forma de general índice cuanto á la dominación española en este ramo de la administración eclesiástica deben los indios filipinos, precisaríamos un gran in folium. Nos interesa, no obstante, en apoyo de argumentos que hemos de presentar muy pronto, y para hacerlos de fuerza incontrastable, suplicar, cual lo efectuamos, á nuestros lectores recuerden los servicios que á la Patria y á la civilización vienen, desde *ab initio,* prestando las corporaciones religiosas en aquellas apartadas regiones orientales.

Tan grande era la fe que la gestión de los frailes inspirara á Legazpi y á todos los ilustres capitanes que regían aquellas españolas tierras, que el primer gobernador de Filipinas, el fundador de Manila, pedía «*más frailes que soldados*» para regir un país de tan abigarrada constitución, cual la que hemos dicho presentaban aquellas 29 razas encarnizadamente enemigas las unas de las otras. Y sin embargo, á los siete años de fundada Manila, todo el Archipiélago estaba ya sujeto á la dominación española, merced á la influencia moral de aquellos frailes que desde Legazpi hasta Dasmariñas tuvieron toda autoridad delegada. Y de tal suerte supieron atraerse la voluntad de aquellas masas, que los frailes pudieron contar con fuerzas decididas en favor de los patrios intereses siempre que preciso fué: en Filipinas jamás hubo fuerzas españolas bastantes para tan arduos problemas como allí se presentaban, ya lo hemos dicho; pero los frailes las suplieron en todas ocasiones y en toda forma, dirigiendo con prodigiosos éxitos operaciones de guerra terrestres y marítimas, todas rápida y ejemplarmente llevadas á término.

¡23.000 chinos perecieron á manos de las masas indígenas capitaneadas por los frailes de la Laguna y Batangas, cuando allá en 1603 los chinos intentaron por segunda vez apoderarse de nuestras islas Filipinas! Los frailes dirigían las huestes que castigaban, y llegaron á extinguir la piratería que sobre los pueblos indígenas caía para cometer en ellos todo crimen y depredación.

Los frailes construían fuertes y presidios y fortalezas en estratégicas líneas escalonadas, para tener á raya á los enemigos encarnizados de las razas que se cristianizaban.

Los frailes, en los primeros tiempos de la conquista de Filipinas, asumieron todo género de atribuciones y cumplieron toda suerte de deberes, como han seguido cumpliendo con estos últimos después de haber perdido muchas de las primeras.

No destinaban sus actividades maravillosas, ciertamente, á sólo los conceptos de paz y de guerra, que tan incompletamente sintetizamos, sino que á los veinticinco años de dominación española, ya los frailes habían escrito y publicado gramáticas y diccionarios de todos los dialectos que componían aquella jerga lingüística del sánscrito derivada, aunque en ella se reconozca muy difícilmente su verdadero origen, y habían escrito y publicado diversidad de obras geográficas y filosóficas acerca del carácter de aquellas razas, y habían estampado cartas de itinerarios y derroteros para la na-

vegación interinsular, que durante
muchos años sin alteración alguna
los siguió. Cuanto sobre Filipinas se
ha escrito hasta los comienzos de
este siglo lo fué por los religiosos
de las diferentes Ordenes, y sus
producciones científicas y literarias
han logrado justa, perdurable fama.
¡Cuánta y cuán legítima importancia adquirieron los estudios publicados por el P. Díaz, los históricos de
Fr. Domingo Martínez, los de igual
carácter del P. Mazo, la obra extensa del P. Fr. Juan de la Concepción,
la de Fr. Joaquín Martínez de Zúñi-
ga, las de tan modestos títulos como
los *Ensayos históricos, estadísticos y geo-
gráficos* del P. Rivas, cura párroco
de Bataán, y las *Memorias* del padre
Gainza, misionero de Nueva Vizcaya;
las *Crónicas* del P. Santa Inés, y tantas otras!

De los 4.500 volúmenes que se conocen escritos hasta hoy sobre Filipinas, y entre los cuales los hay de

mérito indiscutible, ¿cuáles de mayor valía que *La Flora Filipina*, debida al sabio y virtuosísimo fraile agustino R. P. Blanco? ¿Quién puede negarla á los estudios del P. Combés, acabados de reproducir en muy lujosa forma por el entusiasta filipinista el Diputado á Cortes D. Wenceslao E. Retana?

Y en los tiempos actuales, como en los antiguos, los frailes sostienen su labor científica y producen trabajos de verdadera importancia y de reconocido mérito; ahí están los eruditos estudios últimamente publicados por el P. Navarro, agustino, y los profundísimos sobre el «Patronato», del ilustre dominico Fr. Matías Gómez.

«Los frailes han elevado al pueblo filipino al más alto punto de civilización de que es susceptible una raza que hace menos de tres siglos se hallaba en la más completa barbarie.» Hé aquí, en texto literal, lo que el Duque de Alençon decía respecto

de las Ordenes religiosas de Filipinas
después del viaje de estudio que
aquel ilustrado aristócrata llevó á cabo por todo el Archipiélago en 1866.

Sí, en los tiempos viejos, los frailes prestaban todos sus valiosos oficios á la causa de la Patria y la civilización, no sólo cristianizando aquel
territorio filipino, sino atendiendo,
por delegación de los Poderes públicos, á cuanto era administración y
gobierno del país; sí, los frailes, al
propio tiempo que evangelizaban y
redimían de la barbarie á aquellas
tribus de vida ignominiosa, cuidaban con esmero las nuevas tierras
de España, y lo mismo celebraban
misa y administraban los Sacramen-
tos Santos, que acudían á vencer revueltas y á salvar naos de Acapulco,
amenazadas de caer en manos enemigas, y á construir iglesias y ce-
menterios, que á establecer escuelas
y fortalezas, y caminos, y puentes, y
calzadas, sin consignaciones de pre-

supuesto; sí, lo mismo se disemina-
ban por las espesuras de los abrup-
tos montes del Archipiélago en bus-
ca de tribus salvajes que civilizar,
que acudían como embajadores á las
cortes de vecinos reinos, cuyos idio-
mas también los frailes aprendían,
siendo los únicos que con mayor facilidad podían desempeñar las diplo-
máticas misiones, como aquellas que
para el Emperador del Japón lleva-
ran en el navío de Faranda Fr. Gon-
zalo García y Fr. Francisco de San
Miguel, en este siglo mismo, es decir, después que por los aires de despreocupación, tan propios de la época, y por letal propaganda de deter-
minadas doctrinas, ha venido resultando con injusticia notoria y más
grave daño mermada en el orden
social la influencia de los frailes en
Filipinas, han podido éstos continuar sus oficios patrióticos; y vigi-
lantes siempre por igual de la integridad del territorio, ellos son quie-

nes advirtieron en todas ocasiones, y en muchas sofocaron sin otro auxilio los peligros que á la dominación española amenazaban. Los frailes advirtieron y dominaron ellos solos la rebelión que en 1807 se alzó en Ilocos contra España, y cuando aquella sublevación renació briosa poco después, un solo fraile, el cura de Batac, la dominó, siendo ahorcados en Laoag los seis cabecillas que quisieron asesinar á los castilas.

Los mismos indios del Norte de Luzón, puestos de acuerdo todos, los reducidos como los igorrotes, apayaos y calingas, con los aritas, quisieron exterminar á los españoles en otra conjura que estalló en 1811, y los frailes la descubrieron: el Gobernador general de las islas la venció.

Á poco de publicar Gardoqui la Constitución de Cádiz, en Filipinas, á principios de 1814, otra conspiración formidable fué descubierta por los curas párrocos de Sarrat, Piddig, Dingras y Vintar, en Ilocos Norte; también entonces se pactó la degollina de los castilas.

¿Quién puede olvidar la figura patriótica del Arzobispo de Manila en la catástrofe de 1820?

¿Quién no recuerda con fruición íntima la conducta de los frailes en los sucesos tristes de 1823, tramados por el más astuto de los conspiradores de Filipinas?

La insurrección de 1848, capitaneada por Apolinario, en Tayabas, pero poniendo en peligro todas las islas, ¿por quién fué descubierta sino por el cura de Lucban y sus colaterales, frailes franciscanos?

Y lo que sería curioso y obra de estricta justicia, fuera la publicación de los estudios y sabias observaciones y advertencias sanísimas hechas por los frailes, por todos los ámbitos del Archipiélago diseminados, respecto á las tentativas que contra la dominación española se hicieron en 1854 y en 1872.

Bueno fuera también, y muy justo, se conociese en toda su extensión la conducta patriótica de los frailes, su incomparable celo y su valerosa resolución, dominando desde los lugares en que pudieron ser objeto de venganzas, los trabajos que han producido la menguada sangrienta insurrección del Catipunan.

Después de haber trazado con nuestra mano tosca el cuadro mezquino y vilipendioso que ofrecían los pobladores de las tierras Oceánicas, descubiertas y conquistadas por los españoles, y de haber nosotros bosquejado por igual torpemente el cuadro de inconmensurables diámetros relativo á los bienes que en aquellas islas ha producido la dominación española, esperaremos con absoluta confianza al juicio de nuestros lectores, pues entendemos pensarán y sentirán, respecto de la monstruosa insurrección de 1896 en Filipinas, lo mismo que nosotros pensamos y sentimos. Ya lo hemos expresado en nuestras dos palabras, á guisa de proemio escritas: «Un vent de folie, a passé par là», ó lo que juzgamos igual: gran parte del pueblo tagalo acaba de sufrir un verdadero intenso acceso de locura.

Las peculiaridades que en lo común presenta el temperamento de los indios filipinos, legitiman nuestro diagnóstico; pero además de tal razón, llegamos con facilidad á él por el afecto que guardamos hacia los naturales de aquellas españolas tierras, y para los cuales, después del sangriento carácter que han impreso á su depravada rebelión, no hay atenuante posible fuera de nuestra calificación, aunque por modo alguno sea exculpadora de la penalidad correspondiente al ominoso crimen de lesa patria y humanidad por aquéllos perpetrado.

CAPÍTULO IV

1.° *Masonería.* — Entendemos y
honradamente afirmamos que, en
concepto nuestro, el origen, la cé-
lula primitiva de la insurrección
de 1896 en Filipinas se halla en la
masonería, dentro de esa institución
universal y extraña que, según muchos opinan, hizo tambalear y aun
derribó otras instituciones políticas
seculares, y á la cual achácanle las
historias ó las leyendas aconteci-

mientos que lograron en el mundo resonancias de excepción.

Nada sabíamos de esa sociedad secreta; sólo después de producido el alzamiento de los tagalos contra la dominación española en el mes de Agosto último, y cuando el público general rumor nos informó de que tal movimiento tuvo por fundamento y base los trabajos masónicos operados en las numerosas logias que se indicó funcionaban en el Archipiélago, fué cuando sentimos impulsos de patrióticos deberes por llegar á conocer algo siquiera del organismo de la francmasonería y su desarrollo y fines por la misma perseguidos en la tierra filipina.

Conocedores en algo del carácter de los indios (en poco por lo visto, á pesar de los treinta años que venimos tratándolos); sabiendo de qué suerte en aquellos cerebros, cuyos hemisferios evolucionan manifiestamente por modo más incompleto que en la raza blanca, hallan poderosos atractivos todas las cosas inextricables, á las que por sólo esta condición declaran maravillosas ó sobrenaturales, no nos causó extrañeza alguna llegar al conocimiento de que en el pueblo filipino hubiese muchos que acogiesen con tanto entusiasmo la propaganda masónica, y que á docenas de docenas hubieran podido fundarse logias y más logias.

Adquirir, aunque no sea más que para usarlo en secreto y por broma, un nombre nuevo de los que más ruido han producido en el mundo; emplear en cartas y papeles á guisa de timbres marginales, como heráldicos, escuadras y niveles é iniciales; vivir sosteniendo correspondencia con personalidades de viso en la diversidad de las naciones; llamarse y considerarse como hermanos de príncipes y de magnates y hasta de algún rey que en su propio palacio estableciera renombrada anglo-sajona logia ; cumplimentar fórmulas con los ojos vendados ; prestar juramentos para destruir supuestas tiranías ; sufrir amarraduras, aunque vulneren substancialmente la piel (en los indios filipinos, erosionada de continuo por los eczemas de raza); recibir puñales como armas vengadoras, acompañantes fieles en vigilia como en el sueño, de los masónicos sectarios; verse orlado por tan extraño marco, cual el constituído al iniciarse con unas docenas de puñales y cuchillos simbólicos, esencial atributo de la familia nueva, que según expresión de los que le rodean, se crea el adicto á la masonería; todo ello es lo más apropiado que en exterioridades concebirse pudiera, con el fin de conmover profundamente la particular sensibilidad de la estructura nerviosa, defectuosísima en aquellas razas orientales. En ellas hay además que reconocer

grandes disposiciones por temperamento á la exageración de todos los
conceptos que adquieren, individuales ó ajenos, y como no son fuertes
en voluntad propia, el carácter de
los indios filipinos les induce fácilmente á tomar como buenas las
ideas que los demás les imprimen.

Siendo esto así, se comprende bien
que la propaganda masónica obtu-
viera en Filipinas el asombroso éxito que logró; mas cuando aquellos
naturales, que no están por cierto
desprovistos de sagacidad, conside-
raron sin duda de qué suerte podían
reunirse clandestinamente en las *logias*, y que éstas fuesen un seguro
disfraz para ocultar el filibusterismo
y el más adecuado medio para congregar elementos revolucionarios,
redoblaron sus esfuerzos.

¿Hasta qué punto llegarían los que
practicara el alucinado Faustino Villarruel para instalar tantas logias y
talleres tantos, desde la «Minerva»,

núm. 217, que creó en los valles de Cagayán, extremo Norte de Luzón, hasta los que instaló en Joló, extremo Sur del Archipiélago? Desde luego, en una carta que aquel propagandista fechaba en Manila en 31 de Marzo de 1896, afirmaba haber constituído en su propia casa las logias «Walana», «Luzón», «Modestia», «Dalisay», «Taliba», y añadía haberse celebrado en la misma, «la Ten. Mag. de la Constitución del gran Cons. Reg., que quedó instalado en aquel lugar».

Con meteórica rapidez, la masonería acumuló en Filipinas todos ó casi todos los elementos de más relativa capacidad intelectual entre los elementos indígenas.

No halla cabida en nuestro escaso entendimiento, ni lugar en nuestro entristecido corazón, la idea de que, dependiendo aquella organización masónica filipina, ya del «Gran Oriente Nacional», ya del «Gran Oriente

Español», pudieran obtener de éstos tolerancia siquiera para los propósitos separatistas que abrigaban los naturales de aquellas islas á la masonería afiliados; y al hacer esta declaración, todo el que nos conozca la proclamará sincera.

No podemos ser en este orden de razonamientos sospechosos para nadie : jamás hemos tenido disposición alguna á formar parte de tal secta, porque somos cristianos viejos; pero repetimos que ni podemos creer ni creemos pudiera centro alguno masónico, compuesto de españoles peninsulares, tolerar, ni mucho menos fomentar á sabiendas la propagación de doctrinas que, desarrolladas cual la masonería lo efectuaba en Filipinas, pudieran dar origen á la congregación de elementos separatistas.

Y sin embargo, al lado de esta firme convicción reiteramos la que también tercamente mantenemos, á saber: la masonería ha sido el medio que reunió los elementos generadores de la insurrección filipina. El filibusterismo supo explotarla grandemente. Para la defensa de esta tesis disponemos de bastantes datos y antecedentes; de muchas correspondencias masónicas de fija autenticidad, y si hacemos gracia á nuestros lectores de no exhibir el grueso de tales datos, es porque no queremos resultar más pesados de lo que ya venimos siéndolo: no pretendemos (pues además sería vano empeño) que ·este nuestro pobre libro resulte un ejercicio literario más ó menos entretenido, lo que deseamos es que se derive de él algo provechoso á los intereses patrios.

No tenemos inconveniente en afirmar, al revés, con gusto reiteramos nuestra absoluta creencia de que la masonería española ignoraba los verdaderos fines de los masones filipinos; pero probado está, en concepto nuestro, hasta la evidencia, que la masonería filipina no persiguió otros propósitos que lograr la independencia de aquellas islas.

Uno de los más injustos detractores de la dominación española; un indígena grandemente enaltecido por la generosidad de nuestra raza, á la cual debe hasta la propia vida de que disfruta, después de conocida la trama que originó la presente insurrección del Catipunan, se declaraba autor de un proyecto de masonería, basado en la española, que pudiera aplicarse á la conspiración filibustera. No tuvo tal vez el aludido sujeto interés grande en que privase su proyecto, porque cuando lo trazara ya sabía él el gran éxito alcanzado por el Catipunan, para reunir elementos revolucionarios separatistas, que era lo que él quería, en el frenético antiespañolismo en que se inspiraba.

Hasta el año 1890 la masonería en Filipinas había logrado desarrollo insignificante. Un par de docenas (tal vez aritméticamente no más), que constituían la colonia tagala en Madrid, de acuerdo con unos cuantos paisanos suyos que formaban la de Barcelona, y otros pocos que componían la colonia filipina en París, se agitaron incesantemente, hasta que en 1892 habían ya conseguido la generalización de logias masónicas en el Archipiélago bajo la dependencia del «Gran Oriente Español» exclusivamente al principio, y bajo la de éste y la del «Gran Oriente Nacional» después, porque también este último consiguió reunir prosélitos para la instalación de otros muchos centros masónicos en las islas.

A nadie puede maravillar el éxito de tan activa propaganda, teniendo al frente los atributos de carácter asignados á los indios en general. Los hay entre éstos muy sagaces, como hemos dicho, y á este orden indudablemente correspondían todos los fi-

lipinos reunidos en Madrid, Barcelona, París y Hong-Kong, con el fin de
impulsar en el Archipiélago la obra
de organización de la masonería; ne-
cesitaban explotarla para sus verdaderos planes. Con el fin de ocultar
éstos, en tanto en cuanto se espar-
cían por aquellas islas los centros
masónicos, era objeto de los trabajos
constantes de las logias de Manila
secundar con desenfado la difamado-
ra campaña emprendida por «La Solidaridad» contra las corporaciones
religiosas, contra los frailes, que son
precisamente quienes habían educado con cariñosa solicitud á los mismos naturales filipinos que fundaron
y redactaron y durante cuatro ó cinco años sostuvieron la «Revista» que
acabamos de citar, y cuya colección
constituye verdadero infamatorio li-
belo contra la dominación española,
puesto que efectiva y violentamen-
te la agredían, al burlarse con fruición satánica de los ministros que

8

sostienen la religión del Estado, y que allí registran la más gloriosa historia en la civilización y cultura del país.

«Corto es el camino que hay que »andar, porque no queda más que »una pequeña valla que saltar ó »echarla abajo; ya comprenderéis »que esta valla no puede ser otra »que la *testa coronada*.» Así escribía el tristemente famoso Faustino Villarruel en carta masónica, en la cual al propio tiempo pedía la extensión á Filipinas de la ley vigente de asociaciones en la Península, y la representación en Cortes, dando en el mismo documento á que aludimos cuenta de la constitución de un nuevo taller, cuya aprobación superior solicitaba.

Pero hablemos con mayor claridad, que de toda ella es preciso cuando de altos intereses de la patria se trata. Los masones filipinos, ó gran número de masones filipinos,

está fuera de cuestión que acaricia-
ban la idea del separatismo, que entre ellos vivía profundamente arrai-
gada: las insistentes gestiones por
los mismos practicadas cerca de gobiernos de Estados vecinos, solicitando amparo y protección para acabar con la dominación española en
Filipinas, constituyen prueba plena;
pero además se ve evidentemente
comprobada nuestra afirmación por
las revelaciones detalladas en los documentos masónicos, con singulari-
dad en aquellos que relatan las vivas luchas sostenidas entre los distintos organismos de la masonería
filipina, los cuales tanto se hostiliza-
ron recíprocamente.

Para lo que llaman su régimen
gubernativo quisieron muchos masones de las logias de Manila recabar
del que dicen Gran Oriente Español
la constitución de una *Gran Logia
Regional*, toda vez que les mortifica-
ba mucho la conducta de la logia

madre á «Natura Nilad», que afirman
se les imponía *descaradamente*, y después de quejarse de esto y del proceder del H. Panday-Pira, acusado de
retener en su poder los auxilios metálicos que se enviaban á Rizal, dice
una Memoria masónica firmada el
23 del mes de Nisan de 5.653 (a.·.
l.·.) por Killat, gr.·. 3.º, y por Algia-
barat, gr.·. 28, lo siguiente: «Este es
»un pueblo lleno de vida y energía
»que se agita y revuelve ansioso de
»romper los estrechos y primitivos
»moldes en que se venía encerrando
»para evolucionar con más desemba-
»razo. Hay entre nosotros una verda-
»dera superstición contra todo movi-
»miento evolutivo, porque algunos
»confunden miserablemente las ideas
»subversivas ó de rebelión con el es-
»píritu de evolución en el sentido
»del progreso.»

Los masones, pues, no ignoraban
de qué suerte existía en su seno la
idea de la rebelión separatista, y bien

pudo por el propio instinto de conservación inspirado, el masonismo,
que tales ideas separatistas abriga-
ba y en tanto más cuanto más firmes las acariciase, trabajar tan activamente como lo efectuaba, en fines
de constituir con solidez la organización de la secta en Filipinas; pues
sobre que tal logro le proporcionaba
elementos de fuerza moral y material para sus planes ulteriores, tenía
dentro de la institución masónica, y
según espíritu y letra de los estatutos que la rigen, aquella relativa garantía que éstos determinan para
atenuar por lo menos los riesgos que
corrieran al llevar á la práctica sus
aviesos trastornadores planes.

Siendo masones, á la vez que separatistas, los indios filipinos, enten-
dían poder contar con la protección
que con tanta largueza les ofrece
aquella advertencia en la cual, al
iniciarse en la recepción al grado 1.°
un *aprendiz*, el *venerable* de su *logia*

le hace entender estas significativas palabras: «Los masones están obli-»gados á ayudarse los unos á los »otros, cuando la ocasión se ofrece; »los masones no deben mezclarse en »las conspiraciones, *pero si vos sabéis »que un masón se ha mezclado en cual-»quier asunto de ese género, y ha caído »víctima de su imprudencia, debéis vos »tener compasión de su infortunio, y con »todo el lugar masónico debéis emplear »toda vuestra influencia y la de vuestros »amigos para disminuir la penalidad »que á aquél pueda corresponder.»*

Con sólo esta tan mal entendida protección por la masonería estable-cida, y que en ella en todas sus fases impera, pudo adquirir la sagacidad de los indios separatistas el conven-cimiento de lo mucho que los inte-resaba para cualquier fracaso orga-nizarse masónicamente.

Y ya en fines de 1892 lo estaban por completo en todo el Archipiéla-go. Hasta el sexo femenino formaba también entre los sectarios de la masonería, pues el 18 de Junio de 1893, la briosa filipina que lleva el nombre simbólico de «Minerva», y que había sido declarada la primera masona filipina iniciadora y fundadora de la Respet.·. Cam.·. del «Jardín del Edén, denominado «Semilla», número 8 del Gran Oriente Español, fué elegida Ven.·. Gr.·. Maestra de la misma.

En el Archipiélago filipino, pues, existía con el organismo masónico, que funcionaba, según acabamos de decir, por modo muy completo desde 1892, cuanto puede preparar personal idóneo para las conspiraciones y rebeliones. Todas las sociedades secretas, desde los iluminados hasta los carbonarios, se constituían al fundarse, con personal reclutado entre la masonería, según Deschamps, y en Filipinas esta observación no se interrumpe. Un esclarecido jefe militar, el Comandante de la Guardia civil veterana de Manila, señor D. Olegario Díaz, de cuya actividad, valor y celo, secundado entusiastamente por los distinguidos Oficiales, Jefes de las subdivisiones, y por las clases y tropa de las mismas, afirmaba, en notable documento de valor oficial, literalmente lo que sigue: «No hay uno solo de los jefes y organizadores de las asociaciones filibusteras descubiertas, que no sea masón.»

Y por tanto, nosotros creemos que, aun cuando la masonería no estuviese condenada por la Iglesia; aun cuando esta secta fuese tal, y no más y conforme la define Joaust, sin más principios que la ley del progreso humano, las ideas filosóficas de tolerancia, fraternidad, igualdad y libertad, abstracción hecha de la fe religiosa ó política, de las nacionalidades y de las diferencias sociales, la masonería filipina, albergando á los separatistas para prote-

gerlos, según sus estatutos, cuando
fracasasen en sus planes, no podía
menos de ser, como lo fué, un muy
principal deleznable elemento de
descomposición político-social entre
aquellas masas indígenas.

2.° *Comité de propaganda y Liga
Filipina.* — Un comité de propaganda, no ya exclusivamente masónico,
sino esencialmente revolucionario,
tenía á su cargo distribuir los escritos producto del desenfreno separatista. Folletos violentos y candentes
proclamas excitadoras para mantener una lucha, á la cual, con mal
disimulada hipocresía, simplemente
se la llamaba reformista, lograban
desde las imprentas de Europa y de
las colonias vecinas á Filipinas, llegar á poder del comité aludido. Habíase éste creado en Manila y lo presidía un astuto mestizo, Doroteo Cortés, figura tan degradada en lo moral, que había arbolado gran fortuna

propia, litigando con las artes con que litiga la sórdida avaricia sobre la riqueza ajena: aquel comité cumplió perfectamente el encargo de propagar las doctrinas disolventes que contenían los libros á que aludimos: no los repartía gratuitamente, sino que, al revés, cobrábalos á buen precio, y así, por la gran demanda que de ellos hacían aquellas perturbadas masas indígenas, obteníanse importantes recursos pecuniarios, aplicados al sostenimiento de aquellos indios filipinos que se habían trasladado á España y otros puntos de Europa y China, con el fin de dirigir los trabajos de tan pronta propaganda; y así arbitraban los medios de atender los gastos que les ocasionaban los medios de que se valían para llevar á cabo esos trabajos mismos. No es preciso estampemos los nombres de quienes disfrutaban auxilios metálicos del comité de propaganda; constan en muchos documentos que han visto la luz pública, mas nos es necesario consignar ahora los de dos grandes agitadores, el de Marcelo del Pilar, aquel antiespañol frenético, abogado de Bulacán, que vino á España en 1888 como delegado del comité de propaganda, y que se estableció en Barcelona, trasladando más tarde su residencia á Madrid, y el de Rizal. Á cargo de Marcelo del Pilar, de la delegación del comité, estaba «La Solidaridad», cuyos redactores todos formaban parte de lo que se llamó «Asociación hispano-filipina», y á ella pertenecían asimismo los autores de los más ardorosos escritos contra la dominación española, los Luna, López y Rizal, con ocho ó diez indios filipinos más que constituían el núcleo de tanto daño coautor.

Graves disidencias surgidas en él por desórdenes en lo económico, determinaron que Marcelo del Pilar y Rizal, aunque unidos para el fin común con igual tesón perseguido por estos dos agitadores, se separasen para laborar por procedimientos diversos cada uno, y en virtud de tal acuerdo, Rizal embarcó, dirigiéndose á Hong-Kong, con el plan de tantear desde allí la oportunidad de su instalación en Filipinas.

Creyó Rizal hallarla sin duda muy completa en aquel mismo año de 1892 con el mando de carácter expansivo, bosquejado en los inicios del mando superior de las islas, ejercido por el esclarecido, honradísimo Teniente general Conde de Caspe, excelentísimo Sr. D. Eulogio Despujol.

Y para tantear, volvemos á decir, la disposición de ánimo que las autoridades españolas pudieran tener respecto del tristemente famoso perturbador del pueblo filipino, Rizal, dirigió desde Hong-Kong dos cartas particulares al Gobernador general del Archipiélago; en ambos documentos declaraba el iluso sofista médico tagalo, su adhesión á España, y solicitaba en reverentes términos se le autorizase para ir á aquellas islas, con el fin de recoger á su familia, deudos, amigos y colonos que quisieran seguirle, y contribuir con él á la colonización agrícola de la extensión superficial que se le concediese en Borneo por el Gobierno inglés.

El Gobernador general Sr. Conde de Caspe hizo en absoluto caso omiso de la primera carta de Rizal; y aun cuando tampoco le respondió directamente á la segunda, la Superior autoridad de Filipinas, que no conocía, ni podía conocer por su inexistencia, disposición alguna, ni judicial ni gubernativa, que impidiese la presencia de Rizal en el Archipiélago, se dirigió al Cónsul de España en Hong-Kong, manifestándole, en carta de la que verdaderamente sentimos no transmitir copia literal, advirtiese al autor del *Noli me tangere* de qué suerte podía ir á Filipinas y estar tranquilo allí, si su proceder era el exacto cumplimiento de todos los deberes que con la Patria y leyes que la rigen cumple siempre el ciudadano honrado. Cuanto á los planes referentes á la colonización en tierras de Borneo, el Gobernador general decía al Cónsul de España en Hong-Kong advirtiese á Rizal la extrañeza que le causaba tal determinación, tomada por un hombre que se decía tan amante de España y de la tierra en que nació, mucho más cuando en ésta existían tantas comarcas áridas del trabajo agrícola, sobre todo en el Sur del Archipiélago.

Rizal fué á Manila, sin que en el Gobierno general hubiera de ello otra noticia que un parte del Cónsul de España en Hong-Kong, dando cuenta del embarque y dirección que aquél llevaba.

Y en efecto; ya en la capital de las islas, olvidando Rizal sus proyectos

colonizadores en Borneo, si es que
en realidad de verdad los hubiera
formado alguna vez; negando con
hechos contradictorios sus propias
afirmaciones desde Hong-Kong, rotundamente por él dadas respecto á
su apartamiento de cuanto no fuese
el trabajo honrado para procurar el
bienestar de su familia, lo que ocupó
y preocupó al funesto propagandista fué mantener relaciones íntimas
con el mayor número de sus paisanos que disfrutaran la más ventajosa posición social; se explica bien el
afán revelado en aquellos momentos,
pues á los pocos días de permanecer
en Manila, Rizal convocó y presidió
una junta de naturales, hombres de
carrera y comerciantes, industriales
y propietarios de los más acaudalados, con el objeto que detalladamente les hizo conocer, de constituir una
sociedad secreta que había de llamarse «La Liga Filipina». Dióles un
reglamento muy completo que fué

unánimemente aprobado, y «La Liga Filipina», con sus juramentados, en virtud del pacto de sangre ante una calavera, sobre cuyo hueso frontal estampaban los adeptos como timbre, entusiasta beso, comenzó á funcionar vertiginosamente por todas las islas, pero singularísimamente en las provincias limítrofes á Manila, y en ésta con éxito excepcional.

«La Liga» tendía á una organización verdaderamente avasalladora; con el fin de congregar en torno de sus aspiraciones declaradas para procurar el progreso del país, con el propósito de lograr su independencia, más tarde instituía un Consejo Supremo en Manila, compuesto de diez y seis individuos, incluso el Presidente, y dos delegaciones del mismo, una en España y otra en Hong-Kong. En cada provincia se creaba un «Consejo provincial», y un «Consejo popular» había de funcionar en cada pueblo: se establecía la dependencia de estos últimos respecto de los provinciales, y éstos estaban subordinados al Consejo Supremo.

Recaudaban un peso de entrada por cada afiliado, y cincuenta céntimos de peso como cuota mensual después.

La mayor parte de los naturales de más valía y significación de las provincias tagalas afiliáronse á «La Liga».

Rizal fué objeto de la mayor vigilancia: el Gobernador general, señor conde de Caspe, entendió sin duda cuán preciso era conocer en todas horas lo que á Rizal ocupase; y si dentro del corto período del mando ejercido por el caballeroso general Despujol hállanse pruebas fehacientes para legitimar lo oportuno de todas las medidas dictadas por esta celosa autoridad, con el fin de investigar minuciosamente la conducta del gran agitador tagalo, fundador en España de la «Asociación de fili-

9

pinos», depravado autor de folletos y libros, cuyo texto contiene la burla más sangrienta contra la dominación española, á la cual injuria y calumnia de continuo; cruel inventor en Hong-Kong de la «Liga Filipina» é instaurador de la misma al declararla constituída en la casa de Doroteo Ong-Pingco, ¡ah! el tiempo ha revelado tristemente la justificación que merecido hubiera rigores más extremos, que de seguro habrían resultado provechosos á la causa de la patria y de la civilización y humanidad. Sin embargo, la deportación oportunísima de Rizal y compañeros conjuró por de pronto los peligros; los trabajos de la Liga se suspendieron, hasta que en 1893 se instituyó nuevo Consejo Supremo de la misma. Presidíalo Domingo Franco.

El conde de Caspe, quien no podía predecir la extensión de los trabajos de Rizal y sus trastornadores efectos en lo ulterior, por no haber alcanza-

do aun en aquel tiempo madurez los
venenosos frutos alojados entre las
sinuosidades de la trama urdida en
nombre y no más de reformas político administrativas, limitóse, por no
hallar fundamentos de derecho para
otra cosa, á deportar á Rizal y algunos amigos de éste, entre los cuales
se contaba Doroteo Cortés y José
Basa, de Cavite, pariente próximo
de aquel que logró huir é instalarse
en el Japón, Román Basa. Aunque á
distintos puntos, todos ellos fueron
conducidos inmediatamente al Sur
del Archipiélago. En el propio equi-
paje del encarnizado detractor de la
dominación española fueron hallados fajos de proclamas separatistas.
Y además de Rizal, destinado á Dapitan (Norte de Mindanao), á otros
lugares de Joló fueron deportados
los diez ó doce indígenas con los
cuales aquel agitador estaba en más
frecuente trato, y á quienes acabamos de aludir.

La requisa mandada practicar por el conde de Caspe en los domicilios de naturales amigos de Rizal, y llevada á cabo por modo cumplidísimo, en una misma hora de la noche, por los gobernadores de las cinco provincias de Luzón más inmediatas á Manila, no dió en aquel tiempo motivo para más.

Es de pública notoriedad la deferente atención con que á Rizal se le trató en Dapitan por el Comandante político militar de aquel distrito: aunque aquella autoridad delegada del gobernador general de las islas obedeciese procediendo así á instrucciones, no puede negarse el reconocimiento que Rizal debió guardar siempre hacia el jefe de aquel distrito, siquiera para cumplir bien sus deberes anduviera éste pesquisando lo que Rizal hiciere, de todo lo cual aquél daba cuenta al Capitán general de las islas.

Pero si Rizal fué en Manila hipó-

crita, transgresor de sus obligaciones como ciudadano español, en Dapitan también, á pesar de sus redo-
bladas protestas de no querer vivir
más que entre su familia, á la cual
deseaba trasladar allí para dedicarse
á la agricultura, resultó falsario, porque demostrado está, de modo que
hace fe en juicio, el viaje hecho á
Singapoore por la hermana de Rizal,
acompañada de Timoteo Páez, con el
fin de fletar un barco que arribase á
Dapitan y recogiese en su bordo á
Rizal, conduciéndolo al Japón para
unirse á Doroteo Cortés, que después
de indultado trasladó allí su residencia, y á Marcelo H. del Pilar, cuyo
viaje estaba ya anunciado desde España.

Este solo incidente evidencia el
valor de las afirmaciones y negati-
vas que podía concederse á las que de
palabra ó por escrito estableciera en
todo tiempo y desde cualquier lugar
el conspirador, verbo de la rebe-

lión filipina, José Rizal y Mercado.

Ni éste se resignaba á vivir en Dapitan, ni eran ciertos y efectivos sus declarados deseos de cultivar tierras en Mindanao, ni en Borneo, ni en parte alguna, por más que en el lugar de su deportación adquiriese y plantase y sembrase las próximas á Punta Blanca, entre Lubuc y Lumbungan; ni él quería para nada la casa que se le construía en otros extensos terrenos que compró, ni para él era atractivo obtener la plaza de médico titular, que desdeñosamente decía «podré aceptar». ¿Qué representaba todo ello para las aspiraciones siempre mal disimuladas, por aquel hombre, que constantemente soñó por las mayores alturas de la fama? ¿Qué valía todo ello para quien por lograrla no pudo ahogar en su cerebro el vil engendro de «La Liga Filipina», cuyos adeptos se fusionaron todos con el Catipunan, y que tanto en aquélla como en ésta juraron el exterminio de los españoles?

Rizal, el indio filipino de mayor astucia que aquel país vió nacer, á lo que aspiraba en Dapitan no era sino á la fuga, en el caso de que las circunstancias le abonasen, ó al levantamiento de su deportación cuando la hubiese cumplido seis meses; este tiempo y no más se *resignaba á sobrellevarla.*

«La Liga Filipina» se disolvió en 1894; pero la obra de Rizal no moría sin embargo; el gran número de naturales que la constituían, todos pertenecientes á las clases más acomodadas, fueron á nutrir las filas del Catipunan.

3.º *Catipunan* (1). — Mientras Rizal constituía la «Liga Filipina» para

---

(1) Nosotros escribimos Catipunan con *C* y no con *K*, porque creemos que este vocablo se descompone de esta manera : *Tipon*, raíz; con la partícula *ca* y la terminación *an* se obtiene el

reunirse en ella, según hemos dicho, las principales clases del país, Marcelo Hilario del Pilar ultimaba sus trabajos para instituir el Catipunan, sociedad también secreta de anchísimas bases, con objeto de que las masas indígenas se afiliasen en ella y se juramentasen, siempre con la fórmula del *pacto de sangre*, en fines de obtener la independencia de Filipinas matando alevosamente á todos los españoles. La cartilla de instrucción, que acompañada de un puñal se repartía á cada catipunado, no puede estar más terminante respecto del plan tan criminoso, que se ampliaba, es claro, al alzamiento y la lucha por las armas, en el caso de que no pudiera lograrse el exterminio de los castilas por el inicuo expresado medio: el de asesinarlos ale-

sustantivo que significa *junta, asociación, reunión muy estrecha*, y entendemos que es lo que se ha querido expresar.

vosamente. La organización dada
desde Madrid por Marcelo Hilario
del Pilar para regir el Catipunan, era
muy parecida á la que regulaba la
«Liga Filipina»: las cuotas que satisfacían los asociados al Catipunan
eran mucho menores: 50 céntimos
de peso á su entrada y 0,12 $^4/_8$, ó
sea un real fuerte mensualmente era
lo que cada afiliado había de entregar á los tesoreros central, provinciales ó locales, dependientes respectivamente del Consejo Supremo del
Catipunan, y sus subordinados los
Consejos provinciales y los populares.

Subdividíanse estos últimos en
secciones (1.ª, 2.ª y 3.ª), y para constituir éstas actuaban *delegaciones*, en
relación directa con el Consejo Supremo, en tanto en cuanto se lograba la formación de los grupos completos que habían de constituir el
Consejo popular.

El Consejo Supremo se componía

de un Presidente y siete Vocales ó Ministros.

El tribunal de la sección 1.ª, llamado tribunal superior, ejercía jurisdicción sobre varias provincias; componíanlo un Presidente, un Fiscal, un Administrador, un Tesorero, un Interventor y un Secretario.

El de la sección 2.ª, tribunal delegado ó provincial, se componía de un Gobernador, P. M., un Administrador, un Interventor y un Secretario; su jurisdicción era una provincia.

El tribunal popular (sección 3.ª) estaba constituído por un Administrador, un Interventor y un Secretario; su jurisdicción era exclusivamente sobre el término municipal.

Las fórmulas de iniciación en el «Catipunan» eran las terroríficas que ya hemos apuntado rápida y genéricamente al hablar de la masonería, y siempre practicadas entre enmascarados, pues todos los que asistían á las sesiones cubrían su rostro con un antifaz; palabras simbólicas y señas convencionales extravagantes, dábanlos el medio de reconocerse unos con otros; y en los diálogos sostenidos por los iniciadores y los iniciados, encomiábanse los méritos y virtudes de aquellos clérigos indígenas que sufrieron la pena de muerte por consecuencia de la rebelión de Cavite en 1872. El indio que en la actualidad posee un fragmento de las vestiduras de aquellos rebeldes ordenados *in sacris,* cuya bandera también era la matanza de los castilas, se cree en posesión del más seguro talismán para conjurar todo género de desgracias.

El Consejo Supremo del «Catipunan», acompañado de los presidentes de los Consejos provinciales y populares, se reunían en asamblea, y todos los acuerdos de ésta eran ejecutivos.

Fué el primer Presidente del Con-

sejo Supremo del «Catipunan» Deodato Arellano, y Román Basa el segundo, siendo Secretario Andrés Bonifacio. Dotado éste de condiciones
de inteligencia relativamente muy
superior á la que en general des-
arrollan sus paisanos, y hombre de
audacia y de energías probadas, bien
pronto se impuso á todos, y destitu-
yó á Basa para erigirse en tercer
Presidente del Consejo Supremo del
«Catipunan».

En Julio de 1892 había quedado
constituída esta sociedad secreta de
que nos ocupamos; pero hasta que
Andrés Bonifacio ocupó el puesto,
que según acabamos de decir asaltó,
en el mes de Enero de 1893, no tomó grandes proporciones.

El inquieto y resuelto Andrés Bonifacio es quien trabajó frenéticamente por el más completo desarrollo del «Catipunan»; y en efecto, millares de millares de indios acudieron á juramentarse en él. Dios sabe

cuántos habría, pero se relacionaban
nominalmente más de 50.000 en las
proximidades de Manila (sin contar
con los que hubiera catipunados en
esta capital). 2.000 en Caloocan. —
2.000 en Balintauac. — 3.000 en Pásig y Pateros. — 2.000 en San Juan
del Monte. — 6.000 en San Mateo.—
1.500 en Nueva Écija. — 4.000 en
Bulacán.—10.000 en Cavite.—20.000
en la Laguna.—8.000 en Tayabas.—
15.000 en Batangas, etc., etc., etc.

¡Cuántos y cuán importantes datos y fehacientes pruebas acerca del
«Catipunan» y sus demoledores trabajos irían de seguro á los tribunales de justicia militar cuando ésta se
incautó de los que Andrés Bonifacio
escondiera en las bodegas de la casa
mercantil Fressell y Compañía, en
que servía, al abandonar Manila para
alzarse en armas en el vecino pueblo de Caloocan! Y eso que es bueno
consignar, para la mejor apreciación
de los hechos, que así como los aso-

ciados á «La Liga Filipina» acorda-
ron quemar sus archivos, según lo
efectuaron en 1894, los que constituían la asamblea del «Catipunan»
pusieron en práctica acuerdo igual;
así lo afirmaba Pío Valenzuela, y así
lo confirmaría Doroteo Cortés, huído
en el Japón, según versiones que
creemos muy bien comprobadas.

Igual carácter de fidedignas tal
vez logren aquéllas que recogimos
con los nombres y apellidos de los
principales elementos de la sociedad
filipina indígena que mantenía con
sus propios recursos pecuniarios el
activísimo laborantismo de que nos
ocupamos; mas no cuadra á nuestros intentos de relatar sencillamen-
te, escribir de modo que personali-
ce; no queremos estampar más nombres que aquellos que nos es indispensable citar para coordinar los hechos á que aludimos; en nada nuevo podríamos auxiliar la acción de
la justicia; al contrario, de ella es de

la que esperarse debe la más completa historia de la rebelión producida por el «Catipunan» tagalo.

En 1895, Andrés Bonifacio, Presidente de ese Catipunan, que ampulosamente llamaban «Altísima sociedad de los hijos del pueblo Kataastaasang Katipunan Nang Mañga Anac Nang Bayan», y que simbólicamente indicaban con las iniciales K K N M A N B, creyó llegada la hora oportuna para el levantamiento en armas de las masas indígenas contra la dominación española, y porque tal sucediera, ardía en deseos el mencionado furibundo conspirador.

Transcurrió, sin embargo, todo aquel año sin perturbación material del orden público.

Andrés Bonifacio, obstinado y perverso, continuaba en su incesante labor, y en 1896, como si la propaganda vivísima de manifiestos, folletos, fotografías y proclamas no fuese bastante para mantener firme y ardoroso el espíritu revolucionario infundido en tantos millares de indígenas comprometidos por tan continua gestión separatista, comenzó á publicarse un periódico escrito en tagalo; titulábase «Kalaayan» (Libertad) y con pie de imprenta de Yokohama; las exaltadas arengas que constituían el texto extravagante de aquella publicación, las firmaban Dimas Alang y Agap-ito-Bagun-Bayan.

En esta época, Andrés Bonifacio, ídolo nuevo para aquellos indios filipinos, disponía de fuerza imponderable entre los mismos; podía, en efecto, según convenido estaba, dar la señal en el día y hora que bien le pareciera para alzarse en armas; éstas habíanlas forjado á millares, blancas y de fuego, muy burdas estas últimas, en el mismo Archipiélago; pero además se sabe que desde Junio de 1896 disponían de otras, recibidas del comité filipino que la-

boraba en Hong-Kong de acuerdo
con los de Manila, y de las que había
proporcionado otro comité que presidía Doroteo Cortés, quien no cejaba
de procurar, aunque inútilmente, en
Yokohama, el auxilio del gobierno
del Japón, el cual mantuvo y mantiene lealmente sus buenas relaciones con el de nuestra madre Patria,
á pesar de la asiduidad con que los
tagalos han solicitado romperlas.

La horrible trama urdida por el
Catipunan habría podido, no obstante, lograr sus perversos planes,
sin que por de pronto precisasen
muchas armas los indios filipinos
para conquistar su independencia.
En 28 de Junio de 1896, cuando todo
estaba dispuesto para dar el grito de
rebelión, el Consejo Supremo del Catipunan dió las instrucciones para
el procedimiento que había de emplearse: entre estas instrucciones (y
no ofrecemos copia de todas ellas, por
el propósito que tenemos de no dar

gran extensión á este volumen) figuran las siguientes en texto literal:

. . . .

«*Segundo*. Una vez dada la señal »de H. 2. Sep., cada hermano cum»plirá con el deber que esta G. R. »Log. le ha impuesto, asesinando á »todos los españoles, sus mujeres é »hijos, sin consideraciones de nin»gún género, ni parentesco, amis»tad, gratitud, etc.»

. . . .

«*Cuarto*. Dado el golpe contra el »Capitán general y demás autorida»des esp., los leales atacarán los »conventos y degollarán á sus infa»mes habitantes, respetando las ri»quezas en ellos contenidas, de las »cuales se incautarán las comisiones »nombradas al efecto por esta G. R. »Log., sin que sea lícito á ninguno »de ntros. herm. apoderarse de lo »que justamente pertenece al Tesoro »de la G. N. F.»

«*Sexto*. Al día siguiente, los herm.
»que están designados darán sepul-
»tura á todos los cadáveres de los
»odiosos opresores en el Campo de
»Bagumbayan, así como á los de sus
»mujeres é hijos, en cuyo sitio será
»levantado más adelante un monu-
»mento conmemorativo de la inde-
»pendencia de la G. N. F.

»*Séptimo*. Los cadáveres de los
»frailes no deben ser enterrados, si-
»no quemados.

．．．．．．．．．．．．．．．．．．．．．．．．．．．．．．．．．．．

»Y entre tanto llega el día de
»nuestra redención, esta comisión
»ejecutiva irá dando la pauta segura
»que todos habremos de imponernos
»en presencia de los acontecimien-
»tos, á fin de que ninguno de nues-
»tros herm. pueda llamarse inad-
»vertido.

»En la G. R. Log. en Manila á 12
»de Junio de 1896. La primera de la
»tan deseada independencia de Fili-
»pinas. — El Presidente de la Comi-

»sión ejecutiva, *Bolívar*. — El Gran
»Maest. adj., *Giordano Bruno*.—El G.
»Secret., *Galileo*.»

¿Para qué necesitamos acudir á la
transcripción de más documentos?
El fragmento del que hemos citado
y que estampado queda en estas anteriores líneas constituye por sí solo
horrible síntesis del bochornoso programa trazado por los conspiradores
tagalos con todos los rasgos de la
más salvaje crueldad.

4.º *Síntomas.* — Si los detalles de
tan vasta organización separatista
no se conocían hasta el maravilloso
descubrimiento de Agosto; si en el
orden material aun no se había tur-
bado el sosiego público en los comienzos de 1896, el orden moral venía sufriendo desde antes muestras
evidentes de grave quebrantamiento
en los vínculos de este orden, que
deben por siempre unir aquella so-

ciedad indígena filipina con la Patria española.

Desde años há, especialmente desde 1888, lo que con propiedad ciertamente dió en llamarse *política solapada*, era el camino que recorrían en sus relaciones con la Administración pública y con los elementos que constituyen la sociedad peninsular, en su particular trato, los indios pertenecientes á las clases principales: esa *política solapada* á que aludimos, habíaseles trazado á éstos como pauta por las logias masónicas.

Tergiversando conceptos, marcando aspiraciones irreverentes y extrañas, venían produciendo los indios filipinos desde la citada fecha algunos actos públicos colectivos que constituían esencialmente, protesta viva contra el régimen instituído por los españoles, protestas que pugnaban con lo secular, lo consuetudinario allí. Desde la última fecha que citamos, los afiliados á la masonería filipina venían ofreciendo señales en *crescendo* de tal espíritu inquieto, y desde 1891, en que la masonería había adquirido bastante desarrollo, sus afiliados revelaron interés casi mayor que en cumplimentarlo en que se conociese el acuerdo por ellos tomado de no disponer el enterramiento de los cadáveres pertenecientes á las familias de los masones, por ricas que éstas fuesen, sino por el modo con que se entierran los cadáveres de pobres de solemnidad.

Singularmente en Manila y en algunos pueblos de las limítrofes provincias de Batangas y Bulacán, tan importantes como Taal y Malolos, el descocado acuerdo á que acabamos de referirnos causó verdadero escándalo en sus aplicaciones. El masonismo filipino, que abiertamente desde que se iniciara, escarnecía la Religión del Estado y se mofaba de sus ministros, decía en texto literal: «al árbol se le ataca bien por su »base: quitando á los frailes los de-»rechos de que gozan, no haciéndo-»los efectivos por la voluntad de los »feligreses, ellos mismos se retirarán »de las parroquias.»

Pero ¿es que este síntoma característico patognomónico del grave mal social existente entre los indígenas filipinos en estas épocas, en las cuales el espíritu religioso se trocaba en ellos por el de despreocupación y abandono de aquellas cristianas ideas que durante siglos mantenían la paz pública y fomentaban el bienestar de los pueblos, se limitaba á dar á conocer simplemente como mal único, el odio de los indios hacia los frailes? No y mil veces no. Esto era pura y exclusivamente un pretexto perverso de toda perversidad é injusto de toda injusticia, pero pretexto sólo: sólo *política solapada*.

Con este síntoma se presentaban

en cortejo otros de valor excepcional que en nada se relacionaban con lo que á la administración parroquial atañe, y la menor perspicacia, obligaba á reflexionar la gravedad que de seguro entrañar debía un tan completo cambio de carácter cual el que se venía revelando en muchos indios filipinos, los cuales desde su tradicional, aunque fuese hipócrita, sumisión y respeto hacia los españoles, pasaban á incomprensibles actos de la más grosera altanería.

Pero ¿qué más? La más fehaciente prueba de que la propaganda separatista había causado el más deplorable efecto en todas las clases indígenas, y que sin distinción de condiciones sociales, sexo y edad, vivían éstas en 1896 en atmósfera de sólo odio contra la dominación española, bien puede obtenerse en hechos como el siguiente, de auténtica fija. Hasta el año próximo pasado, todos los niños indígenas que con

sus padres viven las casas situadas
en las márgenes de las calzadas que
dan acceso á los pueblos propiamente dichos de aquellas islas, practicaban la agradable bendita costumbre
de inclinarse al pasar un castila y
saludarle, cruzando sus bracitos sobre el pecho, con un «adiós, señor»;
ahora, en próximos pasados meses,
los niños de algún barrio populoso,
cual el de Laguás de Bauán, en Batangas, solían saludar á los pasaje-
ros castilas gritándoles con el acen-
to de la más cruel injuria: «castila
ang babui»: por todas partes así.

En las provincias limítrofes de
Manila el malestar cundía por momentos y se notaban en alguna de
ellas especialmente, como Bulacán,
síntomas indudables de conspiraciones, cuyo estallido no se hizo esperar
mucho. Rizal había visitado aquella
provincia: fué á Malolos, pueblo que
desde antiguo se consideraba de cuidado, y que con otros lugares de im-

portancia en aquella provincia también era frecuentemente objeto de las visitas de Pedro Serrano. Vecinos de Manila de los más pudientes también solían acudir con pretexto de cacerías á aquellos pueblos, así como á algunos otros de la Pampanga, en donde la masonería tenía muchos adeptos. Antes de que las autoridades pudieran hacer fructuosa la vigilancia que ejercían, los cazadores aludidos renunciaban pasajeramente á su afición, ó cambiaban de cotos, para no salir generalmente de las viviendas en que se apeaban.

Indígenas de alguna posición que tradicionalmente venían atendiendo á las necesidades escasas que en general se crean las familias de naturales con los productos de unas sementeras que dan en arriendo á sus cailianes, de pronto y en gran número se interesaron, al decir de los mismos, en operaciones industriales, yendo y viniendo á la capital de las islas con desacostumbrada frecuencia.

En el mismo augusto recinto de la ciencia, en los claustros de la Universidad de Santo Tomás, la mano aleve de escolares indígenas, catipunados sin duda, y en alguna ocasión *in fraganti* cogida, inscribía gruesas injurias contra la dominación española, tan cuidadosa de la pública enseñanza cual consignado está en páginas anteriores.

Aquellos indios filipinos de tan pocas palabras en general daban cada día mayores muestras de versatilidad opuesta á sus seculares hábitos, y por consiguiente, cual si fuera morbosa ó producto de alguna excitación pasajera al modo que la sufrían, según describe el gran novelista Julio Verne, los tranquilísimos habitantes de Quiguedone cuando estaban influenciados por las corrientes oxihídricas del doctor Ox, los cocheros de Manila entablaban

altercados de duros tonos, que alguna vez terminaban en poco suaves
golpes, regateando cinco ó seis minutos á los castilas que les tomaran
en alquiler sus carruajes.

Pueril habría que declarar, si el
hecho no perteneciese á los que por
todos lados y conceptos constituían
el grave cuadro de síntomas que se-
paraban la sociedad indígena de la
peninsular y europea, aquel anhelo
que agitaba á los indios filipinos pudientes, cuando paseaban en sus co-
ches propios, de adelantar y «cortar
la proa» á los carruajes que conducían familias castilas.

La servidumbre doméstica, con
tesón inverosímil por lo desacostum-
brado, discutía sus salarios, los cuales, obedeciendo á pauta con la san-
ción del tiempo que ya los alteró
mejorándolos, solía señalarlos siempre el dueño de la casa.

¡Salarios discutidos por los indígenas, al ir éstos á servir á un cas-

tila, cuando el natural de aquellas islas que sirve á familia paisana suya ha de resignarse á efectuarlo gratuitamente, ya que tanto vale haber de servir años y más años, por cambio de los intereses asignados á 20 pesos que como préstamo recibió de su amo y señor, indígena también!

Presa de mortal enfermedad acusaba el estado de un indio filipino rico, vecino del hermoso barrio de la Ermita de Manila, su entrada en el período agónico: con visible anheloso esfuerzo dominó por breve tiempo sus congojas para pronunciar sus últimas frases: ¿fueron éstas el postrer adiós, destinado á la familia y deudos que orlaban aquel lecho de muerte? No; las últimas palabras de aquel desdichado fanático fueron para expresar la amargura que experimentaba al verse morir, ¡sin noticias del triunfo de la insurrección cubana!

En los días que precedían á fiestas religiosas ó cívico-religiosas en que hubiera de recorrer determinada carrera ó trayecto señalado una procesión, se anunciaba con tenaz insistencia, y por todas partes cundía el siniestro rumor de que tal solemne acto había de ser el inicio de la matanza decretada contra los castilas.

En unas ocasiones, por medio del pan de las tahonas ó por medio del agua potable que profusamente las cañerías de Carriedo distribuyen por Manila y sus populosos arrabales, ó llevándolo á la *tinola* condimentada en las casas particulares de los castilas, se propalaba la brutal especie del intento que los indígenas tenían para destruir con un tóxico la dominación española; y, en efecto, dos veces muy claramente, aunque por favor del cielo no se obtuvieron los criminales resultados que se esperaban, se repartió algún pan conteniendo, si no veneno que á refracta

dosis matase, algún factor químico
que en las proporciones en que figuraba en aquel pan bien podía causar
perturbaciones en el organismo.

Por toda aquella ardiente atmósfera filipina habíase difundido lo más
deletéreo contra la santa causa de la
Patria y de la civilización.

¿Qué más pruebas se quieren de
que los millares de conjurados filipinos aspiraban frenéticamente al
logro de su independencia de la madre Patria, y que pensaban y querían
lograrla degollando á todos los españoles peninsulares, que los documentos hallados en que en todo tono
así lo consignan?

5.° *Patrióticas denuncias.* — Muy
claro venía haciéndose el estado de
latente extensa conspiración en que
se agitaba aquella región del pueblo
tagalo, deudora de tanto beneficio á
la dominación española, cual lo es
todo el Archipiélago, pero más favo-

recida aún que el resto del mismo
por la proximidad á la capital, en la
que se acumuló cuanto la vida moderna pide, que no es poco, para los
pueblos más civilizados que se conocen.

Increíble parece haber podido obtener de aquellas masas comprome-
tidas durante tanto tiempo el secreto de sus planes y sobre el de
una tan completa organización. Verdad es que se señalaban penas tan
terroríficas para el dominador cuales las consignadas en los estatutos
que regían asociación tan perversa;
y en disposiciones complementarias
como las que constan en documentos emanados de la comisión ejecutiva, se reiteraban en tales términos,
que sólo así se explica pudieran ser
tan eficaces para durante años ocultar tan trastornadores intentos.

Mas conforme iban acercándose
las fechas en que el movimiento había de estallar, tal vez de un lado el

regocijo mismo con que los conspiradores aguardaban el triunfo, y de otra parte el peso que gravitaría sobre la conciencia de algún arrepentido, produjeron no ya sospechas tan abstractas, aunque fundadas, como las que en párrafos anteriores hemos consignado, sino afirmaciones concretas y detalles de prueba de las mismas, é indicios vehementes que á tanto equivalían.

No podemos conocer ni conocemos más que algunas, muy pocas, de las numerosísimas denuncias comprobadas plenamente por desgracia, y que, referentes al estado de agitación notada entre elementos indígenas, no podían menos de ser consideradas como de importancia y gravedad sumas, y así se consideraban. Los Prelados diocesanos y los regulares vivían alarmadísimos ante el desarrollo de la masonería, que sin recato ya procuraba por todo medio reclutar adeptos; pero más

11

concretamente el eximio Arzobispo de Manila, en cuya jurisdicción eclesiástica de las provincias tagalas más hondamente perturbadas se ofrecían, es obvio, mayores muestras de malestar moral, elevaba denuncias tan interesantes cuales las de Marzo de 1895 y las de Octubre del mismo año, describiendo con mano maestra el cuadro tristísimo de insubordinación en que se presentaban importantes parroquias y feligresías de su archidiócesis.

Y no se concretaba el virtuoso Prelado á la denuncia de hechos pertenecientes exclusivamente á la Administración eclesiástica y al claro intento demostrado por los sectarios tagalos de cambiar la hermosa fase religiosa en que vivían los pueblos, sino que el Prelado metropolitano no desdeñaba pormenor que por modo más ó menos expresivo pudiera relacionarse con la paz pública; con la misma presteza con

que denunciaba las anormalidades
de conducta seguida por feligreses
que lograban arrojar de sus parroquias, uno tras de otro, tres Reverendos Curas párrocos, de conducta
pública y privada irreprochable, fa-
tigados de sostener la obstinada lucha á que aquellos procaces sectarios de Malolos les obligaban, hacía
llegar á conocimiento superior los
fines que perseguían (según informes que recibiera) aquellos filipinos,
que habiéndose trasladado unos y
huído otros al Japón, vivían reunidos en Yokohama, en el 35 I. Bluff,
y entre los cuales se hallaba un clérigo coadjutor que logró burlar la
vigilancia de que era objeto en el
Seminario Conciliar de Manila, en
donde estaba penitenciado.

Ignoramos el literal texto de los
documentos fehacientes que á éste
se adjuntaban; pero sabemos de otra
luminosa comunicación, en la cual
el respetable Prelado metropolitano,

describiendo el triste aspecto que
presentaba el estado moral de provincia también limítrofe á Manila y
Bulacán, denunciaba hechos concre-
tos de aquel mal grave, del que bien
cabales noticias pudieron obtenerse
por el sujeto arrepentido, contra
quien se descargó *una plancha conmi-
natoria*, que asimismo unía el Prelado al resto de los documentos, que
repetimos nos son desconocidos.

Un Reverendo Cura párroco de la
Orden de Recoletos, en importante
pueblo de la provincia de Cavite,
denunciaba, lleno de celo, en sesión
celebrada por la Junta provincial dos
meses cabales antes del 20 de Agosto
del año próximo pasado, la existencia en su pueblo de gran número de
conspiradores, añadiendo que aquellos conjurados se reunían en frecuentes banquetes, en los cuales se
habían pronunciado brindis contra
la soberanía de España y se hacían
votos fervientes por la prosperidad

de la insurrección cubana. Hubo párroco de arrabal de Manila que denunciaba en concreto reuniones y hasta depósitos de armas.

Algún Reverendo Cura párroco, también de lugar próximo á Manila, transmitía denuncias basadas en serias confidencias de honrados indígenas, y afirmaba á su Prelado diocesano contarse de 17 á 20.000 afiliados al Catipunan solamente en los pueblos de San Juan del Monte, San Felipe Neri, San Pedro Macati, Pasig y Caimito, y añadía que se había observado, sobre todo en los de San Felipe Neri, el uso de un revólver que decían guardar para cuando venga la guerra «*que vamos á tener, y »que entonces no quedará ni un chino ni »un español*». Denunciaba el Reverendo Padre á quien aludimos que para juramentarse se reunían los indios de aquel pueblo y sus contornos en el monte ó en las mismas casas particulares cuando á ellas

podían acudir, manejando el pretexto de festejar un bautizo ó casamien-
to ó conmemorar un entierro.

En las mismas fechas y en otras
posteriores, con toda la urgencia que
le sugería su celo y amor patrio, el
mismo Cura párroco daba cuenta de
sus averiguaciones al Jefe de la Guardia civil de aquella demarcación.

Este benemérito instituto, cuyos
Jefes de tercio, distrito, líneas y secciones y hasta de puesto, excepción
hecha de algunos de estos últimos
que, perteneciente á la clase indígena, cometiera el delito de lesa Patria,
abandonando su jurada bandera gloriosa, vigilaba atentamente por el
orden público, y en las mismas inmediaciones de aquel pueblo, al que
fundadamente aludimos en párrafo
anterior, el capitán de la línea de
Cavite, el valeroso malogrado D. Antonio Rebolledo, asesinado vilmente
más tarde en Noveleta, aprehendió
en altas horas de la noche una re-

unión de gente tan sospechosa, que habiendo enviado al Gobierno de la provincia 47 individuos, declararon contestes haberse congregado en la casa en que fueron detenidos con el objeto de rezar por el alma de un difunto que inventaron, pues, en efecto, en la citada casa no se recordaba el fallecimiento de nadie.

El pundonoroso bravo capitán Rebolledo, al dar cuenta detallada de los hechos á que aludimos, solicitaba la concentración de la fuerza que constituía la línea de su mando en la ciudad de Cavite.

Uno de los más leales españoles en Filipinas nacido, el honradísimo, ilustrado y valiente jefe de la sección de la Guardia civil de Pasig, el primer teniente D. Manuel Sitjar, daba por conducto reglamentario cuenta el día 5 de Julio del año próximo pasado de las formales confidencias que habíanle hecho saber de qué suerte en sólo aquel pueblo, cabeza

de la sección por él mandada, existían de 600 á 700 individuos afiliados «*á una asociación de base masónica,*
»*pero cuyos verdaderos designios eran*
»*altamente políticos y antiespañoles,*
»*pues encubriendo hasta cierto punto á*
»*los iniciados de la plebe el verdadero al-*
»*cance y transcendencia para que se les*
»*comprometía á obedecer ciegamente ór-*
»*denes superiores de la sociedad secreta,*
»*se les va insidiosamente vertiendo ideas*
»*más claras del verdadero fin á que de-*
»*ben responder*».

Además de las denuncias que por
los medios expresados y por otros
conductos se obtenían, justo es no
olvidar, para agradecerles siempre,
aquellas informaciones reservadas
que de día y de noche y en todas horas practicaba el Cuerpo de Vigilancia adscripto al Gobierno de la provincia de Manila. Impulsado el personal idóneo que constituía este
Cuerpo por afán patriótico de cumplir debidamente su difícil importan-

te cometido, y recibiendo las constantes excitaciones del celoso Gobernador civil Sr. Luengo y Prieto, el Cuerpo de Vigilancia trabajaba con manifiesto provecho para el sosiego público, aun cuando anduviera éste ya tan substancialmente alterado que no bastasen los medios empleados para impedir en absoluto se turbase, según se turbó.

Las denuncias que el personal de vigilancia afecto al Gobierno civil de la provincia hacía eran importantísimas por número y calidad, referentes á personas y cosas que vertieron mucha luz sobre las complejidades de conspiración tamaña; denunciaban, la necesidad de intervenir correspondencia destinada á otros individuos que aquellos á quienes iba dirigida; otras veces señalaban, la infinidad de casas que debían ser objeto de registros escrupulosos; daban cuenta, de las reuniones de sospechosos que se efectuaron en aquel

teatro, propiedad de célebre dentis-
ta procesado; averiguaban quién y
quiénes de aquellos indígenas, con
justicia tildados de separatistas, iban
y venían del Japón; obtenían datos,
respecto á sacerdotes indios que pa-
gaban cuotas mensuales para anti-
española propaganda. Denunciaban,
un embarque de armas en Hong-
Kong con destino al Sur del Archipiélago y á las Bisayas, en donde los laborantes empedernidos, que residían
en el Japón constituyendo la Junta
revolucionaria filipina, querían reunir elementos para turbar la paz al
propio tiempo que ésta se alterase
en Manila y en el resto de las provincias. Recogíanse las hojas clandesti-
nas que contenían la candidatura
completa de lo que los conspiradores
llamaron primer Ministerio de la República filipina. Denunciaban, deber
procederse á registrar algunos equi-
pajes de naturales que regresaban de
su viaje á Europa para hallarse la

justificación por los hechos de tal
medida; denunciaban, el caso cierto
de cómo en un lugar de la calzada
de San Marcelino, y so pretexto de
jugar al law-tennis, se congregaban
laborantes muy sospechosos.

Denunciaban, el efectivo viaje á
Hong-Kong, efectuado en 18 de Abril,
de aquel abogado y rico propietario
de Taal, que figuraba á la cabeza de
quienes en aquel importantísimo
pueblo habían sido objeto de actuaciones *por tentativa de rebelión*, habiendo sido todos éstos con su jefe
deportados al Sur del Archipiélago,
y en rebeldía los unos como el otro,
se señalaba por el Cuerpo de Vigilancia el lugar de ocultación de
aquellos refinadísimos sectarios, pro-
totipos de la *política solapada*, tan
discordante por cierto de aquella
que debían admirar, por el sentido
de rectitud en que se informaba
aquella Administración pública de
la provincia, á la cual pertenecían

los ingratos á los cuales aludimos.

Al Gobierno civil se denunciaba por sus agentes de vigilancia las maquinaciones y sospechosa conducta de algunos indignos médicos titulares indígenas y de clérigos de igual condición que ya venían tildados desde la insurrección de Cavite de 1872; figuraba entre los primeros aquel médico de provincia próxima, aunque no limítrofe á Manila, el cual resultó ser el importador más entusiasta de las obras de Rizal, y además otro compañero de ambos que formaba entre los principales conspiradores de la provincia de La Unión, trama felizmente con oportunidad descubierta por el muy Reverendo P. Fr. Rafael Redondo, Cura párroco de San Fernando, cabecera de la provincia de La Unión, que con gran acierto mandaba en aquel entonces el Excmo. Sr. D. Antonio Díaz de Contreras.

Denunciábanse proclamas subversivas, en las cuales los filibusteros tagalos, queriendo explotar el estado de tributación por cédulas personales, afirmaban iban éstas á sufrir un gran aumento para las clases menos acomodadas.

Denunciábase, estar todos los vecinos de San Juan del Monte afiliados al Catipunan, y la precisión de vigilar á alguna persona del elemento indígena de más viso en la capital de la provincia de Ilocos Sur, también mandada por activo honradísimo Gobernador civil, el Sr. López Hernando.

Denunciábanse, gran número de logias masónicas en los populosos arrabales de Manila; en Santa Cruz, en Trozo, en Quiapo, y reuniones asimismo muy sospechosas en Singalón y en Malate; la inquisitiva de aquel Cuerpo de Vigilancia obtuvo algunas relaciones de adeptos á las asociaciones secretas, y entre aquéllas figuraban las que comprendían los 200 de Mandaloyán, y se denunciaba, el envío al Gobierno japonés de una moción suscrita por 18 ó 20.000 filibusteros tagalos pidiendo á aquel Gobierno les otorgase protección contra España y la anexión después de las islas á aquel imperio.

Tan ímproba labor cual la sintetizada, traían situados en constante acecho, vigilando por la paz pública, los elementos del orden civil, eclesiástico y militar, cumpliendo todos á perfección el deber que la Patria impone.

Preciso es considerar cuán difícil era resultase por el momento siquiera comprobado, con pruebas materiales de los hechos, todo el raudal de denuncias á que acabamos de aludir; pero desde el instante en que alguna muy importante de las mismas resultaba cierta, no pudiendo negar valor efectivo á las demás, se comprende fácilmente la general inquietud sentida por los elementos peninsulares y los insulares leales en expectación de lo que aconteciese.

Por de pronto, y desde fuera, la opinión pública, para afirmarse en el concepto de que realmente existían causas para sentirse el malestar que se experimentaba en temores de próximos trastornos del orden público, podía apreciar aquellas disposiciones emanadas de la autoridad superior del Archipiélago, Excelentísimo Sr. D. Ramón Blanco Erenas, Marqués de Peña Plata, deportando á los perturbadores de la paz pública en Malolos, á los agitadores de Taal, á los de la Pampanga y otros puntos. No son menos de 400 las deportaciones que el general Blanco decretó.

La sola consideración de este hecho, para relacionarlo, es claro, con las denuncias de que se tenía noticia, podía servir de fundamento á la incertidumbre en que vivía en aquellos días la población peninsular.

Mas bien pronto habría de disiparse toda duda: iba á denunciarse con pruebas fehacientes, el pacto de sangre entre tagalos para acabar con la dominación española.

Con la gran suma de medios que para hacer siempre eficaz la vigilancia, tienen en Filipinas los frailes, en virtud de la mayor identificación que éstos alcanzan con cuanto es vida y costumbre en aquella española tierra, nada de extraño tiene el glorioso hecho de que el exacto conocimiento de los detalles relativos al estado de latente conspiración que tantos y tantos denunciaran en unos ó en otros límites, lo adquiriese y revelase inmediatamente un Religioso de condiciones de actividad tan excepcionales, como las evidenciadas durante su vida honrada por el celoso Cura párroco de Tondo, el Agustino M. R. P. Fr. Mariano Gil.

Las relaciones de éste entre los naturales de la comarca tagala más movida son y necesariamente han de ser muy extensas. Antes de administrar la importantísima parroquia que hoy sirve, desempeñó durante muchos años (veinticinco cabales lleva de residencia en el país) otras pertenecientes á las provincias de Nueva Écija y Bulacán.

Persiguiendo con tenaz empeño hallar el grado de certeza que pudieran tener los indicios y sospechas que tenía de que en efecto se estaba urdiendo en aquel país una grave trama contra el sosiego público, el Padre Gil logró como resultado de su inquisitiva noticias que creía ciertas y datos que consideraba fidedignos, que elevó á conocimiento superior en los primeros días de Agosto del año próximo pasado: nos parece recordar que tal aconteciese el día 9 del citado mes.

Transcurrieron diez días, y el 19 de Agosto de 1896, un indio, seguramente de conciencia honrada allá en

12

su fondo, arrepentido de pertenecer
al Catipunan de Tondo, del cual asimismo formaban parte gran número
de operarios compañeros suyos en
la imprenta del *Diario de Manila*, se
presentó al M. Revdo. P. Fr. Mariano Gil, acompañado de carta ó tarje-
ta de la Superiora del Colegio de
Looban, en donde aquel indio tenía
una hermana educándose; afectaba
aquel indio temores que le hacían
andar rehacio en el camino de descubrir cuanto sabía, pero pronto supo
el Cura de Tondo inspirarle confianza, y las aseveraciones concretas y
detalladas que aquél hizo, produjeron la más grave denuncia, el verdadero descubrimiento de los hechos
de que se trata.

El aludido indígena, Teodoro Patiño, ofreciendo detalles de los mismos, señalaba al Religioso Agustino,
Cura de Tondo, el lugar y sitio en
donde, como prueba para patentizar
la verdad de lo que afirmaba, podría

hallarse una piedra litográfica con clave que servía para la tirada de recibos talonarios correspondientes á la suscripción que mensualmente venía haciéndose efectiva entre los afiliados al Catipunan y otros documentos á ello referentes, pretendiendo estos sectarios, según declaraba rotundamente Patiño, la degollación de todos los castilas.

Aquel indio declaraba al P. Gil el lugar y sitio en que se fabricaban los puñales que se entregaban á los catipunados: aquel indio denunciaba la presencia y permanencia de 1.500 hombres reunidos ya en el sitio llamado Tapusi, del pueblo de San Mateo, bien racionados y pertrechados, aguardando solamente la señal para alzarse en armas, con 18 ó 20.000 sectarios más que aseguraba aquél habían de determinar la insurrección general de Manila y sus alrededores.

Todos los términos de la denuncia

iban á ser comprobados inmediatamente; para tal fin, el P. Gil dió
cuenta de lo delatado por Patiño, y
sin pérdida de momento, á los distinguidos tenientes Sres. Grun y Cortés, jefes de la subdivisión de la
Guardia civil veterana del distrito
de Tondo, y al activo, hábil y valeroso capitán D. Olegario Díaz, comandante jefe del Cuerpo. El Cura
de Tondo señaló los nombres de muy
principales comprometidos en el
gran complot de que se trata, y de
los cuales, por ser así, podía esperarse gran ampliación de datos: una
vez dado este gran paso, el P. Gil
tendió á adquirir personalmente los
interesantes cuerpos de delito á que
antes nos referimos, la piedra litográfica, claves y documentos denun-
ciados, y, en efecto, constituyéndose
aquella misma noche en la imprenta
del *Diario de Manila,* acompañado del
denunciador, allí, en el mismo lugar
y sitio marcados, dentro de aquel

recinto, que debían los indios todos respetar, pues hace cincuenta años que desde él se predica amor hacia la Patria española, civilización y cultura; allí, escondidas por operarios indígenas que comían el pan que les daba aquella honrada casa, halló el P. Gil las materiales irrecusables pruebas del enorme delito de lesa Patria que se acababa de descubrir. El Reverendo Cura párroco de Tondo entregó al distinguido jefe de la Guardia civil, á quien hemos citado, aquellas pruebas fehacientes, y humildemente satisfecho, después de tan colosal servicio, retiróse á su convento para continuar, no sólo los trabajos de su propio parroquial ministerio, sino los que interesaba la salud de la Patria, según acababa de apreciar por modo tan cierto el valeroso sacerdote agustiniano.

Lograba éste la dicha de ser fiel continuador de las tradiciones gloriosas que han hecho de perdurable memoria la secular patriótica gestión de las Corporaciones religiosas en Filipinas.

6.º *Verdadero carácter de la insurrección tagala.* — La formidable conjura que entre tagalos se urdiera contra la dominación española queda en concepto nuestro claramente explicada, á pesar de nuestra poquedad en medios de expresión. Resumiendo, no obstante, lo que hemos dicho respecto á las causas próximas y remotas, determinantes y ocasionales de la grave insurrección de que tratamos, habremos de afirmar y afirmamos no reconocer otras que, el concepto de independencia explotado por la á todas luces injusta propaganda sostenida por las sociedades secretas, con firmeza extraña entre aquella raza, contra la dominación española. No creemos sea preciso para juzgar así lograr excepcional desarrollo de aquellas faculta-

des intelectuales reflexivas que constituyen lo que en el hombre se llama
la razón.

La masonería filipina fusionada
con la «Liga filipina» formada por
Rizal, y ésta fusionada con el Catipunan de Marcelo H. del Pilar, puesto
que no prosperaron otras organiza-
ciones de triángulos propuestas, hé
aquí cuanto en nuestro sentir constituye el triste proceso de la revolu-
ción en Filipinas.

¿Cuál es su verdadero carácter?

¿Es dubitable para alguien que el
carácter de esta insurrección de gran
parte de los tagalos es pura y simplemente separatista?

¿Qué fundamento puede tener noción contraria después de lo que siquiera someramente llevamos dicho?

Y además del calificativo de *separatista*, ¿quién que recuerde el procedimiento trazado por los sectarios
del Catipunan para lograr la independencia en aquellas islas, dejará

de permitirnos la adjetivemos más y digamos que es una *insurrección separatista vandálica?*

¿Qué otros medios para emanciparse de la Metrópoli hubieran podido idear las gentes más incultas, foragidas y salvajes?

CAPÍTULO V

Algunos detalles de la insurrección.

1.º Efecto que produjo entre los españoles peninsulares el descubrimiento de la conjuración tagala. — 2.º Justicia civil y militar. — 3.º Fuerzas del Ejército. — 4.º Alzamiento en armas. Primeros encuentros. — 5.º Creación del Cuerpo de voluntarios de Manila. — 6.º Combates en San Juan del Monte y lugares vecinos. El General segundo cabo D. Bernardo Echaluce. —7.º Primeras medidas adoptadas por el Gobierno de la Metrópoli. —8.º Insurrección en Cavite.

1.º *Efecto que produjo entre los españoles peninsulares el descubrimiento de la conspiración tagala.* — Descubierta la gran conspiración de los tagalos, según acabamos de decir, en la madrugada del 20 de Agosto del año próximo pasado, vertiginosamente se desarrollaron los acontecimientos.

Naturalmente, en la población peninsular, y aun entre los insulares leales, la noticia fija de la conspiración y sus bárbaros fines produjo el sentimiento de indignación que causar debía, y justamente exaltado el del patrio amor ante el peligro que amenazaba á la dominación española en aquellas tierras, todos los peninsulares y muchos leales indígenas exclamaron en unísono entusiasta ¡viva España!

Los españoles peninsulares, acompañados de muchos leales indígenas, ofreciendo el hermoso espectáculo de la más completa identificación de miras para atender á la salud de la Patria, fueron en grandiosa manifestación, presurosos, á ofrecer sus servicios y su más completa adhesión á la Autoridad superior de las islas, al Excmo. Sr. Capitán general D. Ramón Blanco. Enfermo en aquellos días, no le fué posible recibir en colectividad á la numerosa representación de los elementos españoles que á la residencia de Malacañang fueron; mas el bizarro general, jefe de Estado Mayor, D. Ernesto de Aguirre, en nombre y representación del Capitán general de las islas, recibió cortésmente aquella manifestación patriótica, la cual, desde allí, se dirigió al Palacio arzobispal, en donde fué entusiasta y santamente bendecida por el ilustre Prelado metropolitano D. Fr. Bernardino Nozaleda, acudiendo aquélla después al convento del P. Fr. Mariano Gil, quien humildemente quiso esquivar aquel acto de tan legítima solemne simpatía; pero no pudiendo lograrlo, con brillantes lágrimas lo premió. Allí, en la residencia del Cura de Tondo, se declaró disuelta la manifestación hermosa á la cual invitara el *Diario de Manila.*

2.º *Justicia civil y militar.* — Desplegóse admirable actividad por el Juzgado especial nombrado á propuesta de la Audiencia del territorio para la formación del gran sumario correspondiente á tan enorme delito cual el de conjuración tagala que se acababa de descubrir; el inicio de aquel proceso, las actuaciones en el mismo hechas por la justicia civil constituyen una página de gloria para ésta, aunque también haya que rendir todo homenaje de consideración y respeto á la justicia militar que sucedió á aquélla, y de la cual el juzgado militar, á quien correspondía entender en el proceso, obtuvo base muy completa para el esclarecimiento de los hechos.

El Juzgado especial lo constituyeron el distinguido Juez Sr. Concellón y el Promotor fiscal Sr. Ruiz de Luna, quien conoció desde luego de la causa, interviniendo en todo ello el Fiscal de la Audiencia Sr. Cas-

taños. El dia anterior al de la publicación del bando declarando el estado de guerra pidió la Fiscalía la in-
hibición, por tratarse de delitos propios de la jurisdicción militar, y, en
efecto, todo lo diligenciado pasó al
Tribunal presidido por el señor coronel D. Francisco Olive, que ha prestado especial señaladísimo servicio,
digno de todo premio y encomio.

En virtud de mandamientos judiciales, y por disposición gubernativa, la Guardia civil veterana y el
Cuerpo de vigilancia procedían á llevar á cabo prisiones y detenciones
en gran número; faltaban lugares
apropiados para tanta reclusión pasajera ó permanente.

3.º *Fuerzas del ejército.*—La guarnición de Manila era muy escasa.
¡300 soldados peninsulares! Poco
más poco menos los mismos elementos de fuerza material con que en
Manila se contaba cuando estalló la

insurrección de Cavite en 1872. Nuestra raza valerosa no suele tener la previsión como atributo de constitutivo. Lo fía y lo confía todo, y por entero se entrega, á sus heroicos temples, esperando con éstos vencer todos los peligros.

Ya que después de las tristes experiencias adquiridas con la insurrección también separatista de 1872 en Cavite no se destinaron al Archipiélago filipino 6 ú 8.000 soldados españoles, y que no menos de este número se hubieran mantenido siempre allí, habría sido muy conveniente la ida de 500 ó 1.000 frailes misioneros más, y podían haber venido á servir en las iglesias de la Península los clérigos indígenas, que por su condición de españoles insulares no hubieran sido desconsiderados por los españoles de aquí, de natural generoso y afectivo.

Aparte de los pocos artilleros que guarnecían la ciudad de Manila, el

resto de las tropas en la misma eran
indígenas; la confianza en ellas podía
ser objeto de hipótesis, era menester
que los hechos la inspirasen, y pudieron inspirarla por gran fortuna
en aquellos momentos; algo menor
es la que inspiran hoy. 900 hombres de los batallones 1.° y 2.° del
regimiento número 70; unos pocos
del 73 y 74 y del batallón disciplina-
rio; 600 del Depósito de transeuntes; 200 hombres, poco más, pertenecientes á los regimientos de Legazpi é Iberia, núms. 68 y 69; 250
del batallón de ingenieros y parte
del regimiento de caballería era el
contingente con que en Manila se logró reunir, además de la sección de la
Guardia civil veterana y de unos 100
hombres pertenecientes al mismo
Instituto de los tercios 20, 21 y 22,
el día 25 de Agosto con alguna fuerza de Infantería de marina y alguna
fuerza de la dotación de los cruceros. Con tan escasas tropas, la Ca-

pitanía general hizo notables combinaciones para acudir á tanto lugar en que se alteraba el orden, y á ellos acudía.

4.° *Alzamiento en armas. Primeros encuentros.* —Por todos los contornos de Manila y provincias limítrofes cundía la agitación; se notaba en muchos barrios por las columnas reconocidos que todos los hombres aptos para las armas que en ellos hubiera, habían desaparecido de sus bahays.

En una gran reunión de conjurados Andrés Bonifacio dió el grito de rebelión, y, en efecto, el día 25 de Agosto, á las doce en punto, gentes de los barrios de Manila, Caloocan y Tambobong, constituyendo una partida armada al mando de un indio llamado Lahón y del capitán de cuadrilleros de Tondo Pedro Nicodemus, se presentaron en lucha, pernoctando en Banlac, después de recorrer los barrios de Baeza y Talipapan; en aquel lugar, según las versiones autorizadas que tenemos, aquella partida había de recibir órdenes de Manila, y mientras esto acontecía, los Jefes de la misma reunieron nuevos afiliados al Catipunan, los cuales, después de sufrir la incisión del pacto de sangre, engrosaron aquella partida, que al amanecer del 26 estaba compuesta de 1.000 hombres aproximadamente.

Escasas fuerzas de la Guardia civil, al mando del teniente comandante de la sección de Tambobong, D. Manuel Ros, salieron á batir lo que, según rumores, era sólo un grupo de tulisanes que habían asaltado casas y secuestrado chinos en Balintanag y Novaliches.

La pequeña columna no halló novedad hasta la mañana del siguiente día 26, en que diseminados por entre cañaverales espesos de aquella jurisdicción del barrio de Banlac, la

vanguardia divisó grupos que contestaron con un disparo al ¡quién
vive! que se les dirigió. — Desde las
diez de la mañana hasta las tres de
la tarde de aquel día duró aquel
hecho de armas distinguido, en el
que la escasísima fuerza de la Guardia civil de Tambobong hubo de
formar el cuadro y descargar hasta
el último cartucho, para contener
aquellas masas y abrirse paso por
entre las mismas, cuando éstas
creían iban á apoderarse de la columna, en la cual sólo iban tres peninsulares: el teniente jefe, el sargento y un cabo. Los insurrectos gritaban á los guardias indígenas, diciendo que matasen á los tres castilas mencionados y se uniesen con
aquéllos; pero los guardias se portaron cual debían, y despreciando tan
infame invitación, lucharon valerosamente, hasta que después de haber causado á los sediciosos doce
ó catorce bajas, entre muertos, pri-

sioneros y heridos, pudo la pequeña
columna (30 hombres) del teniente
Ros, llegar á Caloocan, retirándose
los insurrectos por Pasong-Tamó y
por Bago-Bantay, á San Juan del
Monte.

Para castigar á los rebeldes autores de las depredaciones de Balintauag y de Caloocan, á aquellos mal-
vados insurrectos que iniciaban su
campaña asesinando, y más propiamente dicho *descuartizando*, cuatro
chinos de los 18 que secuestraran
en los primeros momentos, y matando 12 chinos más dueños de tien-
das de Caloocan, salió otra columnita para operar en combinación
con los guardias del teniente Ros;
aquélla la mandaba el de igual clase
Sr. Arroyo, y más tarde, como quiera que aumentase la presentación
de grupos rebeldes por aquellos contornos de Caloocan, acudieron las
columnas al mando del comandante Aguirre, compuesta de 160 hom-

bres, y la del coronel Pintos: la escasa fuerza de caballería con que se contaba hacía prodigios de resistencia, y á las dos ó tres horas de haber llegado á Manila, mandada por su bravo Jefe el teniente coronel Togores, se dirigía al sitio de los sucesos de Caloocan, en fines de operar con las citadas fuerzas en aquella zona, un movimiento envolvente: la fuerza de caballería (60 hombres) y una compañía de infantería constituía columna al mando del mencionado Jefe Togores: 107 hombres del «Cristina», al mando de su segundo comandante y dos oficiales con el médico de la dotación, se situaron estratégicamente en aquella línea y ocupaban la estación del tranvía de Malabong. Los insurrectos, que sumaban gran número, juzgando la escasez de nuestras fuerzas, pero al propio tiempo la hábil combinación de éstas y arrojo de las mismas, dispersáronse por los montes de San

Mateo y en dirección de los de Angat, guareciéndose los de más bru-
tales bríos, entre las breñas del Ca-
taprús, en las inmediaciones de Bosoboso.

Verdadero portento fué lograr salvar su vida, en la acometida salvaje dada por los rebeldes en Novaliches, el Reverendo Cura párroco de
aquel villorrio, que entre bosques de
guayabas disemina su pobre caserío, ocupado por muchas gentes de
mal vivir, y á 17 kilómetros de Manila situado: doce días cabales llevaba al frente de aquella accidentada parroquia el Rdo. P. Agustino
Fr. Agapito Peña cuando sufrió el
gran asedio á que aludimos.

Parte de las fuerzas del Ejército,
que anduvieron en aquella operación contra los de Balintauac y Caloocan, perseguían á los dispersos,
y otras iban á llenar otras exigencias del servicio en distintos puntos conflagrados. En Pineda ocurrió

también lo que en Caloocan, Novaliches y Taguig: por todas partes
surgían brotes de aquel mal.

En estas primeras operaciones de
guerra ofrecíase, sin embargo, ya,
como agradable consoladora esperanza, la de que las tropas indígenas
no estuvieran, á pesar de las maquinaciones del laborantismo, tan des-
compuestas como en un principio se
creyó; los soldados indios se batían
con serenidad y bravura; aun cuando haya que lamentar y maldecir hechos aislados de deserciones viles,
en general merece aplauso el Ejército indígena, y nosotros se lo envia-
mos, desde nuestra pequeñez, muy
sincero, á los leales.

Pero tampoco debemos echar en
olvido á las clases indígenas civiles,
que han patentizado y evidencian
amor y respeto y fidelidad á nuestra
madre patria; para ellas guardamos
los mismos nobles afectos que gran
parte (la mayor de nuestra ya no

corta existencia) venimos profesándoles.

En estos primeros hechos de guerra, repetimos, también los indios filipinos paisanos comenzaron á prestar muy señalados servicios á la causa de la patria. Bien informado el general Blanco de los relevantes que desempeñó cerca de nuestras primeras columnas de operaciones el teniente del barrio de Balintauag, indígena D. Mariano Amata, inmediatamente le otorgó la medalla del Mérito civil á aquel indígena, que en la ocasión citada tanto se distinguió entre los leales.

Aquella zona quedaba al parecer tranquila: así lo afirmaba sobre el terreno el Sr. Coronel Pintos, en la tarde del 27 de Agosto, en el parte que á la Capitanía general elevaba aquel distinguido Jefe del 20.° tercio, quien regresó á Manila, aunque para volver á salir inmediatamente después de reforzar su colum-

na, á reconocer otra más extensa comarca.

5.° *Creación del Cuerpo de voluntarios de Manila*. — Entre los elementos peninsulares de Manila, experi-
mentábase natural, honda, creciente
inquietud: las importantes detenciones de personas principales entre
los indígenas, detenciones elevadas
á prisión todas ellas; los planes conocidos de los rebeldes para apoderarse de aquella ciudad; el hecho de
haber descubierto entre los criados
de los castilas á muchos juramentados en el Catipunan; las noticias
con frecuencia llegadas de conflagra-
graciones en diferentes lugares pro-
ducidas; la noción exacta de la escasez de fuerzas militares, ante la
enormidad de la conspiración; el conocido hecho de la declaración de
guerra, acuerdo tomado en numerosa junta por el Consejo supremo del
Catipunan convocada, todo esto, y

más de esto, justificaba plenamente
la agitación de los ánimos.

No en poco la calmó el decreto
dictado por el ilustre general Blanco con fecha 30 de Agosto.

Tan acertada disposición autorizaba, en uso de las facultades de
que la superior autoridad de las
islas hallábase investida, la creación de un Cuerpo de voluntarios,
que con tanto entusiasmo se iniciara, por espontáneo, vehemente
impulso de patrio amor, entre los
españoles peninsulares residentes en
la ciudad de Legazpi: jóvenes y viejos, frailes y seglares, funcionarios
públicos y particulares, comerciantes é industriales, sanos y hasta
enfermos, reaccionados vivamente
ante el peligro amenazador de la
integridad del territorio y de las
honradas vidas de los españoles peninsulares que lo poblaban, en hermoso tropel se acumularon en los
lugares designados para el dignifi-

cador enganche en aquella milicia nacional.

Coincidía con aquel decreto el cumplimiento del mismo, pues un distinguido, valeroso, dignatario de la Administración pública, el Director general de Administración civil, D. Javier Bores y Romero, constituyó un núcleo de fuerza de caballería, base para un escuadrón, que en cuatro ó cinco horas se presentó en formación correcta ante el palacio de Santa Potenciana, residencia accidental del Capitán general, señor Blanco. Esta superior autoridad de las islas, acompañado de todo su Estado Mayor, saludó afectuosamente á aquella fuerza nacional desde los balcones de aquel palacio, en premio al acto de cordialísima adhesión que aquélla estaba expresando por modo tan elocuente.

Antes de la publicación de aquel decreto, y en espera del mismo, ya el celoso gobernador de Manila, por propios impulsos y por los que vehementemente le expresaran los españoles de la capital, había preparado el alistamiento voluntario, y el reparto de las pocas armas de que disponía; puede decirse que las fuerzas ciudadanas, creadas por la citada disposición, coexistían con ésta, pues, á poco de ser conocida, quedaban constituídos el escuadrón y batallón de leales voluntarios de Manila, congregando bajo la gloriosa bandera de la patria á todos los españoles peninsulares y leales insulares, que también en bastante número aspiraban (aunque de estos últimos no todos la merecieran, según muy pronto se comprobó) al disfrute de honra tan insigne cual la de formar parte de aquel Cuerpo de voluntarios.

Además del batallón y escuadrón á que nos referimos, iban á constituirse dos guerrillas: la de San Miguel, que se formó inmediatamente y la de San Rafael después, las cuales, dotadas de excelente material náutico y terrestre, tanto por mar y aguas de los ríos y lagunas navegables, cuanto por tierra, prestaron señalados, heroicos servicios, vigilando zonas insurrectas, en las que libraron rudos combates. El Casino creó también una ronda que prestó arriesgadísimos servicios y una guerrilla después.

Si el Ejército regular conquistó en Filipinas, en ésta como en todas ocasiones, páginas de gloria inmarcesible, no sería justo dejar de consignar con caracteres indelebles también el heroico proceder de los voluntarios de Manila, en sublime pugna unos con otros para prestar los servicios que más riesgos acusaran, y en ansias vehementes de compartir con las tropas en todo sitio y lugar los peligros que se presentasen. Solemnísima fué la ceremonia en que se hiciera la bendición de la bandera y estandarte, sagrada enseña, de aquellas fuerzas populares: se llevó á cabo en la Catedral de Manila, y oficiando el patriótico virtuoso Arzobispo metropolitano don fray Bernardino Nozaleda, quien en sentida conmovedora plática expresó el valor y significación de aquel acto grandioso, al cual asistió el Capitán general, orlado de su Estado Mayor y comisiones del Ejército, el cual evidenció el espíritu de completa confraternidad en que se inspiraba con aquellas fuerzas ciudadanas que el amor patrio y los acontecimientos crearon. El Capitán general, D. Ramón Blanco, dirigió á los voluntarios notable alocución: fuera de la Capitanía general, es claro, pudimos leerla en las dos cuartillas que originales del puño y letra de aquella autoridad iban á imprimirse y á ser con merecida profusión circulada. Aquel documento dice así:

«Voluntarios:

»Acabáis de realizar el acto más grande y más trascendental de cuantos puede llevar á cabo un ciudadano armado : el juramento de su bandera : juramento sagrado y solemne, que imprime sobre el alma del que lo presta una huella que jamás se borra.

»Cierto que todo español amante de su patria está obligado, á defender la bandera nacional, y que siente latir involuntariamente su pecho al contemplarla ; pero esa noble sensación se extrema y sube de punto cuando esa bandera es la propia, la que, jurada después de bendecida, se convierte en enseña venerada del Cuerpo á que pertenece, en el que instantáneamente se despierta hacia ella el amor más vehemente que lleva hasta el sacrificio á los que bajo sus pliegues se cobijan, y convierte en héroes hasta morir en su defensa á quienes fueron momentos antes tranquilos y pacíficos ciudadanos.

»Seguro estoy de que todos, presa todavía de emoción tan noble, os sentís llenos de entusiasmo hacia vuestra preciosa enseña, y que deseáis en el fondo de vuestros pechos ocasiones en que combatir y vencer para coronarla con el laurel de la victoria, que no dudo obtendréis si llegara el caso de poner á prueba vuestro valor y firmeza, contando siempre para defender esa bandera y ese estandarte, y morir antes que por nadie sean hollados, con un voluntario más en vuestro General en Jefe, *Ramón Blanco*.»

Repetimos lo que ya hemos dicho: la más grata impresión guardará por siempre todo aquel que presenció en Manila el verdadero acontecimiento que acabamos de sintetizar.

La multitud de hechos parciales de rebelión que rápidamente cundían obligó á la autoridad superior del Archipiélago, en aquella misma fecha, 30 de Agosto, á declarar en

14

estado de guerra las provincias de Manila, Bulacán, Pampanga, Nueva Ecija, Tarlac, La Laguna, Cavite y Batangas.

6.º *Combates en San Juan del Monte y lugares vecinos. El general segundo cabo D. Bernardo Echaluce.* — Después de lo de Caloocan, se vió el intento de los rebeldes: á todo trance querían caer sobre Manila. La conflagración era general en todos los alrededores, y la tendencia de los insurrectos era reunirse en San Juan del Monte para entrar por Sampaloc: en esta dirección el primer encuentro se verificó en Santamesa.

Habíanse reforzado todos los puestos de la Guardia civil y los destacamentos: al de San Juan del Monte acudió una sección de artillería.

En el cuartel de la Luneta quedaba una fuerza de 100 hombres, no más, que eran los únicos disponibles para relevar la guardia de la

cárcel y presidio de Belibrid, que llevaba cuatro días custodiando aquellos edificios. La guarnición de Manila y escasos refuerzos que recibió
había sido distribuída sabiamente
por el general Echaluce, nombrado
jefe de las fuerzas que habían de
constituir la defensa de la capital de
las islas : era tan completa la línea
exterior que para tal fin trazara el
veterano general segundo cabo, que
aquella línea, arrancando de la Capitanía del puerto, en donde estaban
las fuerzas de desembarco al mando
del valeroso capitán de navío señor
Lazaga (D. Joaquín), terminaba en
Sampaloc. Todos los técnicos aplau-
dían los trabajos de defensa hechos
por el general Echaluce en exterio-
res é interiores líneas.

Los 100 hombres del cuartel de la
Luneta pertenecían al regimiento
número 70, é iban mandados por el
capitán Avila y los primeros tenientes D. Domingo Muñoz y Bonilla. Al

frente de esta tan reducida fuerza, se puso el general segundo cabo D. Bernardo Echaluce, cuyas brillantes dotes militares y civiles tantos prestigios sólidos hánle creado en Filipinas. Cuando esta fuerza llegó al polvorín situado sobre la margen izquierda de la calzada que conduce á San Juan del Monte, desde Manila, la tropa que custodiaba aquel edificio habíase ya batido con los rebeldes, quienes trataron denodadamente de apoderarse de aquella importante posición. No lo alcanzaron; heroicamente la defendieron 65 hombres entre artilleros peninsulares y soldados indígenas del núm. 70, al mando del bravo capitán Rambau, y la caballería al mando de Togores, con gran oportunidad llegada, dispersó la masa de insurrectos que acosaba á los valientes defensores del polvorín.

Viendo los rebeldes frustrado su plan, al diseminarse por las casas y bosques inmediatos, un gran núcleo

de aquéllos se replegó sobre la casa
de «Vista alegre», situada en el centro de una gran explanada defendida
en toda su extensión por muros sólidos de dos metros de altura; parape-
tados tras de éstos, los rebeldes descargaban nutridísimo fuego de fusilería á las fuerzas que por allí pasaban y que iban á reunirse en punto
conveniente para batirlos á todos:
elegido éste por el general Echaluce,
tan notable en estrategia cuanto en
balística, según testimonios de muchos jefes y oficiales del ejército lo
acreditan, el general segundo cabo
trazó el plan de combate por completo, y como las operaciones habían
de desarrollarse con fuerza tan reducida de leales, dispuso que inmediatamente dos secciones, con un subalterno al frente cada una, reconó-
ciesen y batiesen aquel sitio tan inmediato al citado polvorín. Los oficiales destinados á tal servicio fueron
los dos también nombrados señores

Bonilla y Muñoz: escaso trecho habían recorrido, reconociendo cinco casas no más de aquel lugar, aquellos dos pequeños pelotones que habían tomado izquierda y derecha de la carretera, cuando la sección del teniente Muñoz, á cuya cabeza iba el bizarro veterano general Echaluce, acompañado del capitán de Estado Mayor Sr. Gueriguet, sufrió nutrida descarga disparada por los rebeldes fuertes en la citada casa de «Vista alegre», ó mejor dicho, desde los muros que la rodeaban: las bajas que la sección experimentó exaltaron el natural valor de aquel pundonoroso oficial, y á la acometida brutal de que acababa de ser objeto respondió ordenando al puñado de soldados que llevaba, avanzasen hasta los muros de donde procedía el fuego; allí fueron, por entre las malezas y ondulaciones del terreno que determinan muy difícil acceso á la casa por la parte anterior. Ordenó el teniente

Muñoz el asalto de aquel muro, y
dando heroico ejemplo á los suyos,
él fué quien, revólver en mano, lo
coronó el primero: una vez en él, los
rebeldes, que emprendieran descom-
puesta retirada hacia el interior de
aquel terreno extenso y tupido de vegetación, hicieron otras descargas,
viniendo un proyectil á herir en el
cuello gravísimamente al teniente
Muñoz; practicando éste esfuerzos
supremos para levantarse del sitio
en que había caído herido, un nuevo
disparo del mismo insurrecto que á
él le hirió mató al soldado que le
ayudaba á levantarse: Muñoz, en rápido supremo esfuerzo, se apoderó
del fusil de éste, y consiguió matar
á aquel rebelde: momentos después,
el valeroso oficial era recogido por el
bravo capitán Rambao, que se puso
al frente de aquella sección y la de
Bonilla: la más completa victoria se
logró sobre los insurrectos de «Vista
alegre». La pequeña columna siguió

reconociendo el resto del caserío hasta el Depósito de las aguas, y como por todos lados se presentaban grupos de insurrectos, la artillería, destacada en aquel edificio, y la guardia civil veterana, al mando de su capitán D. Olegario Díaz, operaban valerosa y acertadísimamente, ajustándose á las disposiciones del general Echaluce, quien para batir á los rebeldes de San Juan del Monte con tan escasa fuerza cual la que disponía, no precisaba fijar su atención en aquellas reglas que se establecen para los combates ofensivos de *divisiones* (que es la fuerza cuyo mando á su jerarquía corresponde), y reglas que fijan los servicios de seguridad, y el cómo se han de formar las vanguardias, y el orden de marcha concentrado cuando se espera el ataque, y los reconocimientos preliminares de la acción y las reservas, y quiénes y cómo han de encargarse de la acción demostrativa y de la decisiva con sus ataques de frente y envolventes para el asalto de las posiciones ocupadas por el enemigo cuando los fuegos convergentes lo han descompuesto. La única regla de combate de división que allí tuvo en cuenta el general Echaluce es aquella que sitúa al jefe de la misma en la cabeza de la columna ó en la vanguardia, y, en efecto, sobre el muro de «Vista alegre», á la cabeza de la sección del teniente Muñoz, allí, según hemos dicho, estuvo el general segundo cabo de Filipinas.

Contáronse en este combate, el más violento de los iniciales de la insurrección, 95 muertos de los rebeldes, á los cuales en los primeros momentos se les hicieron 42 prisioneros: rabiosos éstos por evadirse, cuando los de mayor significación cabalmente comenzaron á llevarlo á cabo, los certeros disparos de los fusiles de nuestros soldados dieron á aquéllos muerte. En juicio sumarísimo fueron los cabecillas juzgados, é incontinenti se les fusiló. Hiciéronse después 200 prisioneros más, aún en armas por los alrededores. Nuestras bajas, pocas: Felipe Cella, José Tolosa y Juan B. Barbosa se llamaban los soldados peninsulares muertos en aquel combate, y 15 heridos.

En distintas direcciones, pero la mayor parte hacia Montalbán, corrió el resto de los insurrectos, no en menor número de 2.000, que tan completamente fueron batidos por el general segundo cabo.

Cuán importante era esta acción, ya se sabía en Manila mientras se libraba; pero el Capitán general, que combinaba, lo repetimos, maravillosamente la pequeñez de los medios de que disponía, no había podido colocar en auxilio del general Echaluce más que 50 hombres en Balic-Balic y otros 50 en Sampaloc.

En el mismo día hubo gran revuelta en Pandacam; milagrosamente salvó su vida, ocultándose en el quizame de su convento, el cura de aquel pueblo, P. Arellano, pero mataron los rebeldes infamemente á un artillero peninsular de los tres que custodiaban el polvorín. Al propio tiempo numerosos grupos de rebeldes se presentaban en las sementeras que hay entre Santamesa y Mariquima, y más numerosos aún en Canogan y Maybonga, barrios de Pateros; estos últimos, entre una y tres de la madrugada del mismo día 30, se dirigieron á Pasig, en cuyo pueblo se les agregaron hasta constituir una partida de 2.000 hombres, cuyo objetivo fué ocupar el cuartel de la guardia civil. Debemos recordar que en este pueblo estaba el distinguidísimo oficial Sr. Sityar al frente de su sección; aquel primer teniente cuya luminosa denuncia de los primeros días de Julio será siempre título legítimo de gloria para tan honrado español. Replegóse el teniente

Sityar con los pocos guardias (¡5!) que tenía á sus órdenes en la torre de la iglesia parroquial, logrando dispersar á aquella masa después de dos horas de vivísimo fuego : en cuatro barcas que de antemano tenían preparadas los rebeldes se llevaron éstos los muertos que tuvieron, arrojándolos al agua junto al puente: en el cementerio del pueblo sólo se enterraron cinco, conducidos desde Pateros, en donde el sargento de Taguig con diez guardias, y un cabo con seis de los mismos, enviados por el teniente Sityar, habían sostenido á la entrada del pueblo refriega fuerte con 200 rebeldes.

Los numerosos grupos de insurrectos repartían profusamente proclamas redactadas en tagalo, excitando á los indígenas á lo que ya hemos dicho querían los cabecillas lograr: la toma de Manila; en los arrabales de ésta y en los 21 pueblos que desde cuatro kilómetros de distancia el que menos, hasta 27 el que más, constituyen la provincia, en todos ellos y en sus barrios anexos se libraban combates, se tenía algún encuentro ó se notaban trifulcas.

7.º *Primeras medidas adoptadas por el Gobierno de la Metrópoli.* — No se desconocía tan en absoluto en España el malestar que se experimentaba en Filipinas por la propaganda de las sociedades secretas. Los Gobernadores generales lo habían comunicado: las clases peninsulares residentes en el Archipiélago lo informaban particularmente.

Los Gobiernos liberales, y muy singularmente el Sr. Abarzuza, Ministro de Ultramar en el último Gabinete presidido por el Sr. Sagasta, habían expuesto rotundamente su criterio propio y el del Gobierno de que formaba parte, contrario en absoluto á permitir la masonería en Filipinas. Cuanto al Gobierno de los

conservadores, hacemos igual afirmación, y nosotros, que no hemos
tenido ni aquí ni allá más medios de
inquisitiva que los solicitados lo más
discretamente que nos ha sido posible, y nunca en altas esferas, hemos
logrado saber, por modo ciertísimo,
que el Gobierno actual se ocupó y
preocupó desde su advenimiento al
poder de tal asunto; hizo entender
á cuantos jefes de provincia se destinaban á aquellas islas cuánto interesaba impedir el desarrollo de las
sociedades secretas en aquel vasto
territorio, y, sobre todo, aquella
Real orden reservada que hemos podido averiguar se dirigió por el señor
Castellano, actual Ministro de Ultramar, en 2 de Julio del año próximo
pasado, al Gobernador general de Filipinas, contiene un perfecto plan
trazado para impedir la constitución
de asociaciones secretas en aquellas
islas. Ni desde aquí ni desde allá se
consentía ninguna.

A pesar de ello, el mal se había producido en grandísima extensión: sus verdaderos inconmensurables límites, esto es lo que se ignoraba particularmente en la Península, y por tanto, era natural que la noticia de la vasta conspiración descubierta entre los tagalos causase aquí gran extrañeza y sentimiento, y algo más de éste y menos de aquélla entre los peninsulares residentes en Filipinas.

Tan luego se recibió en Madrid el telegrama del Capitán General de Filipinas dando cuenta el 21 de Agosto de la vasta conspiración allí descubierta, el Ministro de Ultramar Sr. Castellano dió lectura del mismo primero al Senado y al Congreso después. En ambas Cámaras se produjeron con tal motivo patrióticas declaraciones. Después de detenidas conferencias celebradas entre el Sr. Castellano y el Gobernador civil de Madrid, Sr. Conde de Peña-Ramiro, y entre esta autoridad y el juez de guardia, adoptóse una serie de medidas, entre las cuales fueron desde luego conocidas la clausura del Círculo Hispano-Filipino y del Gran Oriente, cuyos centros se hallaban instalados en una misma casa habitación de la calle de Relatores; la detención de los individuos que componían la Junta directiva del citado centro masónico; la incautación de cuantos documentos tenía archivados la secretaría del mismo, y los registros que la policía practicaba con toda urgencia en diferentes distritos de esta Corte. Siete individuos de aquel círculo de la calle de Relatores fueron conducidos á la cárcel pública; todos negaban se dedicasen á trabajos filibusteros, y el Sr. Morayta, haciendo afirmación igual, protestaba de toda suposición contraria respecto á él en telegrama fechado en Puigcerdá: contra aquel señor habíase también dictado auto de prisión.

El Gobierno, después de recibir un telegrama del Gobernador general de Filipinas de fecha 29 Agosto, en el cual, en previsión de serios acontecimientos, manifestaba lo conveniente que creía reforzar con 1.000 hombres el ejército del Archipiélago, acordó enviar inmediatamente 2.000: un batallón de infantería de Marina y otro de cazadores, armados todos de Maüser y bien municionados, remitiéndose además 6.000 fusiles Remington, modelo reformado del 89. Dispúsose, además, la inmediata salida del crucero *Isla de Cuba* y la del *Isla de Luzón* para cuando estuviese listo.

En el telegrama en que el Sr. Ministro de Ultramar comunicaba al Gobernador tales acuerdos, decía además en texto literal lo que sigue: «Aprobada la formación batallón Voluntarios, y el Gobierno vería con gusto se formen otros, pues espera mucho del patriotismo de los espa-

15

ñoles residentes en el Archipiélago.»

El Gobierno estaba dispuesto, bien lo ha demostrado, á enviar á Filipinas inmediatamente cuanto hiciese falta para el restablecimiento de la paz en Filipinas y garantía de la integridad del territorio; la prensa, la opinión de todos los partidos poníase de su lado para facilitarle todos los medios necesarios y defender la causa nacional, sin importar nada los inmensos sacrificios que el país venía haciendo en la guerra de Cuba, sobre la que había que verter hombres y dinero, como por copioso raudal en que arrebatadamente corre el agua.

La decisión de afrontar la nueva desdicha que nos traía la gran insurrección tagala, no podía alcanzar más patrióticas muestras que las hermosas expresadas por esta gloriosa nación, poseedora de tan grandes virtudes.

Admirable espectáculo el ofrecido

por esta madre patria, que, habiendo
de atender en las enormes proporciones que atendía la guerra de Cuba,
como acabamos de decir, hacía zar-
par desde los puertos de Barcelona,
Cádiz y Cartagena, con destino al de
Manila, no barcos que transportasen
mil ni dos mil hombres que se con-
siderasen en el primer momento bastantes, sino á los vapores siguientes
y la fuerza que se consigna:

CATALUÑA

Que salió el 3 de Septiembre, conduciendo
un batallón de infantería de Marina, 22 jefes, 13 sargentos, 882 soldados.

MONTSERRAT

8 de Septiembre: con 3 jefes, 28 oficiales,
25 sargentos, 1.015 individuos de tropa de
infantería de Marina y cazadores.

ANTONIO LÓPEZ

14 de Septiembre: 27 oficiales, 15 sargentos, 770 soldados de infantería de Marina.

ISLA DE LUZÓN

18 de Septiembre: 66 jefes y oficiales,
59 sargentos, 1.936 soldados, cazadores.

Colón

6 de Octubre: 55 jefes y oficiales, 40 sargentos, 1.288 soldados, constituyendo una batería de artillería y un escuadrón de caballería.

Covadonga

18 de Octubre: 6 Jefes, 63 oficiales, 57 sargentos, 1.873 soldados, cazadores.

Alfonso XII

7 de Noviembre: Generales Polavieja, Zappino, Lachambre, Cornell, Galbis; 10 jefes, 16 oficiales, 12 sargentos y 639 cazadores, más 9 oficiales, 10 sargentos, 245 soldados infantería de Marina.

León XIII

12 de Noviembre: 4 jefes, 32 oficiales, 52 sargentos, 1.681 soldados de cazadores.

San Fernando

27 de Noviembre: 3 jefes, 26 oficiales, 21 sargentos, 1.042 soldados infantería de Marina; 2 jefes, 22 oficiales, 28 sargentos y 900 cazadores.

Isla de Mindanao

9 Diciembre: 23 oficiales, 24 sargentos, 1.233 soldados, cazadores.

ISLA DE LUZÓN

17 de Diciembre (desde Barcelona): 29 jefes y oficiales, 46 sargentos, 1.686 soldados.

ANTONIO LÓPEZ

17 Diciembre (desde Barcelona también): 20 jefes y oficiales, 29 sargentos, 1.014 soldados.

MONTEVIDEO

18 Diciembre (desde Valencia): 35 jefes y oficiales, 61 sargentos, 2.006 soldados.

MAGALLANES

19 Diciembre (desde Cádiz): 43 jefes y oficiales, 77 sargentos, 2.617 soldados.

COLÓN

20 Diciembre (desde Barcelona): 38 jefes y oficiales, 58 sargentos, 2.823 soldados.

Hé aquí las expediciones enviadas á Filipinas durante los cuatro meses últimos de 1896, los cuatro primeros de la insurrección tagala: hemos tenido interés en detallarlas lo posible, y con ello entendemos innecesario aducir más testimonios relativos á la serenidad y resolución con que la Metrópoli afrontaba, además de la guerra de Cuba, las complicaciones aleves que traía la que en el Archipiélago filipino presentaban contra la dominación española los sectarios del Catipunan tagalo.

Como no pretendemos, según hemos dicho, escribir una crónica lo más metódica y completa que nos fuese posible de los hechos de la insurrección tagala, nos limitaremos á nuestros propósitos y solamente á grandes rasgos podremos sintetizar, agrupándolos en la correlación que podamos, los principales sucesos.

8.º *La insurrección en Cavite.* — En Cavite, provincia limítrofe, á la voz y vista de la de Manila, la insurrección tagala tomó grandes proporciones.

Esta provincia confina por el Norte con Manila, así como con la de Batangas por el S. y con La Laguna por el E., limitándola por el O. la bahía y la isla del Corregidor.

La componen 21 pueblos: *Alfonso, Amadeo, Bacoor, Bailén, Carmona, Cavite* (Capital), *Cavite Viejo, Imus, Indán, La Caridad, Magallanes, Maragondón, Méndez-Núñez, Naic, Noveleta, Pérez Dasmariñas, Rosario, Santa Cruz, San Roque, San Francisco de Malabón, Silan y Ternate.* De estas 21 parroquias siete son administradas por curas párrocos indios.

En las 120.000 hectáreas de superficie asignada á esta provincia, hállase terreno llano en todos los pueblos costeros y en algunos del interior: el resto son tierras muy accidentadas, especialmente las que pertenecen á los pueblos que se aproximan al Sungay, cuyas vertientes y laderas son casi intransitables.

En escasa proporción el abacá, el cacao y el café: algo más de azúcar y mucho arroz; éstas son las producciones agrícolas de la provincia, mereciendo también especial mención las hortalizas y las frutas, entre éstas singularísimamente la que se obtiene del *Mangifora Índica*, de Linn, pues, en efecto, la *manga* de Cavite es la preferida en todo el Archipiélago.

Los bosques de esta provincia ofrecen más de 80 especies frutales, entre las cuales privan el *acle,* la *narra*, el *banabí*, el *canete* y el *tindalo*.

En los términos municipales de Indán, Silán y Maragondón, y aun en los de *Alfonso y Bailén*, desarróllanse especies frutales muy abundantes en resinas y gomo-resinas de excepcional valor; pero los caviteños no las explotan ni en poco, ni en mucho, ni en nada. En general, sus aficiones industriales no se demuestran allí más que para el lavado de ropas, de las cuales, por cierto, se quedaron con todas las que en su poder estaban, pertenecientes á la mayor parte de los habitantes de Manila, cuando estalló la insurrección.

Serpean por la provincia de Cavite ríos y arroyos que nacen en los montes de Indán y Silán, desembocando unos en el mar y otros en la laguna de Bay.

Las comunicaciones entre todos los pueblos de la costa son bastante buenas.

La provincia tiene zonas muy palúdicas: algunos pueblos son medianamente secos y regularmente sanos.

Hay muchas canteras abiertas, pero de piedra blanda y arenosa, ninguna dura y compacta.

La dominación española prodigó en la provincia de Cavite los medios de civilización y cultura.

Allí creó, entre las ensenadas de Bacoor y de Cañacao, un arsenal. sobre superficie de 2.500 metros, con dependencias anexas que á tantos millares de indios han dado pan y enseñanzas para que los hijos de éstos lo alcanzasen en grandes talle-

res de ebanistería, pintura, arbola-
duras, velámenes, armas y herrerías
y fundiciones.

Allí, un astillero y dos varaderos
para buques de alto y pequeño porte.

Allí, escuelas y hospitales; allí,
buenos edificios públicos y una gran
fábrica de tabacos, antes del desestanco.

Imposible parece que en la provincia de Cavite se hayan podido
congregar tantos enemigos de la dominación española, y sin embargo,
nada más cierto ser esta comarca la
más levantisca de las islas: la más
manifiestamente dispuesta á recibir
los daños de las doctrinas insanas.
Las que allí se esparcieron por medio
de folletos y de algún periódico que
mereció las censuras eclesiásticas,
coincidieron (si es que no determinaron de por sí), con la insurrección de 20 de Enero de 1872, movimiento de rebeldía tan esencialmente separatista como lo es el actual:

«muera el Castila y viva la independencia»: éste y no otro fué el lema de la bandera enarbolada por aquellos insurrectos, como éste y no otro es en realidad, por más que la hipocresía *de la política solapada* haya impedido en muchas ocasiones oirlo, el grito de los indígenas capitaneados por Andrés Bonifacio y sus deleznables compañeros del Catipunan, en el cual pactaron el exterminio de los españoles, conquistadores de aquel territorio, no por la fuerza bruta, sino por la dulce predicación del Evangelio.

Desde que acaecieron los primeros chispazos de la rebelión de que tratamos, los principales jefes de la misma, en la plaza de Cavite, alardeaban de españolismo y se presentaban diariamente al gobernador de la provincia, señor coronel D. Fernando Parga, ofreciéndole *vidas y haciendas* para la causa de España. Aquellos villanos habían urdido el

complot para la matanza de los castilas, que había de ser llevada á cabo
por los presos de la cárcel de aquella
capital.

Tan grave conjura fué descubierta
la víspera de estallar por una ilustre
dama, la señora doña Victorina
Crespo, esposa del gobernador señor
Parga, que supo hábilmente obtener
en términos tan precisos la delación
de aquel complot, cuanto que el marido mismo de aquella mujer llamada Pania (Epifania), que fué la dela-
tora, intervino directamente en la
compra de armas para distribuir á
los presos.

Denunciado el hecho al Sr. Parga
por su propia esposa, en el acto procedió el gobernador de Cavite á la
detención de los comprometidos y
sospechosos: se incoó el proceso.

El distinguido veterano general
Rizzo fué á Cavite como delegado del
Capitán general en funciones judi-
ciales, y fueron éstas tan activa, téc-

nica y provechosamente desempeña-
das para la causa de la Patria, que el
día 12 de Septiembre, es decir, á los
diez del acontecimiento, se ejecuta-
ban las sentencias de pena de muerte por el Consejo de guerra impuestas á 13 individuos, autores de aquel
complot y principales comprometidos en la rebelión: los había entre
ellos muy acaudalados. Para formar
el cuadro ni tropas había en Cavite:
desde Manila acudieron las necesarias; de ellas formaba parte dos compañías de voluntarios que iban al
mando de su comandante el señor
Hevia.

Todo el elemento español peninsular y los insulares leales de Cavite,
con la noción exacta de lo maravillosamente que el descubrimiento de
la conjura logrado por la señora de
Parga salvó sus vidas, bendicen el
nombre de dama tan esclarecida, á
la cual seguramente la Patria pre-
miará.

Los individuos pasados por las armas en Cavite eran: Francisco Osorio y Máximo Inocencio, ricos propietarios; Luis Aguado, contratista; Victoriano Luciano, farmacéutico acaudalado; Hugo Pérez, médico; José Lallana, sastre; Antonio San Agustín, comerciante; Agapito Concha, maestro; Eugenio Cabezas, relojero, y los dos alcaides de la cárcel. A los primeros se les atribuía una fortuna de más de dos millones de pesos.

Desde las primeras horas de aquel día 2 de Septiembre á que nos referíamos, la insurrección en Cavite cundió como meteoro por todos los pueblos, cual reguero de pólvora.

Los curas párrocos que, arrollados ó advertidos por algún honrado feligrés, pudieron escapar de las aleves manos de los rebeldes, se presentaron en la capital de la provincia y refirieron tristemente el estado de conflagración en que quedaban sus pueblos: aun ignoraban los Padres la suerte de muchos de sus hermanos, asesinados horriblemente.

Con tales noticias inicióse y se mantuvo creciente en la Cabecera un estado de continua alarma, que afrontaron los españoles peninsulares, conduciendo á las señoras y niños al Arsenal, para mayor garantía de las preciosas vidas de estos tiernos seres. Defenderlos con esta medida, era exigencia del deber más elemental y muy justificada: basta para comprenderlo así, decir que en aquellos instantes, á los rebeldes de la provincia de Cavite no se podía oponer en la capital propiamente dicha otra resistencia que la de diez soldados de infantería de Marina, mandados por un sargento, y unos 40 españoles á quienes proveyó de fusiles el general Jefe del mencionado Arsenal. Esta escasa fuerza fué la que practicó todo el servicio de vigilancia y custodia, de día y de noche, en el interior de aquella capital.

Poco después ya se vió reforzada tan pequeña guarnición con la llegada de ingenieros al mando del capitán Angosto, y una compañía de infantería indígena al mando del capitán D. Francisco Cabrera; con ello, y á pesar de lo exiguo de los medios de defensa acumulados, se restableció la tranquilidad en aquella plaza.

Comenzó la insurrección de Cavite con el hecho ocurrido en la casa Tribunal de Noveleta. Sabiendo que en aquel edificio habíanse reunido gran masa de indígenas en visibles muestras de agitación, el capitán Jefe de aquella línea, D. Antonio Rebolledo, acudió con resolución á aquel lugar, acompañado de cuatro guardias, y creemos que de un sargento. La denodada actitud del capitán Rebolledo, penetrando con tan escasa fuerza en el Tribunal, lleno de conjurados, á nada generoso indujo á éstos, sino que, al revés, sólo vieron en aquel heroico hecho ocasión favorable para inaugurar cruenta segura alevosía, y así lo llevaron á cabo, asesinando vilmente á aquel bravo honradísimo oficial: la esposa y tiernos hijos de este mártir fueron secuestrados y conducidos á San Francisco de Malabón, y en poder de los insurrectos vivieron hasta que la división Lachambre los redimió del cautiverio ocho meses después. Dos de los guardias que acompañaban al capitán Rebolledo pasáronse á las filas insurrectas en el Tribunal de Noveleta, no sabemos si de bueno ó de mal grado.

A los sublevados de Cavite Viejo é Imus uniéronse las fuerzas de la Guardia civil que cubrían la línea, é igual funesta suerte que la sufrida por el capitán Rebolledo corrieron otros distinguidos oficiales del mismo instituto, á cuyas familias asimismo se llevaron cautivas los re-

16

beldes. En horripilante descomposición, el cadáver de alguno de aquellos valientes oficiales, jefes de sección de la Guardia civil de Cavite, era recogido días después en las aguas del río de Imus por la columna al mando del señor general, jefe de Estado Mayor, D. Ernesto Aguirre, y este bizarro hombre de guerra tributó cuidadosa y solemnemente á aquel cadáver, todos cuantos sagrados homenajes permitieron las circunstancias difíciles en que se encontrara: aquel cadáver había sido el teniente Sr. Chacón, otro de los primeros mártires de la insurrección tagala.

Y también el teniente, jefe de la sección de Naic, Sr. Pérez Herrero, al dirigirse á Noveleta por asuntos del servicio, fué villanamente asesinado, pereciendo en igual forma, y por segura traición de uno de los guardias que le acompañaban, el sargento comandante del puesto de

Quintana, cuando iba á San Francisco de Malabón.

Los conventos y las casas-haciendas de los religiosos fueron todas asaltadas y saqueadas desde el primer momento: los rebeldes mataron cruelísimamente á los frailes y legos que allí estaban en sus lugares de paz y de trabajo. No resultaría ciertamente mayor inhumana fiereza en el martirio sufrido en Nagasaki por nuestros santos misioneros del Japón, que la por los rebeldes de Cavite patentizada, en el martirio hecho sufrir á los religiosos de quienes se apoderaron aquellos salvajes sectarios del Catipunan. Bien públicos y notorios son los detalles de aquellos crímenes inauditos.

Los infames procederes de los insurrectos en la comarca Caviteña singularmente, no podrán desaparecer de la memoria de la presente y futuras generaciones en aquel territorio español, y esos procederes son la característica de la rebelión tagala, con todos sus horrores: así la iniciaron, y mancharon para *in æternum* con indeleble tacadura.

En los primeros días de Septiembre, los rebeldes estaban ya apoderados de toda la provincia, excepción de la capital y los dos pueblos inmediatos, que pueden considerarse barrios anexos. Efectuaron los insurrectos alguna correría á pueblos de las limítrofes provincias de la Laguna y Batangas, é insurreccionaron contra la dominación española otros pueblos y barrios; pero al mismo tiempo se irradiaba el mal hacia otras regiones, complicándose gravemente en provincias como Nueva Ecija, y extendiéndose á Batangas, Bataan, Bulacán, Morong y otras, aunque en menor intensidad.

En Cavite, la rebelión podía contar con elementos muy apropiados para producirla: es de abolengo, además de levantisca, criminal: el bandolerismo reclutó allí mucha gente en todo tiempo: Binacayán é Imus, especialmente, nutrieron gruesas partidas de tulisanes, que en muchas ocasiones no se limitaban á operar criminosamente dentro de aquella provincia, sino que hacían correrías vandálicas, marítimas y terrestres, por los de Mindoro, Bulacán y Pampanga.

Los principales jefes de la insurrección en Cavite, eran, después de Andrés Bonifacio, que ejercía el mando supremo, *Emilio Aguinaldo,* titulado generalísimo, indio puro, joven de veintiocho á treinta años que habla medianamente el castellano; natural de Cavite Viejo, y capitán municipal de este pueblo, no tiene bienes de fortuna, pero venía disfrutando de gran influencia entre los indígenas; es hijo de Carlos Aguinaldo, hombre que la disfrutó tan extensa en aquella jurisdicción, que, habiendo sido muchas veces gobernadorcillo, cada vez que volvía á tomar la vara solían los indios del pueblo decir: «Nang buhai uliang panguinong dios» (Ha vuelto á resucitar el Señor). Antiespañol declarado; ya en 1872 estuvo preso por aquellos sucesos.

Tiene Aguinaldo (Emilio) varios hermanos, ejerciendo todos, desde hace muchos años, los principales cargos de aquel municipio.

Aristón Villanueva, de cincuenta á sesenta años de edad, también titulado general, natural de Noveleta, de cuyo pueblo también ha sido gobernadorcillo; es otro de los jefes activos de la insurrección: también es pobre y sin instrucción alguna. El padre de éste estuvo en presidio: lo indultaron, y las generosidades de la dominación española, perdonándole los antecedentes que aquel travieso caviteño tenía, lo hizo después gobernadorcillo.

Otro general de los rebeldes de Cavite es Mariano Alvarez, hombre de cincuenta años, poco más ó menos; vecino y natural de Noveleta; propietario. También ha sido varias veces gobernadorcillo de aquel pueblo; un hijo suyo lo era en la actualidad. De éste nada se había oído decir como antiespañol; pero su gestión municipal es tachada de inmoralidades extensas.

Estos eran los de más viso, se puede formar concepto del valor y significación de los demás.

Para contener y vencer la rebelión caviteña, el Capitán general nombró al general D. Diego de los Ríos, Comandante general, Gobernador militar de la provincia y plaza de Cavite; este joven General es dignísimo hijo y sucesor de aquel ilustre Teniente general que en tierra de Africa, y memorable guerra de 1860, supo grabar en la historia el ya honroso apellido que llevara, por modo que nadie desde aquellas fechas deja de pronunciarlo sin rendirle el homenaje de respeto que merece.

El General Ríos, en Cavite, no contó ni por un momento fuerzas bastantes para dominar la insurrección acometiéndola en sus numerosos lugares, cada instante más pertrechados y defendidos por trincheras y por cuantos medios las malas artes sugieren; sólo podía, pues, por entonces aguardar mayores é indispensables recursos, defendiendo la plaza y sus más convenientes líneas estratégicas para lograrlo.

Contra los rebeldes de Cavite fué el día 3 el muy distinguido Jefe de Estado Mayor General D. Ernesto de Aguirre: asimismo contó con escasísimas fuerzas; menos aún de las calculadas, pues ni los 100 hombres que del Arsenal había de recibir para reforzar su pequeña columna pudo obtener, por los sucesos que en aquella plaza habían tenido lugar; mas así y todo, aquella fuerza recorrió la mayor parte de los pueblos de la provincia comprendidos en la región de Parañaque, Bacoor é Imus, librando rudo combate en los dos últimos, en los cuales hizo numerosas bajas á los enemigos, reunidos á millares y atrincherados. No llevaba el general Aguirre fuerzas para continuar la operación, ni aun para iniciarla, como valientemente la inició; así es que hubo de regresar á Manila cumpliendo órdenes superiores, sin duda alguna emanadas de la prudencia: no debía ésta autorizar sacrificios que no resolvían el caso. Las fuerzas del general Aguirre, avivadas en sus valientes energías por este General, de verdadero temple para la guerra, se portaron muy bien en aquella jornada, más corta de lo que en su deseo seguramente estaba. En ella resultó contuso el general Aguirre, siendo el fuego tan formidable, que hubo en la columna herido el cual recibió cinco balazos: el sargento D. Victoriano Vecido.

CAPÍTULO VI

Continúan algunos detalles de la insurrección.

1.º Sucesos de Nueva Ecija.—2.º Otros acaecimientos: una proclama de los insurrectos; servicios de los voluntarios. Escuadra y Capitanía de puerto. Donativos. Medidas para destituir de sus cargos á complicados en la rebelión. Ampliase el Decreto de indulto. Combates en Silang y Cavite. — 3.º Decretos del Gobierno general sobre embargo de bienes. 4.º Refuerzos del interior. Más combates. Bendición y jura de las banderas de los voluntarios. Nuevos documentos referentes al Catipunan. Preparativos para recibir la primera expedición de tropas procedentes de la Península.

1.º *Sucesos de Nueva Ecija*. — El 2 de Septiembre tuvo lugar suceso de verdadera excepcional importancia en Nueva Ecija, provincia situada al Norte de Manila y que además confi-

na con las de Nueva Vizcaya, Bulacán, Pangasinan y Pampanga y con
el mar Pacífico. Es bastante sana y
fértil y de extensión superficial ca-
paz para proporcionar la subsistencia á tres veces más de población
que la que contiene: 23 leguas de N.
á S. y 34 de E. á O: 63,29 kilómetros
y 94,93 respectivamente.

En los días 2, 3 y 4 del mes de
Septiembre á que nos referimos, la
Cabecera de esta provincia, San
Isidro, á 101 kilómetros de Manila
situado, fué objeto de un furioso
ataque de los insurrectos, siendo
admirable la conducta allí seguida
por las Autoridades, colonia peninsular y las reducidísimas fuerzas
con que la causa de la Patria podía
contar allí. Llanera, uno de los más
traviesos cabecillas tagalos, capitán
municipal de Cabiao y Balmonte,
que ejercía el mismo cargo en Gapán,
intentaron con tesón tomar aquella
capital: las fuerzas reunidas para tal

fin por estos dos rebeldes, sumaban
3.000 hombres. En la tarde del día 2,
500 de éstos, la mayor parte armados de armas blancas, y no menos
de 100 con fusiles, en marcha acom-
pasada, precedidos de música y banderas, dirigíanse por la calle de Magallanes hacia el cuartel de la Guardia
civil. En torno del gobernador de
la provincia, Sr. D. Leonardo Valls,
habíanse congregado todos los pocos
españoles peninsulares que allí había; resueltos estaban éstos á sacri-
ficar sus vidas al grito de ¡viva España!: el espectáculo era conmove-
dor. Había podido el jefe de la provincia telegrafiar al Capitán general
manifestándole con serena exactitud
la gravedad de la situación en que se
hallaban, y el general Blanco, no
teniendo fuerzas disponibles para
enviar en socorro de aquella población amenazada de destrucción completa, según los designios revelados
por los insurrectos, inventó una co-

lumna de 200 hombres de infantería, del Depósito de transeuntes: dió el mando de esta fuerza á un hombre de condiciones superiores, excepcionales, de indiscutible mérito y valor, al comandante Sr. López Arteaga, quien, con su improvisada fuerza, partió con toda presteza hacia San Isidro. Mientras tanto, en esta capital unos cuantos Guardias civiles, al mando del capitán Sr. Machorro y del primer teniente Sr. Belloto, reforzados más tarde con otro oficial jefe de la sección del pueblo de San Antonio y cinco guardias, hicieron proezas, justa y entusiastamente por todos encomiadas. El valeroso capitán Machorro pereció en la contienda: en un segundo avance que hizo con el propósito logrado de desalojar á los rebeldes de la casa de un notario, al cual, como á toda su familia, aquéllos habían herido, saqueando después la casa y destruído lo que de ella no se llevaban, una descarga de aquellos foragidos produjo al bravo capitán Machorro herida mortal de necesidad; á poco de recibida murió tan benemérito oficial.

Sucedióle en el mando de aquel puñado de guardias, el primer teniente Belloto, ya mencionado, y el cual había quedado custodiando con tres ó cuatro guardias (de los que sólo uno de ellos poseía el fusil reglamentario), los presos que había en el cuartel; mas antes de que el teniente Belloto se encargase de la fuerza reducidísima que perdía á su capitán, el sargento Moreno, que iba con éste, después de recoger á su Jefe, herido tan gravemente como acabamos de decir, continuó con sus guardias haciendo nutrido fuego sobre las casas de enfrente á la del citado notario; ésta la ocupaban los nuestros y aquéllas los rebeldes, que aumentaron en gran número aquella noche. No se acercaron éstos de nuevo al cuartel por tan pocos defendido; pero asaltaron las residencias oficiales menos el Gobierno, saqueando y robando otras particulares é incendiando los Juzgados de primera instancia y el de paz, la Promotoría, y llevándose también los fondos de la Administración de Hacienda pública de la provincia, y los de la casa agencia de la Compañía de Tabacos.

Cuando los valientes peninsulares y las fuerzas de Belloto temían la explosión de un general incendio en la Cabecera, pues se vió que los rebeldes habían preparado dos carros cargados de petróleo para producir daño tan enorme, en la noche del 3 llegaron los 200 hombres al mando de López Arteaga á San Isidro: la oportunísima salvadora entrada de tal columna fué sorprendente para todos, y bendecida por aquellos bravos defensores que la causa de la Patria tenía en Nueva Ecija.

Los rebeldes, amedrentados, diéronse á la fuga más desordenada, y en la que, por ser así, experimentaron numerosas bajas.

Para proteger el desembarco de la columna Arteaga, el esforzado gobernador civil de la provincia, señor Valls, que rayó á gran altura en aquellos acontecimientos, ordenó al teniente Belloto acudiese fuerza, y en efecto, tan valiente Belloto como el malogrado capitán á quien sucedió en el mando, acudió personalmente acompañado de ¡ *tres guardias* ! al desempeño de su cometido. Una hora de retardo en el arribo de la columna Arteaga á San Isidro, y perdida toda esperanza, á pesar de tanta valentía por parte de los nuestros; en el instante mismo en que los rebeldes ocupaban ya la plaza y se disponían á incendiar la casa Gobierno, contra la cual descargaban nutrido fuego de fusilería y en la que estaba ya concentrada toda la colonia peninsular, llegó el comandante López Arteaga, á quien, con general aplauso, se le ha visto en meses llegar á coronel; resultó éste ser para los españoles peninsulares de Nueva Ecija lo que Bluker para Wellington: lo que seguramente, á no impedirlo un poco de fango, hubiese sido Gronchy para Napoleón I en Waterloo: el único remedio posible.

2.º *Otros acaccimientos. Una proclama de los rebeldes. Servicios de los voluntarios. Escuadra y Capitanía de puerto.* — Los buques de guerra sin abandonar posiciones: frente á la costa insurrecta unos, otros estaban en continuo movimiento, y éstos (con otros barcos mercantes) transportaban las tropas y vigilaban en todas las aguas del Archipiélago. El día 11 de este mes, traían al veterano general Jaramillo, desde Mindanao, con 500 hombres de aquel ejército, y á poco fondeaba el «Villalobos»

conduciendo fuerzas de la Guardia
civil de Iloilo : junto también llegó
el «Uranno», que con más refuerzos
traía al general Ríos, y algo más
tarde el «San Joaquín», con fuerzas
de la Guardia civil y algunas compañías sueltas, destacadas en las regiones de los igorrotes y apayaos.

Es obvio que por modo alguno
bastaban estos refuerzos; mas como
todo en el mundo es relativo, la llegada de los mismos era interesante
y saludada con general satisfacción.

Las fuerzas de la Escuadra, además de lo dicho, operaban sin cesar,
teniendo á raya á los insurrectos de
todos los pueblos costeros, cañoneando á los que ocupaban líneas de fuegos para nuestros buques, vigilando
perfectamente el cumplimiento de
las órdenes que cerraban la navegación de distintas zonas, como la comprendida entre el arsenal de Cavite y
Bacoor, y aparte de todos estos servicios, hacían desembarcos para batir-

se en tierra firme, según muchas veces lo efectuaban, é impedían el paso que á los rebeldes tanto interesaba tener libre, el del mar de Mindoro, que limita aquella isla extensísima (de 8.000 kilómetros cuadrados) sin comunicaciones interiores que no sean peligrosas y terreno tan accidentado que habría hecho dificilísima la persecución de los rebeldes que allí se guareciesen; los barcos de guerra, además, cruzaban de continuo, no sólo por las extensas costas de Luzón, sino por todas las del Sur del Archipiélago, para impedir el desembarco de los auxilios que pudieran recibir y esperaban los insurrectos.

Sosteniendo éstos, por cuantos medios á su alcance estaban, la propaganda activa que venían haciendo con objeto de generalizar la insurrección en estos mismos días, dirigieron á los soldados indígenas una proclama, en la cual, un ejemplar por los nuestros arrancado de un poste de barricada muy inmediato á Imus, decía lo siguiente:

«Compañeros: ya veis la desgracia »que nos amenaza; matad á los jefes »castilas, y si no lo hacéis así, á nos- »otros nos matarán. »

El texto era tagalo, diciendo literalmente:

«Capua tagalog damdaun ang amin »linaday. Patain ang pinumuy at »cum hindi tagurin ang magca ma- »tayan. »

En los mismos primeros días de Septiembre las fuerzas voluntarias completaban su organización, constituyendo un elemento auxiliar de gran valía para el Ejército. Los voluntarios disputábanse con entusiasmo patriótico admirable los servicios á los que se les suponía más riesgos, y prestaban hasta los que de ellos no se demandaban: practicando un reconocimiento, iban á las Piñas y Parañaque los voluntarios

de Caballería á las órdenes de su
primer jefe el Ilmo. Sr. D. Javier
Bores Romero, y al encontrar un
convoy de municiones destinado á
las fuerzas del general Aguirre,
espontáneamente ofreciéronse aquéllos á auxiliar su custodia, y efec-
tuándolo así, al día siguiente de prestado aquel servicio el Director general de Administración civil recibía
el siguiente documento:

«El Intendente militar de las is-
»las Filipinas — B. L. M. al Ilmo.
»Sr. D. Javier Bores y Romero y
»tiene la inmensa satisfacción de
»expresarle, como jefe del brillante
»escuadrón de voluntarios que man-
»da, el reconocimiento que le em-
»barga, así como á todos los jefes y
»oficiales del Cuerpo de Administra-
»ción militar, por la decidida é im-
»portantísima protección que, tanto
»en el convoy de municiones que
»ayer salió para las fuerzas que
»operan al mando del Excmo. Sr. Ge-

»neral Aguirre, como en el de víveres
»que ha salido esta mañana para
»Bacoor, dan los valientes volunta-
»rios movidos por su inmenso amor
»á nuestra adorada España», etc.....

Con igual vehemente impulso operaban los voluntarios de infantería
y los guerrillas y las rondas de vigilancia que se crearan. La formada por el Casino español, centro que
se ha distinguido tanto por sus actitudes patrióticas, acudía á todos los
lugares, y con vertiginosa rapidez
informaba de lo ocurrido; muy especial fué el servicio que prestó en
Santa Rosa en estos días.

Eran importantes los que prestaba la Dirección de las obras del
puerto con su copioso material náutico: aquella Dirección, á cargo del
Ingeniero D. Eduardo López Navarro, vivía en constante actividad,
por todos reconocida y estimada: con
gran encomio citaba los trabajos de
ésta el distinguido capitán de navío,

Sr. D. Joaquín Lazaga, que lo era del puerto de Manila á la vez que comandante de Marina de la provincia: este testimonio era irrecusable. La Capitanía de puerto de la capital de las islas estaba al frente en tal tiempo, como durante toda la compaña viene estándolo, de interesantísimos servicios para la causa de la Patria. Con la vigilancia no más á que la obligan 12 ó 15.000 individuos (no serán menos), los indígenas que forman las dotaciones de los buques surtos en las aguas de su jurisdicción, tiene, en circunstancias como las actuales, labor bastante para ocupación provechosa indispensable al orden público. El señor Lazaga trabajó allí lo incalculable; es justo declararlo.

Las corporaciones religiosas, los Cuerpos de voluntarios, el Casino español, los comerciantes, los particulares, todos por propio nobilísimo patriótico impulso, hacían donativos importantes en metálico, víveres, tabacos, uniformes, banderas y estandartes para las fuerzas del Ejército y las voluntarias. Era de notar el interés que tenían de figurar entre los patriotas donantes, peninsulares é insulares, algunos indígenas mestizos de gran caudal que también concurrieron con sus óbolos á aquella explosión de sentimientos de generosidad, pero correspondiendo sin duda los naturales á quienes aludimos á los de la *política solapada*, pronto se les vió aprisionados por complicidad en la rebelión.

Por la presidencia de la Audiencia, lo mismo que por la Dirección general de Administración civil, Intendencia general de Hacienda pública y las dependencias provinciales y locales, dictábanse decretos y órdenes de destitución de sus cargos á muchos empleados subalternos indígenas, que iban resultando complicados en los sucesos.

Y gran número de éstos, á la vez que otros indígenas adinerados, dueños de establecimientos mercantiles, armadores, industriales y propietarios, eran detenidos y elevadas á prisión sus detenciones. Docenas de docenas de Jueces de paz, maestros, escribientes y auxiliares de las dependencias del Estado, sufrían esta penalidad, que en muchos casos se hiciera mayor por sentencia firme de los Tribunales.

Grave conjura descubierta en la Cabecera de Camarines, Nueva Cáceres, determinaba la detención y conducción á Manila en el vapor *Isarog*, de aquel Notario tan conocido y acaudalado, D. Manuel Abella, el cual rendía exteriormente todo respeto y homenaje á los castilas, fiel á la política solapada, puesto que en privado, siempre los injurió. Con éste fué preso su hijo y también conducido á la capital del Archipiélago, acompañado de Tomás Prieto,

Florencio Lerma y otros complicados.

Por compensador cambio, otros indígenas, como D. Mauro Reyes, capitán municipal de Pineda, evidenciaban su lealtad, y se veían en los mismos días condecorados con la cruz del Mérito militar y civil por sus honrados servicios.

La Orden de San Agustín cedió al escuadrón «Voluntarios de Manila», para su instalación en el mismo, el edificio que recientemente había construído, de hermosos diámetros, concordantes con la magnitud de los que hace siglos ostenta el histórico convento de San Agustín, al cual está unido el grandioso local á que nos referimos.

El Sr. General Blanco amplió el plazo de indulto concedido á los rebeldes, y como tal medida corresponde á un sistema que los tiene opuestos, nada tiene de extraño el hecho de que fuese distintamente apreciada por unos y por otros;

íbanse conociendo los crueles detalles de los crímenes cometidos en las personas de los Religiosos sorprendidos en las Parroquias y casas-haciendas de Cavite, y la justa exaltación de los ánimos contra tantas infamias, no abonaba gran disposición del juicio para ponderar ventajosamente la eficacia de disposición alguna que expresase lenidades ó blandura muy propias de los magnánimos sentimientos de nuestra raza, por lo esencialmente cristiana, fácilmente olvidadiza de los mayores agravios que recibe, pero obligada á recibir las lecciones de la experiencia.

Continuaban, y en aumento, los hechos de guerra:

Una pequeña columna, al mando del capitán D. Antonio Bernárdez, sostuvo duro combate en Silang. Aquella fuerza, para castigar á los rebeldes del citado pueblo, había ido por Biñan, cuyo capitán municipal, con 20 indígenas leales, acompañó á la columna, y con ésta se batió aquel honrado munícipe, hasta que un proyectil de sus rebeldes paisanos de Silang le dejó muerto. Nuestra pequeña columna desalojó de sus posiciones al enemigo, causándole 58 muertos y más de 200 heridos: 9 de los primeros y 20 de los segundos tuvo la columna mandada por el valeroso capitán Bernárdez. Por esta fuerza se supo detalladamente de qué suerte habían los de Silang asesinado al teniente de la Guardia civil de aquella sección, y á los guardias que con él se habían hecho fuertes en la torre de la iglesia.

Llegan á Manila, ingresando en la cárcel de Bilibid, los sediciosos procedentes de la provincia de la Unión.

En la misma fecha, 18 de Septiembre, con resultados muy favorables se practicó un reconocimiento sobre las posiciones de Noveleta (Cavite). Llevó á cabo esta operación importante, apoyada por una compañía de ingenieros al mando del capitán Angosto, una comisión compuesta del comandante de artillería D. Joaquín Arespacochaga, el de igual clase de ingenieros Sr. Urbina, y el capitán de Estado Mayor Sr. Zuloaga, con una compañía de ingenieros.

Al rebasar el pueblo de San Roque, hallóse esta reducida columna con 1.200 insurrectos: el choque fué muy duro. Los valientes ingenieros aguerridos en Mindanao lucharon como buenos, y el cañonero *Leyte*, apoyándolos, envió tan certera metralla sobre los rebeldes, que las bajas sufridas por éstos fueron numerosas. Las sensibles experimentadas por los nuestros fueron el comandante señor Urbina, gravemente herido de dos balazos, y siete individuos de tropa.

Hízose justicia cabal al mérito contraído en aquel día por el comandante jefe de la comisión, señor

Arispacochaga, y por los Sres. Urbina, Zuloaga y Angosto, así como á la valerosa conducta de la tropa.

La *Gaceta* del 19 publica el decreto siguiente:

«Manila 18 de Septiembre de 1896.

Resultando hallarse procesado el Sr. D. Francisco L. Roxas, Consejero honorífico de Administración, en uso de las facultades de que me hallo investido, vengo en disponer que cese en el ejercicio de sus funciones, sin perjuicio de la resolución ulterior que adopte el Gobierno de S. M., al que daré cuenta oportunamente de esta medida. — Comuníquese y publíquese. — *Blanco.*

D. Francisco Roxas estaba ya, con otros muchos principales de Manila, preso en la Fuerza.

Al propio tiempo indígenas de relativa posición social eran detenidos en varias provincias próximas, y en esta fecha misma, la del decreto anterior, venían á Manila 14 complicados de Batangas.

3.º *Decretos del Gobierno general sobre embargo de bienes.* — Arreciando el mal, procurábase por todo medio curarlo, y la *Gaceta* del 21 contenía el importante decreto que literalmente transcribimos y que dice así:

«El curso de los actuales acontecimientos hace fundadamente suponer que se fomenta la rebelión con medios ó recursos materiales de personas que directa ó indirectamente cooperan á este delito, y en atención á que es principio esencial de defensa y necesidad urgente impedir que este estado de cosas continúe, en uso de las facultades de que estoy investido, vengo en ordenar lo siguiente:

»Artículo 1.º Se decreta el embargo de los bienes de toda clase pertenecientes á las personas que constase se hallasen incorporadas á los re-

beldes y de las que en cualquier
concepto sirvan á la causa de la insurrección, ya residan en el extranjero ó en territorio nacional.

»Art 2.º Los frutos y rentas de
los expresados bienes se considera-
rán aplicados á gastos de guerra
mientras otra cosa no se disponga, y
sus dueños sin derecho á reclama-
ción de ninguna clase.

»Art. 3.º No se reputará válida
ninguna transmisión de derechos
reales relativa á los bienes de los rebeldes, ni contrato alguno que recai-
ga sobre los productos de los mismos
bienes después de la publicación de
este decreto.

»Art. 4.º La autoridad superior
militar de estas islas queda faculta-
da para designar las personas en cuyos bienes haya de trabarse el embargo, previos los informes que con-
sidere necesarios, y para adoptar las
medidas conducentes á dicho fin.

»Art. 5.º Los rebeldes que se aco-

18

jan y sometan á las autoridades en el plazo que fije el bando que dictará al efecto la autoridad militar, quedarán eximidos del embargo de sus bienes.

Art. 6.° Este Gobierno general dictará las disposiciones oportunas para la ejecución del presente decreto.

»Publíquese y comuníquese.

»Manila, 20 de Septiembre de 1896. — *Ramón Blanco.*»

Y el día 25 de este mismo mes se publicaba el decreto complementario de aquél, y que literalmente dice así:

«Gobierno general de Filipinas.

»*Manila 25 de Septiembre de 1896.*

» En atención á los motivos de mi decreto de 20 del corriente, sobre embargo de bienes á los rebeldes é infidentes, y como complemento del mismo, vengo en disponer lo siguiente:

»Artículo 1.º En virtud de la facultad concedida al Capitán general de estas Islas, por el art. 4.º de mi decreto de 20 del actual, dicha autoridad me propondrá las personas en cuyos bienes haya de trabarse el embargo á que el mismo decreto se refiere.

»Art. 2.º Los gastos á que se contrae el art. 2.º del citado decreto, serán, además de los de guerra, las indemnizaciones de los daños causados en cumplimiento de órdenes de las autoridades y Jefes militares, así como los gastos que motive la ejecución de este y del anterior decreto.

»Art. 3.º Los daños que sean producidos por accidentes de la guerra, inevitables ó fortuitos y los ocasionados por fuerzas rebeldes, no serán objeto de indemnización por parte del Estado.

»Art. 4.º La anulación á que se refiere el art. 3.º del decreto de 20 del actual, comprenderá: las enajenaciones, transmisiones, gravámenes, y los demás contratos ó actos realizados desde la citada fecha sobre los bienes, derechos y acciones que deban ser embargados, en cuanto de cualquier manera puedan dificultar ó hacer ilusorio el embargo.

»Art. 5.º Para llevar á efecto el embargo y administración de bienes de que se trata, se aprueba la adjunta *Instrucción*.

»Art. 6.º Para la ejecución de los decretos y de su Instrucción, se crea en estas Islas una Junta que se titulará «Administradora de los bienes embargados por rebelión é infidencia».

»Art. 7.º La expresada Junta se compondrá de un presidente, que lo será el General segundo cabo de estas Islas, y de once vocales, que lo serán: el Ilmo. Sr. D. Gaspar Castaños, fiscal de la Audiencia territorial de Manila; el Excmo. Sr. D. José Gregorio Rocha, propietario; el ilustrísimo Sr. D. Venancio Balbás, director del Banco español filipino; el Ilmo. Sr. D. Joaquín Santamarina, industrial; D. Valentín Teus, comerciante; D. Antonio Correa, Administrador de la Compañía general de Tabacos de Filipinas; el Ilmo. señor D. José Moreno Lacalle, decano del Colegio de Abogados de Manila; el Ilmo. Sr. D. Manuel del Busto, director de la Escuela Agronómica; el Ilmo. Sr. D. Aurelio Ferrer, ordenador general de pagos; el Ilmo. señor D. Luis Sein-Echaluce, segundo jefe de la Secretaría de este Gobierno general; D. Luis de la Puente y Olea, letrado consultor de la Intendencia general de Hacienda, y D. José Muñoz Repiso, teniente auditor de Guerra.

»Art. 8.º   La Junta tendrá dos secretarios, elegidos de entre sus vocales, y el personal auxiliar y subalterno que la misma Junta determinará y nombrará.

»Art. 9.º El día siguiente al de la publicación de este Decreto, se constituirá la Junta, eligiendo los secretarios y organizando la dependencia.

»Publíquese y comuníquese.—*Ramón Blanco.*»

Estos decretos y su adjetiva instrucción fueron también objeto, no de controversias ruidosas ni de acaloradas discusiones, porque bueno es no olvidar de qué suerte, á pesar de las impresionabilidades de nuestra raza y de nuestra versatilidad constitutiva, son respetados y cumplidos por los españoles peninsulares de nuestras provincias de Ultramar, cuantos preceptos dictan las superiores autoridades de las mismas; pero en análisis y crítica prudentes alguien consideraba tales disposiciones completamente innecesarias, en atención á que con sólo la aplicación de las contenidas en el Código de Justicia militar, se lograba resultado idéntico al por los transcriptos decretos perseguido justamente, con una gran ventaja sobre éstos, cual era la de evitar que gentes desafectas á España pudieran censurarnos por el hecho de aplicar medidas de carácter excepcional, como aparentemente lo son los decretos de que nos ocupamos. — Creemos muy clara esta cuestión, porque, en efecto, previsto está en nuestras leyes penales, tanto ordinarias como militares, aquel fundamental principio de que toda persona responsable criminalmente, también lo es civilmente, sin que se exceptúe clase alguna de delitos; por tanto, desde el momento en que la jurisdicción de guerra entró á conocer del delito de rebelión y sometió á la jurisdicción de sus propios jueces instructores á los presuntos responsables, evidente era, en concepto nuestro, que al mismo tiempo que aquellos jueces trataban de depurar los hechos y derivar y consignar la participación de cada procesado en los mismos, habrían de adoptar las precauciones que la ley determina, á fin de que las responsabilidades no resultasen ilusorias, embargando al efecto los bienes de los encartados en cada sumaria; esto es ni más ni menos lo que diariamente se hace en los diferentes delitos que se cometen; la diferencia está exclusivamente en que si en un delito de lesiones menos graves, por ejemplo, se da lugar á una responsabilidad civil insignificante que quede asegurada con el embargo de bienes en escasa cuantía, en un delito de rebelión que impone á la patria tan cuantiosos sacrificios pecuniarios, debe desde luego procederse de una manera radical al embargo de todos los bienes que se hallen con relación á todos y cada uno de los procesados.

Pero es que además de esto, el primer decreto de embargo por el

Sr. General Blanco dictado, resultaba menos eficaz, porque se refería sólo á las rentas, por lo cual se conseguía con su aplicación mucho menos de lo que logrado se hubiera con la aplicación usual y corriente del Código penal, ya que según las disposiciones de éste, una vez que la sentencia fuera firme, se procedería contra los bienes mismos embargados, realizando su venta é ingresando su importe en las arcas del público Tesoro; así es como ésta se hubiera resarcido en algo de los gastos extraordinarios y enormes de la guerra, y además hubiera privado de recursos á los herederos y deudos de los condenados, que probablemente los emplearían en lucha contra la Patria, según sus principales hicieran, en una ó en otra forma.

4.° *Refuerzos del interior. Otros combates. Bendición y jura de las banderas de los voluntarios. La marina de guerra. Nuevos documentos referentes al Catipunan. Preparativos para recibir las tropas procedentes de la Península—* Sucedíanse los encuentros, en los que siempre nuestras armas eran las victoriosas; mas no cesaban los insurrectos en sus empeños, ni los laborantes en sus maquinaciones. En la divisoria de Manila y Cavite, diariamente las fuerzas allí destacadas se batían al practicar los reconocimientos; lo mismo acontecía en la línea de Caloocan-Tambobong, en donde el destacamento de ingenieros tenía á raya á los rebeldes de aquella comarca desde Balintanac á Baeza; entre éstos se acariciaba de continuo el plan de caer sobre Manila, especialmente sobre Tondo, con el fin de poner en libertad los 1.300 ó 1.500 presos de Bilibid, cuya cárcel y presidio custodiaban fuerzas del ejército y patrullas de voluntarios.

Tan pronto como llegaron los refuerzos que era posible obtener del interior del Archipiélago, el general Blanco iba ocupando las provincias centrales para extinguir los focos de rebelión, y comenzaba á acercar fuerzas hacia Cavite, para localizarla en aquella provincia.

Apenas llegó el general Jaramillo con las tropas que venían con él de Mindanao, salía en dirección del Sur de Cavite con el fin de impedir se corrieran los rebeldes en aquel sentido: un batallón se situaba en Santo Domingo con igual fin por la parte de Silang: el *Leyte* vigilaba la costa, cañoneando al enemigo y destruyendo las embarcaciones menores de que éste disponía: el punto de acceso hacia Manila y Bulacán estaba debidamente custodiado.

Continuaban en los últimos días de este mes haciéndose prisiones de complicados en la insurrección, y se enviaron dos expediciones de deportados á Carolinas y al Sur del Archipiélago.

Fueron fusilados los cabecillas del movimiento de San Juan del Monte, Sancho Valenzuela, Eugenio Silvestre, Modesto Sarmiento y Ramón Peralta.

Las protestas de patriotismo y adhesión que á las autoridades elevaban los pueblos, eran muy numerosas, y habrían resultado decididamente compensador consuelo de la amargura que aquel movimiento insurreccional tan extraño causara, si hubiera sido lícito conceder á todas aquellas manifestaciones el valor absoluto de la espontaneidad patriótica, porque no tuvieran precedentes de decepciones, como las hubo, y no escasas, tanto en Manila cuanto en las demás provincias tagalas.

Forzoso era, aunque asimismo digno de estimación, juzgar con igual criterio de recelo aquellos entusiastas recibimientos que los indígenas hacían á nuestras columnas, exterioridades agradables con las que no concordaron siempre ulteriores actitudes.

Tres combates importantes, gloriosos para nuestras armas, libráronse en la provincia de Batangas, en los pueblos de Túy, Lian y Talisay. Si duro y victorioso para los nuestros fué el que se libró en el primero, el de Lian fué página brillante. Con 70 hombres resistió el capitán Artiñano fiera acometida de 2.000 insurrectos de Cavite, que entraban en Batangas á sublevar la provincia. Replegada la fuerza de Artiñano en la casa-hacienda de San José, sufrió tres días de asedio, causando muchas bajas al enemigo. Dos honrados peninsulares, que también replegados en aquella casa-hacienda se batían con denuedo al lado de Artiñano, fueron tan gravemente heridos, que ambos sucumbieron pocos días después de ser conducidos á Manila. Fuerzas al mando del teniente coronel Ripoll levantaron el sitio de Lian, batiendo y dispersando á los rebeldes, que en precipitada fuga corrieron hacia el Sungay.

En Talisay hubo también reñida acción en la que fué herido el teniente coronel Sr. Heredia, y en la misma zona sucumbió un honrado militar, hijo de aquel país, natural de la Pampanga, el bizarro capitán D. Agustín Blanco Leyson, que perseguía á los rebeldes después de haberlos desalojado del barrio de Magat, correspondiente á Tananan.

Los rumores cundidos sobre alteración del orden en las Bisayas habían producido gran alarma; pero por fortuna desapareció ésta al conocerse como único fundamento de aquéllos el hecho de haber sido batida por completo por fuerzas de la Guardia civil gruesa partida de malhechores que habían atacado el pueblo de Passi en Iloilo. Digna de todo encomio era la conducta seguida en estas azarosas circunstancias por los habitantes de aquel territorio, y singularmente los de la capital, creando fuerzas voluntarias de las cuales un batallón se destinaba á Luzón. La gestión del gobernador P. M. de aquella provincia, Sr. D. Ricardo Monet, coronel jefe de aquel tercio de la Guardia civil, asimismo era justamente alabada y muy digna de encomio la alocución que dirigió á sus subordinados.

En los últimos días de Septiembre encuentros y combates en Mariquina, Muntinlupa y otros puntos más ó menos inmediatos á las líneas de Cavite. El día 30 sostúvose por el capitán Durán, de la Guardia civil de la de Manila, uno de importancia con rebeldes de San Mateo y Bosoboso, que se habían puesto bajo la dirección de los de Binangonan, saqueando el pueblo de Cainta, de cuyo tribunal se llevaron todas las armas.

Apoderábanse los insurrectos que

había en estos puntos, así como los que salían de Cavite por la parte de Silang, de cuanto les fuese útil, y por ello robaban lo que en las haciendas de los particulares había; de la que en el barrio de Mamuit (Calamba) posee el laborioso industrial don Miguel Amatriaín, español peninsular, vecino de Manila, secuestraron los rebeldes al administrador de la misma Sr. Martínez, habiéndose pasado á los insurrectos los mismos colonos de la hacienda, que no eran menos de 300, y llevándose á Silang 200 cabezas de ganado vacuno que en aquella finca había: muchos millares de reses robaron los rebeldes por las inmediaciones de la provincia de Cavite, concentrándolas en la zona en que se habían hecho fuertes y de la que creyeron sin duda no ser desalojados jamás.

Verificóse el domingo 27 la solemne ceremonia de la bendición y jura de banderas de los voluntarios de Manila: ya hemos sintetizado el acontecimiento en otras páginas, al hablar de la creación de estas fuerzas nacionales.

Terminado en estas fechas mismas el emplazamiento de la artillería Witworht y Krupp sobre los baluartes de Cavite, Manila percibía diariamente el vivo cañoneo, que tanto desde aquellas baterías, cuanto desde los buques surtos en aquel puerto, se descargaba sobre los pueblos insurrectos de Novcleta, Cavite Viejo y Bacoor.

Los servicios de la marina de guerra en las aguas del Archipiélago, eran muy señalados en la actual insurrección tagala: no sólo los grandes barcos, sino todos, hasta las lanchas: la *Otálora*, de 37 toneladas, causaba con los disparos certeros de su pequeña ametralladora Nordemfelt, mucho daño á los rebeldes: veintitrés muertos les hizo en las márgenes del Pasig en la sola noche del 24

19

al 25 del actual: el teniente mayor de Muntinlupa los recogió.

Los barcos grandes cañoneaban las posiciones del enemigo desde las obligadas líneas de fondeo que ocupaban, y los barcos pequeños se aproximaban hasta abordar las costas, haciendo destrozos en las viviendas de los insurrectos á muy corta distancia en muchos lugares instaladas. Memoria quedará muy permanente en Cavite de aquella expedición que con el general Ríos hicieron el *Villalobos* y el *Leyte*, y el *Bulusan* con la lancha de vapor del *Cristina* y dos del *Castilla,* dotadas con una pieza Krupp por lo menos cada una, y empleando el fuego de sus ametralladoras por la proximidad á tierra.

Continuaban las prisiones: á pesar de que las asociaciones secretas habían destruído sus archivos en las fechas que hemos indicado, á cargas se recogían documentos de interés

por la constante labor de inquisitiva
y pesquisa que se practicaba. ya
por el Cuerpo de vigilancia, ya por
el Jefe de la Guardia civil veterana,
comandante D. Olegario Díaz, cuyos
servicios es difícil apreciar en el justo valor que tienen; se iba dando
cuenta de los trabajos revolucionarios que se practicaban, y si éstos
eran activos antes del estallido de la
insurrección, después del grito de
Balintanac, rayaron en el frenesí.
En el último día de este mes, confidencias recibidas por el Director general de Administración civil señor
Bores y Romero, le proporcionaban
la ocasión de prestar tan importante
servicio, cual el de ocupar documentos de gran interés referentes al Catipunan, en un sitio de Maitubig,
en la dirección de Malate y la Ermita, capturando, con las fuerzas del
escuadrón que le acompañaban, á
los individuos á quienes se hallaron
aquellos interesantes papeles.

Con tanto testimonio indudable del gran número de indios comprometidos en el Catipunan, no parecía tan arrebatada la resolución de Andrés Bonifacio para dar el grito de guerra en el instante en que se logró el descubrimiento de la trama, pues los elementos indígenas que se precisaban para llevarlo á término, resultaban reunidos con mucha anticipación y en gran número.

El alma entristecida iba á experimentar muy pronto gran consuelo con el advenimiento de las primeras tropas procedentes de la madre Patria. Manila discutía los detalles para celebrarlo con solemnidad: todo agasajo propuesto parecíale pequeño. El Ayuntamiento, corporaciones civiles y militares, trazaron sus planes para tributar á las fuerzas españolas que se acercaban un digno entusiasta recibimiento, y en efecto, comenzaron á construirse arcos grandiosos, extensas grecas de guirnaldas tupidas de flores y follajes; armazones para caprichosos juegos de luminaria y escudos con las más significativas inscripciones dedicadas á la Patria y su glorioso ejército de mar y tierra. Habíase señalado la carrera que habían de seguir las tropas después de su desembarco, hasta sus alojamientos, y una vez efectuado aquél en la Capitanía del puerto, pasarían las fuerzas expedicionarias por las calles de San Fernando, Rosario, Plaza del P. Moraga y puente de España, entrando en Manila por la puerta del Parian, y siguiendo por las calles Real y Cabildo, atravesar la Plaza de Palacio para ser agasajadas en la de Moriones.

Todas estas prevenciones daban vida y animación desconocida á la ciudad de Legazpi, preocupada hacía cuarenta días con la formidable rebelión de los tagalos contra la dominación española, expuesta á heca-

tombe de perdurable memoria, dada
la escasez de recursos con que contara al estallido de la alevosa pérfida
conjura.

Con la esperanza tan próxima á
realizarse de los medios para obtener la reacción necesaria y opuesta
á la acción revolucionaria amenaza-
dora, finalizaba el mes de Septiembre, transcurrido en grandes zozo-
bras, concomitantes con actividades
sin cuento y con hechos de valor
heroico ejecutados para sostener la
causa de la Patria.

CAPÍTULO VII

Principales acaecimientos en el mes de Octubre de 1896.

1.º Llegada del transatlántico «Cataluña». — 2.º Más protestas de adhesión.—3.º Nuevas prisiones en Camarines. — 4.º Un tren sanitario y otros donativos. En la Pampanga. Conducta de Inglaterra. — 5.º Decreto referente al excelentísimo Sr. D. Pedro P. Roxas. — 6.º Combates en las inmediaciones de Cavite. Sucesos varios.— 7.º Llegada del transatlántico «Montserrat». Obsequios tributados á los expedicionarios. — 8.º Sigue la propaganda revolucionaria. — 9.º Más incidentes y combates. Nuevos refuerzos peninsulares. — 10. Fiesta del Pilar en Manila. Nuevos acaecimientos. Más fuerzas expedicionarias. Banquete que á las mismas ofreció el escuadrón «Voluntarios de Manila». Combates en Nasugbú, Talisay, Bilog-Bilog y otros lugares. Sucesos en Mindoro.— 11. Política de atracción. Una circular del Gobierno general. — 12. Regresa á España el general Echaluce. Nuevas partidas rebeldes. Sublevación en Mindanao. Conspiración en

Joló. — 13. Nombramiento del general **Pola-**
vieja para el cargo de segundo cabo. Idem de
los generales Sres. Zappino, Lachambre, Cornel y Galbis. — 14. Aspecto de la insurrección
al terminar el mes de Octubre.

1.º *Llegada del transatlántico «Cataluña».*—Sabíase el paso por Singapore del barco que nos traía los primeros refuerzos; y, en efecto, en la mañana del 1.º de Octubre el vigía anunció al vapor «Cataluña» fondeado á las diez y media en la bahía de Manila. La explosión del entusiasmo público fué hermosa. En seis horas Manila entera se vistió de brillante gala. Cuando la tropa expedicionaria que aquel barco conducía, desembarcó á las tres de la tarde en tres vaporcitos que atracaron al muelle de la Capitanía de puerto, la capital del Archipiélago ofrecía cuadro sorprendente. Las fuerzas que conducía el «Cataluña» eran de infantería de Marina al mando del coronel D. Juan Herrera.

El Capitán general Sr. Marqués de
Peña-Plata, el Arzobispo metropolitano, todos los generales que en Manila había, los altos funcionarios civiles, Comisiones de todas las Ordenes y Corporaciones religiosas, el
Ayuntamiento bajo mazas, Comisiones de los voluntarios de infantería,
caballería y guerrillas, representantes de la Prensa y numerosísimo público, acudieron á los muelles del Pasig á recibir, poseídos del febril entusiasmo que tan gráficamente, por la
sinceridad con que se siente, se in-
terpreta en nuestra raza, á aquellas
fuerzas expedicionarias.

Fueron éstas patrióticamente aren-
gadas por el Capitán general, quien
al darles la bienvenida les señalaba
ya el sitio y lugar de combate en Cavite. ¡Cuánta falta nos harían, pues
ni siquiera veinticuatro horas de
descanso les concediera el general
Blanco, tan humanitario y tan amante de que los soldados disfruten las

comodidades compatibles con la índole de la gloriosa institución á que pertenecen!

Con atronadores aunque sublimes gritos de ¡viva España! recorrieron aquellos soldados la carrera trazada, cubiertos de flores, que las damas desde los balcones les arrojaban llenándolos de bendiciones al verles pasar. ¿Cómo olvidar el aspecto de la plaza del P. Moraga, en torno de la que formaban las fuerzas de voluntarios, irguiéndose en el centro de la misma aquel grandioso arco levantado por el escuadrón «Voluntarios de Manila» para conmemorar la llegada de aquellas tropas peninsulares?

Recorrido el trayecto, los soldados de infantería de Marina rompieron filas en la Fuerza, y allí, confundidos en fraternal abrazo unos y otros, eran delirantes los coloquios que se sostenían entre los recién llegados y los que en Manila estaban ya, habiendo corrido el grave manifiesto riesgo de perder la vida por el alevoso plan urdido entre los millares de conjurados del Catipunan.

La venida de aquellas tropas, aun no siendo éstas más que las asignadas á un batallón, trocó por completo el natural triste estado de los ánimos entre los peninsulares é insulares leales: á la constricción del espíritu, un movimiento de expansión le sucedió, y hasta á los más pesimistas parecíales todo peligro conjurado.

Se obsequió espléndidamente á los expedicionarios. En el Ayuntamiento se sirvió un delicado *lunch* con que los Jefes y oficiales de la guarnición y los voluntarios agasajaban á los Jefes y oficiales recién llegados. El Capitán general honró con su presencia aquel fraternal banquete. A la tropa se la sirvió también una comida extraordinaria, y se repartieron entre ella muchos mi-

llares de tabacos y cajetillas de ci-
garrillos que se habían reunido por
los generosos donativos de los voluntarios, fabricantes, particulares
y corporaciones.

Al anochecer de aquel mismo día,
y con tan tierna calurosa despedida,
cual lo había sido la manifestación
por su llegada, el batallón de infantería de Marina salió para Cavite,
en donde con igual entusiasmo fué
recibido, y en donde bien pronto
comenzó á verter su generosa sangre
en aras de la integridad del territorio.

2.º *Más protestas de adhesión.* —
Menudeaban en los primeros días
de Octubre las protestas de adhesión
á la causa de la Patria, pero también se acrecentaban los hechos de
rebelión, y las noticias que á ellos se
referían perturbaban más y más el
estado moral hasta de comarcas lejanas de Manila.

Entre las protestas á que aludimos, figuraba una suscrita por los maestros del Distrito P. M. de Benguet, de la cual ofrecemos transcripción literal, porque ella contiene en concepto nuestro demostración palmaria de que los elementos indígenas, no descompuestos por la propaganda funesta de las sociedades secretas, conservan la noción de lo que á España deben, impidiéndoles, por consiguiente, la ley de la gratitud cometer actos contra la Nación gloriosa que los redimiera de su primitivo desdichadísimo estado. La mencionada protesta dice así:

«Ilmo. Sr. Director general de Ad-
»ministración civil.—Ilmo. señor:—
»La infamia y la ingratitud que con
»sus indignas acciones están come-
»tiendo algunos de nuestros com-
»pañeros, los maestros de la provin-
»cia de Cavite y otras, en agradeci-
»miento á los beneficios que nuestra

»bondadosa España les ha hecho,
»sacándoles del polvo de la ignoran-
»cia y encumbrándolos al honorable
»puesto que entre las naciones cul-
»tas ocupa con preferencia el Magis-
»terio docente; abusando de esa
»ciencia santa por el constante tra-
»bajo que España se ha impuesto
»para conducirnos por el camino de
»la virtud y del progreso, cual hi-
»jos pródigos han abandonado tan
»honroso puesto para volver el cu-
»chillo de la ingratitud contra su
»propia madre. Compañeros tan in-
»dignos desaparecerán para siem-
»pre de la lista del alto instituto
»á que pertenecemos. Nuestros pe-
»chos, que jamás ocultaron en su co-
»razón resentimiento alguno contra
»la Patria, protestan unánimemen-
»te ante V. I. contra actos tan re-
»pugnantes é impropios del Magis-
»terio filipino. Queremos hacer ma-
»nifiesto ante V. I. y el pueblo fili-
»pino, el sentimiento de indigna-

»ción grandísima que abrigan nues-
»tros pechos contra esos salvajes,
»dignos únicamente de figurar entre
»las fieras que habitan los desiertos.
»A España debemos todo lo que hoy
»somos: si contamos con un pedazo
»de pan para alimentar á nuestros
»hijos, á ella se lo debemos; por lo
»tanto, decididos nos hallamos á de-
»fender con calor tan hermoso pa-
»bellón y á morir abrazados á él si
»preciso fuera. Nuestro Instituto pe-
»dagógico, hasta la fecha intacha-
»ble en absoluto, no podrá ocultar
»esa mancha ignominiosa que aca-
»ban de echar en su límpida bande-
»ra sus desalmados hijos de Cavite;
»pero nosotros, con riesgo de nues-
»tras vidas, haremos que desaparez-
»ca de su historia: jamás permitire-
»mos que afrenta tan impropia del
»maestro filipino, pueda gravitar por
»más tiempo sobre nuestras altivas
»y honradas frentes. ¡Compañeros,
»vuestros hermanos los de Benguet

»os llaman para que, unidos en ad-
»mirable consorcio, unamos nues-
»tras protestas contra el atentado de
»lesa nación que los maestros de Ca-
»vite acaban de patrocinar, y para
»que juntos demos el grito de ¡Viva
»España! ¡Viva Filipinas española!
»¡Viva la Religión Católica! y poda-
»mos con nuestras enseñanzas de-
»volver la tranquilidad al noble pue-
»blo filipino y á nuestra redentora
»España. — Ilmo. Sr. — El maestro
»de La Trinidad, Nicolás Camacho;
»el maestro de Tublay, Benito Zem-
»brano; el maestro de Daclán, Emig-
»dio Octaviano; el maestro de Caba-
»yán, Andrés Valbuena, y el maestro
»de Galiano, Rafael Lagazca.»

Con muchos documentos análogos
podríamos llenar páginas de este pobre índice, y nada más, que de la insurrección tagala venimos haciendo:
las protestas eran muy numerosas y
entusiastas.

3.º *Nuevas prisiones en Camarines.* — La prisión y conducción á Manila de aquel notario acaudalado de Nueva Cáceres D. Manuel Abella, había producido el conocimiento exacto de los principales hechos en la gran conjura de Camarines, y los valientes voluntarios de aquella cabecera aprehendieron y condujeron asimismo á la capital de las islas 18 ó 20 indígenas, entre los cuales había tres clérigos, activos propagandistas de la insurrección y que servían en la catedral de aquella diócesis, en la cual más les hubiera valido admirar el ejemplo y virtudes de su esclarecido Prelado el Rmo. P. fray Arsenio Campos. Con aquellos 20 complicados fué preso también el cabecilla Camilo, el cual estaba preparando la partida de rebeldes que había de caer sobre Nueva-Cáceres para asesinar á los españoles allí establecidos.

4.º *Un tren sanitario y otros dona-*

tivos. En la Pampanga. Conducta de Inglaterra. — El Casino español, que ofrecía constantes muestras del más acendrado patriotismo, entregó en estas fechas un tren sanitario completo, donativo que fué muy agradecido por el señor general Blanco. Al propio tiempo enviaba á las fuerzas y columnas que mandaban los generales Ríos y Jaramillo y los coroneles Pintos, Marina, Pazos, Camiñas y demás jefes y oficiales que operaban tan activamente, otros donativos que se colectaban con vertiginosa actividad, y con los cuales obsequiábase también á las fuerzas de la escuadra.

Inglaterra noticiaba al gobierno de España haber ordenado á los gobernadores de sus posesiones en la India y costa de China impidiesen los trabajos de los laborantes filipinos, y realmente las medidas que adoptó patentizaban sus buenas relaciones con la madre patria.

La *Gaceta* de Singapore del 12 de Septiembre contenía el siguiente Decreto dado por el gobernador de los Estrechos:

«Siendo así que subsiste la paz y amistad entre S. M. la Reina y S. M. católica el Rey de España; y siendo así que ciertos súbditos del dicho Rey de España en ciertas partes de su dominio llamadas las islas Filipinas se han rebelado contra su autoridad y existen hostilidades entre la dicha Majestad católica y los dichos súbditos revoltosos, y siendo así que S. M. la Reina desea que ninguna expedición naval ni militar sea organizada dentro de sus dominios para ir en contra de los dominios en Filipinas de S. M. católica ni en ninguna otra parte. Por lo tanto, yo, sir Charles Bullen Hugh Milchell, por este advierto y severamente prohibo á toda persona dentro de esta colonia de ninguna manera prepare, organice, pertenezca ó ayude á preparar, organizar ó ser empleado en cualquiera misión, en cualquier expedición naval ó militar para ir contra los dominios de S. M. católica en las Filipinas ú otra parte, bajo las penas prescriptas contra toda persona que ofenda el acta de 1870 «Foreign Enlistment Act» y todo otro estatuto y ordenanza previstos para estos casos.»

Otro decreto de la misma fecha notifica que la exportación de armas, municiones, pólvora y pertrechos militares y navales de cualquier puerto ó punto de esas colonias, para estas islas Filipinas, está prohibido por el término de tres meses, contando desde el 12 de Septiembre próximo pasado.

En San Fernando de la Unión formóse en estos días una compañía de voluntarios, de la que constituían la sección de reserva todos los Reverendos Curas párrocos; de aquella fuerza era primer jefe nato el gobernador de la provincia (Sr. Cendreras), y capitán D. Raimundo de Abaroa, honrado español peninsular.

En la Pampanga, provincia que desde el primer momento había ya llevado por la elocuente voz del Cura párroco de Bacolor, el agustino fray Antonio Bravo, hermosa enérgica protesta contra la insurrección, el celoso gobernador civil Sr. Cánovas Vallejo había dirigido con entusiasmo la creación de un cuerpo de voluntarios; y en estos días revistió en aquella comarca, importancia extrema, el acto de la bendición de la bandora y entrega de la misma á los de Bacolor. La Cabecera de la Pampanga solemnizó también muy cumplidamente tan agradable acto.

5.º *Decreto referente al excelentísimo Sr. D. Pedro P. Roxas.* — La *Gaceta de Manila*, correspondiente al 2 del presente mes, publica el decreto siguiente:

«Resultando hallarse procesado en la causa que se sigue por rebelión el Excmo. Sr. D. Pedro P. Roxas, Consejero honorífico de Administración, en uso de las facultades de que me hallo investido, vengo en disponer que cese en el ejercicio de sus funciones, sin perjuicio de la resolución ulterior que adopte el Gobierno de S. M., al que se dará cuenta oportunamente de esta medida.

» Comuníquese y publíquese. — *Blanco.* »

La calidad de la persona á quien se refiere el preinserto decreto hizo fuese éste muy comentado.

El Sr. Roxas había abandonado Manila en virtud de licencia que para venir á la Península, y ateniéndose á las prevenciones reglamentarias, le había sido concedida por el Gobernador general, quien no tenía fundamento de negativa: naturalmente llamó la atención el procesamiento del Sr. Roxas á los pocos días.

Desconociéndose los autos del gran proceso de la insurrección, é ignorándose, por tanto, el arte ó la parte que en ella pudiera tener el rico propietario D. Pedro P. Roxas: sin saber nadie de quienes no entendíamos en tan célebre proceso, si dicho Sr. Roxas era justa ó injustamente acusado, lo que más pábulo dió á los rumores cundidos respecto del acaudalado propietario, activo comerciante y entendido industrial del barrio de San Miguel de Manila, fué sin duda alguna el hecho de abandonar el barco que lo conducía á España en el puerto de Singapoore: con ello alteraba el Sr. Roxas su itinerario al salir de Manila, y es claro que por el solo hecho de haberlo así efectuado desembarcando en lugar distinto del de su destino, acogiéndose á extranjera bandera, sobre el Sr. Roxas cayó tal

balumba de comentarios, dudas y
suposiciones, que ni el tiempo transcurrido, ni siquiera la solemne severa actitud del ilustre hombre público Sr. Romero Robledo, llevando á las Cortes, ocho meses después
de la publicación del decreto de que
nos ocupamos, briosa defensa en
favor del Sr. Roxas, pudo proporcionar á éste la satisfacción de que
en el orden moral recuperase pronto y por entero su perdido extenso
prestigio, sino que el concepto público, receloso aún, aguarda el fallo
de los tribunales de justicia para
hacer la que corresponda al rico vecino de San Miguel de Manila, el
cual había sido siempre tan consi-
derado por todo el elemento peninsular.

Los más benévolos para aquel opu-
lento capitalista, pensaban acerca de
este particular extremo, lo que con
toda fuerza de lógica expresó el señor Castellano, Ministro de Ultra-

mar, contestando al Sr. Romero Robledo. Después de analizar notablemente el caso del Sr. Roxas, el mencionado Consejero de la Corona decía literalmente:

«Enhorabuena que haya rechaza-
»do el indulto por razones de digni-
»dad, como ha dicho el Sr. Romero
»Robledo, porque el indulto supone
»siempre delincuencia; pero lo que
»no se explica es que, sintiéndose
»inocente y teniendo medios de pro-
»barlo, no comparezca ante el juez
»para que su inocencia sea reconoci-
»da y proclamada. De ahí que cuan-
»do el Sr. Romero Robledo pedía al
»Gobierno la honra de D. Pedro
»Roxas, yo me sentía obligado á con-
»testarle que no es en este sitio don-
»de eso se puede pedir y conceder,
»porque aquí no se administra justi-
»cia ni cabe hacérsela al reo consti-
»tuído en rebeldía. Aquí lo único
»que se puede pedir, y á lo único

»que el Gobierno puede acceder, es
»á que, si los tribunales no cumplen
»con su deber, se les haga cumplirlo.»

6.º *Combates en las inmediaciones
de Cavite y sucesos varios.* — En los
primeros días de Octubre menudeaban los hechos de armas.

En el reconocimiento practicado
el día 4 entre Las Piñas y el pueblo
de Bacoor, nuestras fuerzas causaron
muchas bajas á numerosos grupos
rebeldes que intentaban oponérseles:
aquellas fuerzas hallaron dos cartas,
una de las cuales iba dirigida al capitán municipal de Las Piñas, en la
cual un jefe insurrecto reprendía á
aquel munícipe, á quien llamaba
traidor, por no haber cumplido su
oferta de incendiar las casas del pueblo en que se alojaban tropas, y que-
mado otras deshabitadas. La otra carta iba dirigida al capitán de cuadrilleros, quien también estaba en connivencia con los rebeldes.

El general Ríos ocupó en estas fechas mismas el istmo de Noveleta, quedando La Caridad y San Roque definitivamente en nuestro poder: allí, en Dalahican, se hizo para nuestras tropas un campamento fuertemente atrincherado, que los insurrectos se atrevieron á atacar, siendo valerosamente rechazados, causándoles muchas bajas.

También en el polvorín de Binacayan se sostuvo viva refriega, en la que logró sonado nuevo triunfo la infantería de Marina y la Marina de desembarco. El capitán D. Rogelio Vázquez mandaba el destacamento de aquel fuerte, situado á 50 metros de bosque espeso, en el que un activo chapeo ensanchó la zona de instalación. El enemigo, en gran número, lo atacó, sosteniendo dos horas de nutridísimo fuego: más de 150 muertos y de 300 heridos le causó la heroica defensa del capitán Vázquez de Castro.

Iníciase en los primeros días de este mes una suscrición pública en favor de las viudas y huérfanos de los oficiales vilmente asesinados en Cavite.

El día 5 ordenó el capitán de puerto que un remolcador, el *Relámpago*, procurase el salvamento del *General Calvo*, bergantín-goleta abandonado por sus tripulantes indígenas para unirse á los sublevados de Cavite. Era aquel buque perteneciente al honrado español peninsular, consejero de Administración, D. Rafael Calvo, cuya vida y hacienda tan á disposición de la causa de la Patria está siempre. El *Relámpago*, que halló el *General Calvo* varado en las playas de Naic, pudo ponerlo á flote y conducirle al Pasig.

En las mismas fechas y procedentes de Bulacán, Cavite, Batangas, Pasig, Tambobong y otros puntos, entraron en Manila presos de importancia, entre ellos el gran propagandista del Matapangna Malolos, llamado Zamora, puesto inmediatamente á disposición del gobernador militar de la plaza, y por notorios actos de deslealtad, se continuaba destituyendo gran número de subalternos indígenas en los distintos ramos de la Administración.

7.º *Llegada del transatlántico «Montserrat». Obsequios tributados á los expedicionarios.* — Á las ocho de la mañana del día 6 fondeó en Manila el vapor *Montserrat*, trayendo á su bordo un nutrido batallón de cazadores: 1.051 plazas distribuídas en seis compañías, lo formaban. En iguales términos que el día 1.º del actual, á la llegada de las tropas que condujo el *Cataluña*, se manifestó el regocijo público, y del propio modo se recibió por las autoridades y corporaciones á los valientes cazadores del batallón núm. 1 expedicionario, que desembarcaron á las cinco de la tarde, recorriendo trayecto engalanado más grandiosamente todavía, puesto que se había dispuesto de más tiempo que para el día primero; desde la Plaza de Palacio, dirigiéronse las tropas recién llegadas al lugar de su alojamiento: á los cuarteles de Meisic, en donde fueron también agasajados con una comida extraordinaria por los voluntarios de infantería, y con valioso obsequio de 18 jamones de York, 12 cuarterolas de vino, 2.000 tabacos y 1.500 cajetillas, por el escuadrón «Voluntarios de Manila».

Los Jefes y oficiales del brillante batallón de Cazadores núm. 1 fueron al día siguiente obsequiados con fraternal espléndido banquete que el batallón de Voluntarios les ofreció en el Ayuntamiento: pronunciáronse allí los más entusiastas brindis que el ardoroso amor patrio inspirar pueda, y suscrito por los Sres. Bores Romero, Pazos, Hevia y Lecea, en representación de los allí reunidos, se elevó al trono un telegrama que expresaba en sentidísimas frases el más profundo respeto y la más firme adhesión hacia la Patria y sus instituciones.

La prensa de Manila reseñaba estas solemnes fiestas vertiendo raudales de elocuencia por el corazón dictada, y la incomparable pluma de Carlos Peñaranda cantaba en delicadísima prosa y en inspirados versos, las gloriosas tradiciones del Ejército español.

El cablegrama á que nos hemos referido, elevado al trono por los patriotas comensales del Ayuntamiento, recibió en el acto respuesta digna ciertamente de quien la dictaba, pues el mismo día 8 recibíase en Manila el siguiente despacho telegráfico:

«El Ministro de la Guerra al Gobernador general. — Sírvase V. E. hacer presente batallón, escuadrón voluntarios, que S. M. y Gobierno han recibido con el mayor júbilo sus manifestaciones de adhesión, y confían que su levantado ejemplo será estímulo poderoso para sostener ahí espíritu nacional.»

Las Ordenes religiosas, la milicia de Cristo, vivía identificada con la del César; al siguiente día del banquete celebrado en el Ayuntamiento, los frailes y legos de San Agustín, servían ellos mismos en el Cuartel de Meisic una comida espléndida á los soldados españoles que acababan de llegar, y en la cual reinó el más vehemente patriótico entusiasmo. Los PP. Jesuítas, desde sus severas místicas sobriedades, allí muy arriesgadas, ofrecían á las tropas algún suculento *gaudeamus,* y al propio tiempo otras representaciones de los frailes agustinos, recoletos, dominicos y franciscanos, reunían en el amplio comedor del Hotel de Oriente

á los Jefes y oficiales que mandaban
la tropa expedicionaria: en tan hermosos actos, en los que comiendo
del mismo pan y bebiendo del mismo vino, daban los militares y los
religiosos la fórmula completa de la
estrecha fraternal unanimidad de pareceres y de sentimientos patrios,
produjéronse por unos y por otros
entusiastas conmovedoras manifestaciones.

El Teniente coronel Sr. Lecea, primer Jefe del batallón de Cazadores
recién llegado, en elocuente brillante frase, así como el comandante
Sr. Navas, expresaron sus sublimes
conceptos de Patria y Religión, dedicando sentido recuerdo á las víctimas de los crueles sectarios del Catipunan.

El esclarecido P. Dominico Fr. Lo-
renzo García Sempere, vivamente
emocionado, trazó gallardamente acabado croquis de cuanto á la religión
y á las armas debía el Archipiélago

21

filipino. El Cura párroco de Santa Rosa recitó después del elocuente memento histórico del P. Sempere dos décimas que constituyen una de las más inspiradas poesías que conocemos, y cuando aun resonaban en aquel recinto patriótico los vivas y los aplausos de atronadora efusión, se impuso, por ser de natural más extensa que la que reclama el diapasón normal, la voz de un gran sacerdote, orador insigne y profundo pensador, de un fraile que tanto llora y hace llorar oprimiendo su propio cardias y el de sus oyentes cuando predica acerca de las crueles amarguras sufridas por el Mártir del Gólgota, como cuando canta con incomparable fuerza de convicción nuestras inmarcesibles glorias nacionales: la voz del M. R. P. Fr. Evaristo Arias, que emitió en aquella ocasión solemne á que nos referimos las más agudas armoniosas notas para la causa santa de la Patria.

8.º *Sigue la propaganda revolucionaria.*—La labor del Catipunan no se detenía: continuaba la propaganda á pesar de los fracasos que sufrían los rebeldes y de lo extensos que eran los trabajos de vigilancia por parte de todas las autoridades y fuerzas é institutos á quienes correspondía ejercerla. Diariamente se descubrían nuevos centros de conspiración, practicándose en ellos las incisiones del pacto, y se ocupaban útiles y timbres de nuevas secciones y muchas relaciones de catipunados. Los conspiradores no se limitaban á exaltar los ánimos contra la dominación española en las tierras de Luzón: enviaban emisarios á todas partes, procurando alterar el orden en ellas para obligar á que se diseminasen las tropas españolas y las leales indígenas por todo el Archipiélago: quisieron sublevar las que de esta clase guarnecían la isla de Mindanao, y al efecto enviaron un delega-

do del Catipunan de Manila á aquel
vasto territorio. El comandante general del mismo, general de división
Sr. Cappa, se apoderó de aquel co-
misionado. La Guardia civil iba poniendo á disposición de los gobernadores de las provincias muchos complicados en los sucesos, que procedían de otras provincias que aquellas en las que se aprehendían. Hasta en provincias tan remotas como
la Paragua se destituían subalternos
indígenas por desleales.

Tanta criminal burda especiota se
propalaba por los conspiradores, que
el gobernador general, Sr. Blanco,
en circular á los Jefes de provincia
y distrito, les decía:

«Habiendo llegado á conocimiento
»de este Gobierno general que los
»rebeldes, al convencerse de que no
»cuentan con el apoyo del país, ex-
»citan los ánimos de los pacíficos
»habitantes de estas islas propalan-

»do noticias falsas y aun haciendo »circular edictos oficiales apócrifos, »en los que se anuncian el aumento »de tributos y se asegura que los fi- »lipinos todos serán objeto de medi- »das de extremado vigor, he creído »necesario que, en nombre del Go- »bierno de la nación por mi autori- »dad representado, se desmientan »tan calumniosas especies, y se re- »cuerde que España continuará su »noble conducta de tratar con frater- »nal afecto á sus hijos leales, y que »nunca aumentará los gravámenes, »en concepto de pena, procurando, »por el contrario, fomentar las ri- »quezas y el bienestar del país. En »este concepto, recomiendo mande »V. E. publicar por bandillos en to- »dos los pueblos de las provincias »de su mando este telegrama circu- »lar, reiterando los conceptos del »mismo en castellano y en el dialec- »to de la localidad.»

9.º *Otros incidentes y combates.*—
En Morong se produjo gran alarma:
200 insurrectos quisieron asaltar la
Cabecera; en ella estaban el vicario,
el cura párroco de la misma y los de
Pililla y Tanay: el valeroso cura de
Barás ganó con esfuerzo la casa gobierno, valientemente defendida por
el gobernador P. M. Sr. Dujiols, re-
chazando y persiguiendo á los rebeldes, una escasa fuerza de la Guardia civil, al mando del teniente señor Lafuente, que les causó muchas
bajas: encomióse en aquel hecho la
conducta de los cuadrilleros de Morong.

Hubo encuentros en Muntinlupa y
Las Piñas, y otro de importancia
sostenido contra grandes grupos de
rebeldes, por el capitán Anrich y teniente Pérez Egido en Bulacán, en
el camino de Norzagaray. Los insurrectos intentaron engañar, fingiéndose amigos, á la escasa fuerza mandada por Pérez Egido, el cual acudía

al sitio y lugar que para operar en combinación habíale señalado desde el pueblo de Santa María el capitán Anrich.

Hiciéronles bastantes bajas á los redeldes, que practicaron esfuerzos inauditos para copar á los nuestros en gran inferioridad numérica. Se les cogieron provisiones, medicamentos, un pañuelo con las marcas de Mariano Llanera, y un sello con la inscripción «República nang Katagalunan».

El capitán general Sr. Marqués de Peña Plata salió en estos días de Manila, sin duda para estudiar desde Calamba la línea de aislamiento para los insurrectos de Cavite: regresó pronto á Manila.

El día 12 sostuvo el bizarro sargento Valverde con unos pocos guardias civiles y otros leales vecinos del pueblo de Montalbán un combate vivísimo con gran grupo de rebeldes del barrio de San Rafael: entre las numerosas bajas que se causaron al enemigo por la escasa fuerza del sargento Valverde, figuraba muerto el cabecilla Espiridión Lozano.

10. *Fiesta del Pilar en Manila. Nuevos acaecimientos. Más tropas peninsulares. Banquete y agasajos que á las mismas ofreció el escuadrón «Voluntarios de Manila». Combates en Nasugbú, Talisay, Bilog-Bilog y otros lugares. Sucesos en Mindoro.* — Solemne acontecimiento fué en Manila la celebración de la fiesta del Pilar. Habíanse puesto de común acuerdo para que en este año tuviera el mayor esplendor todos los aragoneses, navarros y riojanos residentes en la capital del Archipiélago, y lo lograron sorprendentemente.

Acordado por los organizadores de aquella solemnidad (de los cuales disfrutamos la honra y dicha de formar parte) que, en atención á la gravedad de las circunstancias, no se diese más carácter que el religioso á tal fiesta, excepción hecha de una gran rondalla, que encantó tanto por lo grande que en sí es el popular canto de Aragón, Navarra y Rioja, cuanto por lo nuevo, novísimo, que el espectáculo era en Manila, y una fraternal comida de 150 cubiertos en el convento de Santa Cruz, habitado por el Cura párroco, el virtuoso y patriota religioso Recoleto fray Mamerto Lizasoaín, no hubo más que la solemnísima Misa en la que la brillante elocuencia del canónigo magistral Sr. Sánchez de Luna produjo oración sagrada de excepcional valía. Hízose gran tirada de un número conmemorativo del famoso día que se celebraba: aquella publicación la encabezó sublime pensamiento del Arzobispo metropolitano Fr. Bernardino Nozaleda, y suscribían bellezas literarias y grandezas histórico-filosóficas, las plumas mejor templadas de Manila.—Grandioso fué el espec-

táculo: de él, para que nadie crea
que el amor de gremio pudiera hacernos presentar con trazos de exageración lo acontecido en aquella
fiesta hermosa, no decimos más por
nuestra cuenta; pero transcribimos
un fragmento del extenso gallardo
relato que hacía el acreditado periódico *El Comercio*, expresándose así:

«Sugestionados como estamos,
creeráse que, por efecto natural de
la viveza y del entusiasmo de que
al escribir estas líneas nos sentimos
poseídos, hablamos con hipérbole;
nada menos cierto; aparte todo sentimiento propio, las fiestas celebradas hoy en el templo parroquial de
Santa Cruz, han sido magníficas, es-
plendentes sobre toda ponderación.
Sépanlo los aragoneses, navarros y
riojanos: en esa magnificencia, en
ese esplendor, en esa imponderable
brillantez, han reflejado sus psíqui-
cos sentimientos, su cariño rayano
en idolatría hacia la más hermosa

de las advocaciones de la Virgen, el Pilar.

»Todos los españoles, aun sin tener la fortuna de haber recibido el nombre cristiano en aquellas regiones santificadas con la excelsitud de Virgen tan bella, de Virgen tan protectora, que en la historia de las patrias glorias desempeña papel importantísimo, siéntense orgullosos en colocar sobre sus pechos preferentemente el recuerdo del Pilar, y esto supuesto é indubitable por los hechos, la fiesta de esta mañana ha sido imponente manifestación del pueblo español en estas porciones que rodea el Océano en sus últimos confines, y que por lo mismo vienen á indicar que España, la Patria de Recaredo, del Monje de Pampliega, de San Fernando, de la Isabel heroica, es tan grande, tan inconmensurable, que tiene sus límites en los límites de la terrestre esfera.»

Coincidía con el esplendoroso acontecimiento de que acabamos de ocuparnos, otro de tanta significación, cual el de entregar la bandera nacional al batallón cazadores expedicionario núm. 1, recién llegado de la Península. Aquella bandera se bendijo en el hermoso templo de San Agustín, solemnísimamente, dirigiendo á los soldados de la Patria que la recibían grandilocuente alocución, el Revdo. P. Fray Miguel Fonturbe, cuando terminó la misa oficiada por el Provincial de la Orden, el Muy Revdo. P. Fray Juan Zallo.

El 14 de Octubre, por disposición del Gobernador general, embarcaban en el vapor *Manila*, para ser conducidos á Cartagena y transportados desde allí á Fernando Poo, 151 deportados.

En las primeras horas de la mañana del mismo día desembarcaron más fuerzas peninsulares, llegadas en el vapor *Antonio López*, proceden-

te de Cartagena, y habiendo hecho
notable travesía: 28 singladuras desde aquel puerto. Tan valioso refuerzo estaba constituído por un batallón de infantería de Marina y 400
artilleros. Con iguales explosiones
de patriotismo y con idéntico programa que para el recibimiento de
las anteriores fuerzas expedicionarias hemos sintetizado, se conmemoró el arribo de estas tropas, alo-
jadas en la Escuela Normal las primeras, y en el cuartel de España las
fuerzas de artillería. Unas y otras
fueron agasajadas grandemente con
comidas extraordinarias por el escuadrón de voluntarios primero, y
después por los PP. Jesuítas, á cuyo
servicio estaba el edificio en que se
alojaba la infantería de Marina; también aquéllos obsequiaron cumplidamente á esta fuerza.

Pero del banquete dado en la misma noche del 14 por el escuadrón
«Voluntarios de Manila» en honor

de los Jefes y oficiales de la recién llegada fuerza expedicionaria, queda perdurable memoria en Manila. 200 comensales asistieron: el entonces teniente, hoy capitán del escuadrón de voluntarios, Magistrado Sr. Martínez Nupla dirigió notablemente los preparativos de aquel banquete, ofreciendo brillantísimo aspecto el salón de las casas consistoriales en que se celebró.

Nos duele no disponer de espacio para reseñar tan gran fiesta; precisaríamos para lograrlo por modo medianamente exacto destinar á tal intento 100 páginas de este nuestro pobre *memorándum:* mas no siéndonos esto posible por no traspasar los límites de nuestro propósito, diremos que el derroche de ingenio, de verbosidad, de raza y de patriotismo que allí se hizo, no solamente cautivó á los de dentro de aquella sala grandiosa, sino que conmovió á los de fuera.

Y con razón para que aconteciese así.

Después del discurso elocuente de
tonos gubernamentales pronunciado
por el Excmo. Sr. D. Vicente Carlos
Roca, comandante general de aquel
apostadero y escuadra, malogrado
contraalmirante que ya ha desaparecido de entre nosotros para recibir
en la eterna gloria el premio de sus
virtudes, ¡ah! los brindis allí pro-
nunciados expresaban la más legítima indignación y los acentos más be-
licosos contra la fiera ingratitud de
los tagalos.

Los Sres. Bores y Romero y Hevia,
comandantes del escuadrón y batallón de voluntarios, los Sres. Comenge, presidente del Casino, Peñaranda, Caro, el P. Mariano Gil, el capitán de infantería de Marina D. José
Poch, el Sr. Lazaga, capitán del
puerto, el Sr. Valle (D. Gumersindo),
el Sr. Peña, auditor general del Ejército, Uria, gobernador civil de Ba-

taan, Lalaux, director de *El Español*, y no recordamos si algún otro, fueron los entusiastas oradores de aquella solemnidad, en la que también usó de su pobre palabra el humilde autor de estas páginas. De aquel banquete se guardará fiel memoria, lo repetimos.

Llegan el 17 más tropas: los batallones de cazadores núms. 2 y 3, al mando de los tenientes coroneles señores López Morquecho y Victoria Rebollida: se les tributó también la más calurosa entusiasta recepción.

El día 18 tuvo lugar un brillantísimo hecho de armas en Nasugbú (Batangas). El general Jaramillo, al frente de columna compuesta por Guardia civil, infantería indígena de los regimientos 70 y 73 y del primer batallón de cazadores, y apoyado por los cañoneros *Leyte* y *Bulusan*, que contribuyeron eficazmente al éxito con su artillería y dotaciones de desembarco, desalojó de aquel pueblo, en el cual se habían hecho fuertes, á gran masa de insurrectos que ofrecieron tenaz resistencia, sobre todo en tres grandes edificios, propiedad del Sr. D. Pedro P. Roxas; 124 muertos se les hicieron y gran número de heridos, experimentando los nuestros 2 de los primeros y 28 de los segundos: apoderáronse nuestras tropas de muchas armas. El general Jaramillo rayó á gran altura en tan célebre jornada, en la cual se condujo heroicamente nuestra tropa de mar y tierra.

Aquella zona estaba en tales días muy movida: en las inmediaciones de Calaca batía victoriosamente el teniente García Casero, Jefe de la sección de la guardia civil de Taal, que había salido en columna por orden del Jefe del destacamento, una partida de rebeldes. Las fuerzas del Bañadero sostenían con fortuna encuentros con los insurrectos de Talisay. En el del 9 fué gravemente herido el teniente coronel Sr. Heredia y el teniente Pirla.

Con fuerzas de su regimiento 74, con el que tan brillantemente había operado en Mindanao el coronel Pazos, consiguió sonado triunfo en el barrio de Bilog - Bilog contra 1.000 insurrectos, frente á Talaca.

Estas tropas, de la línea Bañadero Tananan, dirigidas por el general Aguirre, tenían gran cuidado en impedir llegasen á Talisay y Silang los numerosos grupos rebeldes que á toda costa querían, bordeando el Maquiling, acudir á aquellos lugares.

En Mindoro fué asaltado el convento, robando los rebeldes la caja parroquial. El celoso gobernador de la provincia Sr. Lillo recorrió con el cañonero *Bulusan* toda la costa y capturó importantes agitadores, los cuales fueron conducidos á Manila en el citado cañonero y en el *Brutus*.

11. *Política de atracción. Una circular del Gobierno general.* — De gran

importancia por su propia índole; de eficacia segura en otros climas habitados por raza menos supersticiosa; de magnanimidad no tan premiada por el éxito cual debiera haberlo resultado, fué la circular dirigida á los Jefes de provincia, distrito y Jefes militares de columnas volantes, dictada por el Sr. General Blanco en 11 de Octubre.

El documento tan expresivo á que aludimos dice así:

«*Gobierno general de Filipinas.—Secretaría. — Sección de política. — Circular.* — El grave suceso que ha tenido realización en algunas de estas provincias, de haberse levantado en armas contra nuestras instituciones muchedumbres ilusas, puede ya considerarse como dominado, pues el movimiento insurreccional se halla actualmente en muy corta extensión localizado.

»Mientras ese suceso se desarro-

llaba manifestándose por actos de
fuerza de los sediciosos, necesario
era extremar las medidas de rigor,
sin consultar extensas justificacio-
nes ni otra cosa alguna que pudiera
entorpecer lo rápido y enérgico de la
represión; pero desde el punto mismo en que se halla la insurrección
totalmente sofocada en casi todas
las provincias de Luzón, es de todo
punto preciso, por altas convenien-
cias políticas y de gobierno, cambiar
el sistema de corrección, informando el que se adopte en sentido de la
mayor templanza y moderación y en
espíritu de atracción. Porque sólo
por estos rumbos se podrá obtener,
de una parte, justificación y ejemplaridad en los castigos que se im-
pongan, y de otra y más importantísima parte, el hacer que renazca
en los pueblos la tranquilidad que
tienen perdida, además de por otras
causas, por temores de castigos des-
acertados, y el que se inicie un mo-

vimiento de regresión hacia la causa de la Patria por parte de aquellos que puedan sentirse inclinados hacia la de la rebelión, por tibiezas ú otros motivos. En tal virtud, cuidará V..... muy especialmente de no disponer prisiones que no se hallen justificadas por una grave complicación en los sucesos actuales, ó no conduzcan á investigar las causas de éstos, de inculcar además en el ánimo del vecindario la seguridad de que no han de dictarse represiones injustificadas, y la de que el propósito del Gobierno es de la mayor indulgencia respecto de todos aquellos que, sin haber intervenido activa y gravemente en la rebelión, muestren arrepentimiento sincero ó una leal adhesión, y finalmente, pondrá V..... en práctica toda clase de medios adecuados para que esos pueblos vuelvan á la vida normal en todos sus órdenes, y se restablezca por completo en ellos la tranquilidad y la paz moral de que tan necesitados están.

»Dios guarde á V.... muchos años. Manila, 11 de Octubre de 1896. — *Blanco*. — Á los jefes de provincia y distrito y Jefes militares de columnas volantes.»

Con el espíritu y letra de la precedente disposición, seguramente nadie se identificó por modo tan completo como el Sr. General Aguirre, lealísimo amigo del Capitán general de las islas, además de fiel subordinado; y el paso por todos los pueblos y lugares de la comarca Laguna-Batangas de este general y sus tropas era celebrado, aun inmediatamente después de hechos de armas importantes, con fiestas de paz, bailes y luminarias. Pero ¿es que tales muestras de adhesión por aquel distinguido soldado recibidas, y en las que la buena fe podía asignarlas sinceridad, tenían este carácter? ¡Ah! Después de las decepciones sufridas no há lugar á pensarlo así: la actual insurrección de Filipinas ha patentizado tan en absoluto lo perfecto que es el indio en el arte del fingimiento, que será difícil hallar quien le iguale en expresar mejor las apariencias de los sentimientos más opuestos á los que posee.

Nosotros, después de tanta decepción, ya no podremos creer fácilmente en la sinceridad de aquellos indígenas. Al propio tiempo que acudían los vecinos de pueblos de provincias limítrofes á Manila, que recibían con frecuencia visitas de los naturales de más valimiento y significación, á adherirse á la causa de la Patria, agasajando ruidosamente á nuestras valientes tropas, publicábanse varios decretos como el siguiente:

«Manila 19 de Octubre de 1896.

»En vista de que el profesor químico del Laboratorio municipal de esta capital, D. Antonio Luna, aparece complicado en los actuales sucesos, de conformidad con la Dirección general de Administración civil, á propuesta de la Inspección general de Beneficencia y Sanidad, y en virtud de las facultades de que me hallo investido, vengo en declararle separado del expresado cargo, sin derecho á percibir haber alguno, sin perjuicio de lo que resulte del expediente justificativo á que haya lugar.

»Comuníquese, publíquese y vuelva á la Dirección general de Administración civil á los efectos que procedan. — *Blanco*. »

¿Quién que haya residido algún tiempo en aquellas tierras de la Patria puede ignorar que los interesados en disposiciones cual la que acabamos de transcribir eran los que mayores muestras de respeto daban á la dominación española? Exterioridades mentidas; *política solapada,* eso es lo que únicamente practicaban los enemigos de España en Filipinas.

12. *Regresa á la Península el general Echaluce. Nuevas partidas. Sublevación en Mindanao. Conspiración en Joló.* — El General segundo Cabo, el valeroso, ilustradísimo general D. Bernardo Echaluce, estaba seriamente enfermo: síntomas evidentes, patognomónicos, de un estado de anemia cerebral produjeron la orden terminante de los distinguidos médicos que le asistían para su regreso á la Península. Y así lo efectuó, embarcándose en el *Antonio López*. Caballeroso por modo excepcional, el ilustre veterano de la gloriosa Artillería española no quiso abandonar aquella tierra de la Patria, sin rendir homenaje público de respeto y afecto hacia su general y buen amigo el señor Marqués de Peña Plata, y hacia las autoridades de las islas y corporaciones religiosas y sociedad toda, de quienes tan grato recuerdo se llevaba.

En nota afectiva despedíase desde las columnas de la prensa de todos, esquivando con verdadera humildad toda ocasión de que se le expresase solemnemente las simpatías extensísimas de que gozaba el valiente hábil caudillo de San Juan del Monte. Casi á hurtadillas se embarcó la víspera de su salida; mas no hubo de valerle la treta, porque antes de que zarpase el barco que lo había de conducir á la Madre patria, desde el Capitán general hasta los más modestos funcionarios y particulares, acudieron á dar el adiós de despedida al esclarecido militar de quien se trata. Aun no hemos visto, á pesar del tiempo transcurrido, las interpretaciones prácticas que á los poderes públicos atañen para el premio del bien obrar respecto al general Echaluce; pero es seguro no ha de resultar olvido para el mismo; si tal aconteciese, sería enorme lesión de los principios más elementales de la justicia distributiva, pues no puede perderse de la memoria la conducta seguida por el General segundo cabo de Filipinas, el cual durante tres años consecutivos patentizó tan relevantes cualidades de soldado y de hombre de gobierno y administración.

Vecinos de Taal, Lemery, Calaca, barrios de Bayuyungan y otros levantáronse en armas, formando gruesas partidas que intentaron el 23 pasar el Pansipit, vadeándolo por San Nicolás, cuyo destacamento, con el auxilio del de Taal, que presuroso acudió á prestarlo, batió completamente á los rebeldes. El general Jaramillo desde Balayan y el general Aguirre desde el Bañadero intervinieron provechosamente: el primero aun encontró los grupos á la derecha del Pansipit, acabando de dispersarlos, y el segundo acabó de cubrir la cuenca de la laguna de Bombón.

Los infames soldados indígenas que componían la tercera compañía disciplinaria, defensora del «Fuerte Victoria» en Mindanao, se sublevó acuchillando traidoramente á sus jefes militares y al distinguido médico de Sanidad del Ejército D. Felipe Trigo, quienes milagrosamente salvaron sus vidas acribillados sus cuerpos. Cometida tal infame fechoría, los rebeldes huyeron por Piedras hacia los montes de Dengayan; para perseguirlos formáronse dos columnas al mando de los tenientes coroneles Lasala y Sanda; la del primero los batió, dispersándolos en Aguarán: la segunda los castigó de nuevo en Opal, cogiéndolos algunos rezagados. Por otra parte, el cañonero *Manileño* hízoles muchas bajas. Se desarmó al resto de la fuerza disciplinaria.

Un sargento y un cabo indígenas afiliados al Catipunan de los tagalos,

al poco tiempo de prestar sus servicios en el regimiento núm. 68, que
guarnecía el archipiélago de Joló, alcanzaron hacer prosélitos para producir una sublevación en Joló. El
plan era el de siempre: *matar á todos
los castilas*. El valiente general Huertas estuvo admirable en este gravísi-
mo caso: descubierta la conjura, inmediatamente formóse Consejo sumarísimo y fueron pasados por las
armas dos sargentos, cinco cabos, un
corneta y un somatén: otros conjurados fueron condenados á cadena
perpetua. El general Huertas, gobernador de Joló, prestó señaladísimo
servicio, muy encomiado por todos.
El Capitán general Sr. Blanco aplau-
día al dar parte de los hechos la inteligencia y energía de aquel bravo
militar.

Terminaba el mes de Octubre con
operaciones muy vivas en torno de
la comarca más seriamente ocupada
por los insurrectos, fuera de la de

Cavite, librándose en todas ellas nuevos victoriosos combates para nuestras armas. Las líneas defensivas dejaban á cubierto de toda irrupción por mar para la parte más rica de Batangas, pues los inteligentes generales Aguirre y Jaramillo la impedían con la situación de sus tropas sobre la izquierda del Pansipit, desde San Nicolás á Lomery, y con la del Bañadero. El general Aguirre cerró estas líneas al ir en apoyo del general Jaramillo, quien batió por completo una partida de 1.600 rebeldes en la orilla derecha del citado río. Más de 100 muertos les causó.

Al propio tiempo los rebeldes continuaban presentándose por cien lugares distintos, cometiendo toda suerte de depredación é iniquidad. Villanamente asesinaron al valeroso teniente de voluntarios D. Francisco Chofré, de la importantísima casa industrial Chofré y Compañía, y á un primo suyo, empleado en la misma

casa y soldado de voluntarios: iban á
sacar vistas fotográficas de los alrededores del Nangca. Carbonizado, sin
poder ser reconocido casi, apareció
el cadáver del primero de aquellos
jóvenes temerarios, y horriblemente
mutilado el del segundo. Una columna al mando del teniente coronel Oloriz y comandante de Estado Mayor
Olaguer, fueron á batir los insurrectos de aquella zona, entre Mariquina
y San Mateo.

13. *Nombramiento del general Polavieja para el cargo de segundo cabo
de Filipinas.* — El 21 de Octubre recibióse en Manila un telegrama que
decía literalmente: «Se ha firmado
hoy el Real decreto por el que se
nombra segundo cabo de esa Capitanía general al Teniente general excelentísimo Sr. D. Camilo Polavieja
y del Castillo.»
Tan luego se conoció el telegrama
referente al nombramiento de se-

gundo cabo en favor del General Polavieja, sonó la especie de que este ilustre General sería quien relevase en el mando superior de las islas al Sr. General Blanco. La antigüedad que en el cargo de Teniente general disfruta el Marqués de Polavieja, el ilustre soldado voluntario de 1858, cuyo heroico comportamiento en cien victoriosas jornadas que cubrían de gloria las armas nacionales en tierras de la Patria misma, en las de Africa, en las de Santo Domingo y Cuba; su extensa reputación, mucho menor todavía que su propio valer; el recuerdo de su mando en la isla de Cuba, conteniendo el alzamiento en armas de los insurrectos de aquella gran Antilla en 1890, iniciado para emprender una guerra nueva, todo ello y lo mucho más que de ello hay, hacían creer que el General Polavieja había de suceder en breve al General Blanco en el mando superior del Archipiélago, y se anunció el pronto regreso á la Península del insigne Marqués de Peña-Plata.

Á la vez que se comunicaba á Filipinas el nombramiento del General Polavieja para el cargo de segundo cabo, se daba cuenta de los que se otorgaban á los generales de división Sres. Zappino y Lachambre y á los de brigada Sres. Galbis y Cornel, quienes acompañarían al General Polavieja, y que según el texto del telegrama oficial en que tal asunto se comunicaba, iban destinados al Ejército de Filipinas para que el Capitán general los emplease según creyera conveniente.

14. *Aspecto de la insurrección al terminar el mes de Octubre.* — Terminaba Octubre con el problema planteado en los mismos términos: al aumento de fuerzas peninsulares había correspondido importante aumento de fuerzas insurrectas muy diseminadas. Era menester recibir

más refuerzos; pero se continuaba
batiendo á los rebeldes que se presentaban, formando partidas numerosas en las vecindades de Manila,
sin abandonar el manifiesto obstinado propósito de caer sobre ella y poder emprender á la vez el plan de
reconquistar la provincia de Cavite,
pues ya hemos dicho, y bien sabido
es, que casi por entero estaba en poder de los rebeldes. No se conocían
con precisión los elementos de guerra con que éstos contaban; pero era
cosa clara la importancia de los medios por aquéllos acumulados en
toda la zona. Por nuestra parte, además de hombres, se precisaba sumar
más recursos de material de campaña; es claro que el Tesoro público
acudía con cuanto era posible: con-
sumía en las obligaciones á cada paso agrandadas las propias existencias
de sus arcas y las sumas que como
anticipos de inmediato reembolso ar-
bitraba; así y todo hacíase indispen-

sable prestarle cuanto auxilio el patriotismo lograr pudiera.

El Casino español hizo urgente llamamiento á tal deber. Si alcanzaban éxito las suscripciones por aquel centro abiertas para procurar obtener recursos metálicos y destinarlos á proveer de material conveniente y aun indispensable al Estado, como el tren sanitario y lanchas de vapor, socorriendo al propio tiempo á viudas y huérfanos de los que morían en la guerra, y para premiar actos como el de los telegrafistas ingenieros de Kalaganán, cuando el doloroso hecho llevado á cabo por la tercera compañía disciplinaria, la remonta voluntaria que abrió para proporcionar caballos al Ejército iba dando gran resultado, estableciéndose entre los gobernadores de Luzón verdadero pugilato de estímulo para enviar al Casino de Manila con tal fin el mayor número de caballos que les era posible obtener por donativo de los leales. Todos los gobernadores de las provincias se distinguieron por su celo en este servicio; pero alcanzó en él la mayor altura el Sr. D. Joaquín Oliver, que estaba al frente y aun hoy manda la provincia de Pangasinan; él solo ofreció donar, en representación de todos los pueblos de aquélla, los 160 caballos que era preciso reunir para el escuadrón peninsular, próximo á llegar á las islas.

Considerábase preciso disponer de muchos recursos más de los que se contaban en aquellos días, para acometer las operaciones sobre el gran foco insurrecto de Cavite, aun cuando la opinión se inquietaba por momentos, y no ocultaba su anhelo de atacar aquellas posiciones en que el enemigo cada día se fortificaba más y más. Allí practicaban los rebeldes simulacro ridículo de una organización que llegaron á soñar definitiva, y laboraban cuanto podían para el levantamiento de todo el país contra la dominación española, que éste y no otro, como venimos afirmando, es para nosotros el carácter de la insurrección tagala.

No pudiendo evitar ya la pesadez insoportable de nuestras presentes páginas, la agrandaremos, siempre esperanzados de perdón, transcribiendo literalmente alguno de los muchos por nosotros considerados testimonios *bona fide* para nuestras afirmaciones.

Una carta enviada por los de Cavite á significado individuo indígena pudiente de Batangas, expresaba, entre las injusticias y embustes que contiene aquel documento, el sentimiento de independencia que informa á los rebeldes tagalos, en los términos siguientes:

«Hay un sello marginal formado »con una letra H, inscripta en el »centro de un círculo de rayas en

»forma de greca, y después tres ini-
»ciales: K⁑ K⁑ K⁑ — Z. LI. B.—Mi-
»nisterio de Fomento. — Aunque no
»tienes el gusto de conocer á este tu
»hermano que te abraza, me tomo la
»libertad de escribirte, por el gran
»deseo que tengo de que tú y todos
»los que están á tus órdenes se vean
»libres del peligro, pues siendo tan
»listos como sois, no os movéis ni
»hacéis nada por la unión que tanto
»desean los filipinos para desasirse
»de la esclavitud en que hemos na-
»cido por nuestra sangre, y de con-
»seguir la debida independencia de
»nuestra raza. Por consiguiente, her-
»mano querido, esfuérzate y entu-
»siasma á todos tus subordinados,
»que yo creo qne todos te seguirán,
»pues según las noticias que he re-
»cibido, todos vosotros estáis dis-
»puestos á hacer frente á nuestros
»odiosos enemigos, y á fin de que no
»os suceda nada, no creáis los fala-
»ces consejos de los españoles, pues

»desde el principio no nos han he-
»cho ningún bien, antes al contra-
»rio, todos han sido engaños: por lo
»cual, tan pronto como recibas ésta,
»no tengas miedo, guárdalo dentro
»de tu corazón y esfuérzate en enga-
»ñar á tus enemigos, á fin de que no
»sean sorprendidos muchos de los
»complicados, cosa que sería una
»lástima. — Ten entendido, querido
»hermano, que aquí en nuestro cam-
»pamento estamos completamente
»tranquilos y reina la paz y la ale-
»gría, y nos consuela el pensar que
»ya estamos consiguiendo la victo-
»ria: ya no quieren batirnos nues-
»tros enemigos, y sólo se contentan
»con bombardearnos, no habiendo
»conseguido matarnos más que dos;
»por eso, ten entendido que este
»nuestro propósito es una gracia del
»cielo para los indios. — No creáis
»á las mentiras de los periódicos,
»pues todos son engaños á los de esa,
»para atemorizarlos, como sucede.—

»Recibe un abrazo de este tu herma-
»no que te compadece, y á todo tran-
»ce desea libertaros de las garras de
»nuestros enemigos. —*Emiliano N.*
»*de Dios.*»

Hé aquí la fiel versión al castellano del original tagalo á que aludimos, y en él, como en millares de
documentos interceptados, se observa una sola nota: la de querer obtener aquellos pueblos su independencia por medio de la matanza de todos
los castilas.

El sectario Ag.·. Car.·., de las logias de San Fernando de la Unión,
escribía desde Balabac, á cuyo punto
había sido deportado por el Sr. General Blanco, lo que sigue:

«Querido Gabino: Me alegraré que
»esta mi carta te halle bueno de sa-
»lud..... Estando aún en San Fer-
»nando no pude escribirte, porque es-
»tábamos preparándonos para levan-

»tarnos degollando á los blancos. —
»Tenemos aún esperanza, aunque
»estamos aquí desterrados, porque
»son muchas aún las armas que hay
»en Naic y son también muchos los
»que nos siguen; por lo tanto, procu-
»rad empezar ya ahí el alzamiento, á
»fin de que se dividan las tropas que
»vienen de España, mayormente
»porque ellas serán las que nos ha-
»rán sufrir más á los filipinos. —
»Procurad, pues, empezar ahí pronto
»y que se levante ahí toda la gente,
»pues seguramente hay ahí también
»armas que llevó un vapor y dicen
»que son todos Maüsser.—Si todavía
»no hay armas, manda preguntar ahí
»en Bantay al capitan P., porque él
»es el que las había de recibir para
»que no se apercibieran. — Nosotros
»hemos tenido mala suerte, porque
»estamos ya encerrados; pero aun-
»que sea así, pronto podremos salir
»libres, porque se han distribuído las
»armas y no faltará quien venga por

»aquí de los nuestros á librarnos. —
»Sabré pronto lo que hacéis ahí vos-
»otros. — Esto es lo que te avisa tu
»hermano mayor que te quiere, —
»*Ag.·. Car.·.*»

La insurrección nació en las provincias tagalas; pero obstinadamente
los conspiradores trabajaban para
generalizarla en todas las islas.

CAPÍTULO VIII

**Síntesis de los principales acaecimientos
en el mes de Noviembre de 1896.**

1.º Breves consideraciones acerca del estado de
la opinión pública en los primeros días de Noviembre. — 2.º Más tropas peninsulares. Otra
vez Rizal en Manila. — 3.º Los rebeldes de Bulacán. Combates en las márgenes del río Nangua y en San Mateo. Más encuentros y otros
sucesos y noticias. — 4.º Sale á operaciones
sobre Cavite el Capitán general D. Ramón
Blanco. Binacayán y Noveleta. — 5.º Toma de
Talisang. Guerrillas de San Miguel y San Rafael. El *Covadonga*. Combates en Santa Cruz
de la Laguna, Las Piñas y otros lugares. Idem
en Novaliches y en San José de Bulacán. Acción
de San Rafael. — 6.º Conspiración en Vigan
(Ilocos Sur). La guerrilla del Casino español.
Acaecimientos en los últimos días de este mes.

1.º *Breves consideraciones acerca del
estado de la opinión pública en los primeros días de Noviembre.* — Fué el mes

de Noviembre activísimo período de la campaña promovida en Filipinas por los tagalos contra la dominación española. Libráronse multitud de combates gloriosos siempre para nuestras armas, mas lográndose en alguna ocasión la victoria á costa de dolorosas, enormes pérdidas, causadas á nuestro ejército por la gran superioridad numérica del enemigo, en fuertes posiciones atrincherado.

Mientras en el Archipiélago se vivía en tal actividad de guerra y se preparaban los recursos para terminarla, según se creía habría de suceder, tan luego fuese reconquistada la provincia de Cavite, en la madre Patria se tomaban de continuo disposiciones para enviar más fuerzas y más material de guerra.

Al nombramiento del general Polavieja para el cargo de Segundo cabo, seguían los de los generales de División Sres. Zappino y Lachambre, y los de Brigada, Sres. Cornell y Galbis.

En virtud de las contradictorias
noticias que á Madrid llegaban procedentes del Archipiélago, se enta-
blaba, y con insistencia se sostenía
en la Corte, por mucha parte de la
prensa y la opinión, viva controver-
sia acerca de la gestión del Capitán
general Sr. Marqués de Peña-Plata,
quien sólo aguardaba disponer de
fuerzas necesarias para emprender
las operaciones sobre la comarca caviteña, de que los rebeldes se habían
apoderado desde el principio. No podían discutirse los planes militares
del ilustre caudillo que en más de
cien combates ha logrado inscribir
indeleblemente su nombre preclaro
en el gran libro de la Historia: lo que
era sólo objeto de la divergencia de
pareceres entre quienes juzgaban las
cosas aquí y allá y allá y aquí, fué la
política seguida por el insigne caudillo de Marahuí, calificada *de atracción*,
y contra la cual se argumentaba por
quienes creíamos también honrada-

mente que sólo una de represión se-
verísima era la que cuadraba al carácter salvaje impreso por los rebeldes tagalos á la insurrección del Catipunan. No eran la pericia ni el valor los atributos que se analizaban en
el general Blanco: esos atributos los
patentizó ante el mundo el Marqués
de Peña Plata; no eran su ilustración
evidenciada, ni sus talentos reconocidos, lo que marcaba diferencia de
criterio para juzgarle: se discutía la
magnanimidad de su carácter, producto tal vez en estas ocasiones de
dos factores que, con ser heterogé-
neos, podían sumarse para producirla: sus sentimientos humanitarios y
su propio cálculo, fundado en la escasez de medios materiales de que
dispuso; tal era el tema que conden-
só alta atmósfera de crítica, elevada
más de una vez á acre censura, en
torno del Marqués de Peña-Plata. El
tiempo es el que falla sobre el valor
substancial de unos y otros procedi-

mientos, y aunque antes de que así
acontezca, ya pueda consignarse de
parte de cuál de los que se emplean
está la mayor razón; lo que no sólo
pide en tan graves asuntos la cir-
cunspección, sino la justicia, es no
dudar, sobre la pureza de las intenciones ni del uno ni de los otros.

Hasta que cruel desengaño vino á
aleccionarnos acerca de la ingratitud
de los tagalos contra la dominación
española, nosotros mismos, infor-
mándonos en espíritu de la mayor
confianza en aquellos indígenas, nos
movíamos en la esfera de nuestras
jurisdicciones cultivando esa política
de atracción con esmero: mas después de alcanzar noción fija de cómo
se interpretaba entre quienes mane-
jaron sólo la *política solapada*, la propia conciencia nos marcó el deber de
mirar con justos recelos cuanto pro-
cediera de nuestros hipócritas enemigos. El mayor ó menor grado de
esos recelos era lo que diferenciaba

los criterios, y aunque no há lugar á duda de que el del Capitán general Sr. Marqués de Peña-Plata concorda-se esencialmente con el que sosteníamos la mayoría de la opinión peninsular en Manila, parecíanos distanciado uno de otro, y creíamos ver lentitudes en los procedimientos para el castigo de los rebeldes, que vehementemente queríamos nosotros fuese rápido. Era explicable el hecho por la diferencia de responsabilidades.

2.º *Más tropas peninsulares. Otra vez Rizal en Manila.* — La llegada del vapor *Colón* aumentó el día 3 de ¡Noviembre nuestros recursos: traía 1.383 hombres (un batallón de cazadores, un escuadrón de caballería y una batería). La ovación que se tributó á estas fuerzas fué, cual la otorgada á las anteriores, inmensa.

Reclamado por el Juzgado militar, en el mismo vapor *Colón* llegó á Ma-

nila el doctor Rizal, que poco antes
había sido enviado á España á disposición del Gobierno de la metrópoli por orden del Sr. General Blanco,
dada en momentos en que, á no dudar, la permanencia en Manila del
gran agitador tagalo era un estímulo
para los insurrectos; constituía grave riesgo, diariamente anunciado.
El acérrimo enemigo de los españoles, á quienes comenzó á injuriar
desde la primera página, línea tercera, de su *Noli me tangere*, para terminar organizando la «Liga Filipina»,
con cuyos procedimientos, como con
los del Catipunan, debían aquéllos
ser todos degollados, bien podía observar, aunque estuviese aprisiona-
do, los horribles efectos de la propaganda que había consumido tantas
actividades de su cerebro en congestión crónica. Oyendo, según oía, desde su encarcelamiento el continuo
estampido de nuestros cañones y el
nutrido fuego de fusilería; observan-

do, aunque á través de las rejas de su prisión, el movimiento de entrada y salida de tropas; la conducción de convoyes de heridos por la grosera metralla de las lantacas rebeldes, las balas explosivas y las lanzas envenenadas de los crueles sectarios por él más que por nadie congregados á millares para destruir la Patria y la Religión y proclamar una salvaje independencia, podía Rizal holgarse de que su consejo dado á Valenzuela no hubiese sido cumplido y de que Andrés Bonifacio, el presidente efectivo del Catipunan, hubiera producido el levantamiento del país aun prematuramente.

Rizal aguardaba en la Fuerza el fallo de los tribunales de Justicia militar, y aun cuando nadie, conocedor de la constante demoledora obra ejecutada por agitador tan fanático, pudiese dudar ni dudaba de cuál había de ser la justa sentencia que aquéllos dictasen, mostrábase el tris-

temente célebre propagandista tagalo confiado de la influencia que ejer-
ciera en su calidad de jefe de la rebelión: en sus incomparables vani-
dades, jamás creyó que los rigores de
la ley pudieran caer sobre él.

3.° *Los rebeldes de Bulacán. Combates en las márgenes del río Nangua y en
San Mateo. Otros encuentros y diferentes sucesos y noticias.* — La política solapada en Bulacán, no podía alcanzar mayor altura su hipócrita refi-
namiento: hubo allí capitán municipal que por su conducta durante
los dos primeros meses de insurrección, habíase visto condecorado por
su lealtad con la medalla del Mérito
civil: había ido á Manila para rogar
á los RR. Curas párrocos de algunos pueblos, que se habían retirado
al convento de San Agustín, acudiesen de nuevo á sus parroquias, en
donde nada malo habría de aconte-
cerles. Y, en efecto, á las 24 horas

aquel taimado munícipe alzábase en armas capitaneando de 400 á 500 hombres, y se lanzó al campo, apoderándose de cuantas armas existían en el Tribunal de su pueblo en aquella zona; casi todos los principales que manifestaban adhesión á la causa de España, con más insistentes exterioridades, resultaban favorecedores de las partidas rebeldes y reclutadores de las mismas. En toda la provincia podía observarse y sospecharse el hecho, pero muy especialmente en Polo y en Bocaue, en Agonoy y en Pombón, y en muchos barrios importantes, cual el de Pamaranán, de Malolos: las partidas formadas allí se comunicaban muy fácilmente cuando merodeaban por la costa; pero también les bastaban cuatro ó cinco horas para reunirse en número no menor á veces de 5 ó 6.000 y acudir á los llamamientos que desde la sierra de Angat con frecuencia les dirigían los cabecillas Jiráldez y Llanera. Para concentrar aquellas fuerzas insurrectas emplean los rebeldes dos señales: la más general es la de encender hogueras á 6 ú 8 metros de distancia una de otra, dándose los llamados como advertidos, encendiendo otras en el mismo sentido, mientras con toda presteza procuran congregarse para acudir al cumplimiento de lo que se les manda por tal medio. También usan para igual fin el de los globos cautivos, que sólo tienen en suspenso durante media hora. En Cacarón de Sile, refugio de los bandidos de mayor triste fama en las provincias de Manila y Bulacán, y lugar del que volveremos á ocuparnos, hacían los rebeldes mucho uso de estos globos.

Las partidas insurrectas, además de atrincherarse en las posiciones más ventajosas de la comarca, hacían frecuentes vandálicas correrías; ellas descarrilaron los trenes del ferrocarril de Dagupan; ellas acometieron varias veces el pueblo de Caloocan; ellas eran las que atacaban convoyes de víveres como el que pasaba por Quibiga, entre Malinta y Novaliches; ellas eran las que cayeron sobre Bataan, asaltando Orani y Hermosa y Morón; ellas las que asesinaban y secuestraban y las que se apoderaban de los ganados de la comarca, y ellas eran y son las que, después de haber cometido tanto crimen, para exaltar los sentimientos de los indígenas contra los españoles, quienes sólo en buena lid pleitean, pretenden llamarse y se titulan «bibin ta na satin mañga capatit» (vengadores de sus hermanos). Entre la sarta de embustes y supersticiones que manejaban los conspiradores de Bulacán para inscribir adeptos, era muy empleada la absurda especie de que los indios que eran aprehendidos por los españoles eran inmediatamente conducidos á remotas tierras, para destinarlos allí á servir de bestias de carga, y decían que mientras esto se efectuaba (el traslado de residencia) se les taladraban las manos para unirlos de dos en dos por medio de grueso alambre que les hiciera más difícil, si no imposible la fuga : así levantaron pueblos enteros : con calumnias tan infames como inverosímiles por su propia expresión. ¿Cuántas almas había en Angat el 20 de Noviembre al entrar en aquel pueblo importante una de nuestras columnas? Cinco personas : el coadjutor de la parroquia, el capitán municipal, otro capitán pasado, el juez de paz, una mujer llamada *Cabeza* Ana y un individuo de la principalía.

Y la reconstitución en éste, como en todos los pueblos en que tal acontecía, hacíase difícil. Aun con el tino con que procedió en Angat el jefe de la columna á que nos referimos, fuerza destacada para aquel pueblo, á los tres días de permanencia, no se pudo obtener la vuelta al mismo más que de 32 vecinos, y hasta un mes después, el 8 de Diciembre, no se logró la vuelta á sus hogares de unos 400 habitantes de los que poblaban Angat.

Cuentan los rebeldes de Bulacán recurso poderoso para esquivar con éxito los encuentros con las tropas que les persigan: tal es los montes de San Mateo; cuanto se diga para afirmar lo abrupto de aquella cordillera es poco; un ciento de hombres, disciplinados no más, sin que lleguen á ser valerosos, pueden detener un Cuerpo de ejército que se destine á darles caza; en estribaciones de aquella cordillera, el valiente sargento Valverde, del pueblo de Montalbán, se batió con nueve guardias civiles y de meseta en meseta, hasta llegar á San Mateo, contra dos ó tres mil hombres de Llanera, entre los cuales lo menos iban 200 soldados indígenas desertores. Valverde operó aquel movimiento importantísimo, causando muchas bajas á los insurrectos, mientras entre los suyos sólo un herido los disparos de aquéllos le causaron; sin más detrimentos pudo llegar á San Mateo, en donde sufrió asedio que le puso el enemigo; mas ya allí había otro destacamento, aunque pequeño, de fuerza peninsular, y pudieron resistir el ataque hasta que la columna del bizarro teniente coronel Oloriz los salvó, dispersando las tan numerosas fuerzas rebeldes por Llanera capitaneadas. El 2 de Noviembre, y habiendo continuado su marcha la columna Oloriz, viose aquella pequeña fuerza destacada en San Mateo sitiada por 500 insurrectos allí enviados para impedir el paso obligado del río Nangca para ir á Mariquina: el cabecilla Llanera construyó una trinchera seguramente de 400 metros de circunferencia con dos tambores ó reductos en aquellos lugares, y en la carretera otro parapeto de 2 metros de elevación, construído con piedra sin labrar y con pilones de los que sirven para la limpieza del palay: una trinchera de camino cubierto dominaba la trinchera circular, y por aquellos medios protegidos quedaban los 500 hombres enviados por Llanera á aquella interesante posición.

Con el fin de auxiliar á Valverde y sus valerosos compañeros de armas, salió el capitán Arroyo con una columnita compuesta de 60 cazadores del batallón núm. 5 expedicionario y 12 guardias, llegando á las diez de la mañana del día señalado al paso del río Nangca de que se trata: una vez allí, rompió el fuego, que nutridísimo sostuvo durante siete horas, y cuando á las cinco de la tarde se halló sin municiones y con heridos que precisaban cristiana técnica asistencia, emprendió ordenada retirada á Mariquina, siendo tenazmente hostilizado por el enemigo, al cual causó muchas bajas. El capitán Arroyo pidió refuerzos á Manila; mas antes de que llegaran aun sostuvo el día 4 nuevo victorioso combate contra las mismas posiciones rebeldes, aunque con tan escasa fuerza no las tomase. Con tal problema en aquella zona, el Capitán general ordenó la salida de toda la fuerza disponible del regimiento núm. 70 para que en San Juan del Monte se pusiera á las órdenes del coronel Pintos y de éste recibiera instrucciones. El distinguido coronel, que tanto ha trabajado en la actual campaña, unió á aquella fuerza mandada por el capitán Iñigo y los tenientes Bonilla é Ibáñez, compuesta de 85 individuos de tropa, incluso los gastadores, unos 10 ó 12 artilleros de aquel destacamento, y el capitán D. Ramón Dorda, del mismo Cuerpo: más antiguo que el de infantería Sr. Iñigo, tomó Dorda el mando de aquella tropa constituída en columna destinada á procurar á toda costa franquear el paso del Nangca y salvar el destacamento de San Mateo. La pequeña columna marchó inmediatamente á cumplimentar orden tan apremiante, y reforzada por último con 35 cazadores, 12 guardias y 6 cuadrilleros, después de conferenciar con el capitán Arroyo, quien les informó del número y posiciones del enemigo, hizo rumbo directo hacia las mismas. ¡142 hombres iban á batirse contra 6.000!....

Cuando aquellos pocos se aproximaron á estos muchos, fuertes en los atrincheramientos que tenían hechos, nuestro puñado de soldados se dispuso al combate con arreglo á los más sabios preceptos para librarlo. Abrazáronse los dos capitanes al acometer tamaña empresa, y la columna marchó en esta forma: el capitán Iñigo con el teniente Bonilla y 32 hombres formaban la extrema vanguardia; el capitán Dorda con 90, el

centro, y el teniente Ibáñez, con 20
hombres, cubría la retaguardia y la
impedimenta. A la salida del barrio
de Bayambuyam (lugar y sitio en
que tan infamemente fueron asesinados los jóvenes Chofré y Morris),
ya halló esta columna una vanguardia enemiga que comenzó á hostili-
zarla; pero con tanto denuedo la del
capitán Iñigo atacó á aquélla, que
huyó á la desbandada, en dirección de
sus atrincheramientos sobre el Nangca. La columna Dorda llegó al río,
venciendo los obstáculos de vegetación que en grandes masas intercep-
taban el camino: en la terminal del
mismo, el fuego de fusilería y lantacas descargado contra la columna fué
nutridísimo: á él contestaban briosamente los nuestros, cuyas guerrillas, y asimismo las reservas, estaban tumbadas por no ser posible que
nadie estuviera allí de pie; después
de dos horas de lucha muy dura, se
acordó que el capitán Iñigo, el cual,

por sus servicios en la Guardia civil,
conocía á palmos aquel terreno, desplegase por el ala derecha con el fin
de tomar el primer tambor y poder
batir de flanco las trincheras y parapetos, mientras Dorda, con el teniente Ibáñez, se batían de frente. Cuando Iñigo dispusiera avanzar á la bayoneta, el resto de la columna había de
hacer lo mismo en el sentido en que
venía batiéndose, es decir, de frente.
Así se hizo, y el éxito fué colosal.
Aquella masa rebelde se descompuso
de tal manera con aquel ataque tan
perfectamente calculado, que la columna asaltó todos los parapetos como un solo hombre: no puede decirse quién fué el primero, porque por
igual concurrieron todos al memorable hecho que sintetizamos. Hubo
un instante en que el valeroso capitán Dorda creyó muerto á su compañero el también intrépido capitán
Iñigo, pues un rebelde se encaró con
éste disparándole una escopeta de

dos cañones fuego central; pero como al mismo tiempo, con mayor fortuna, el capitán Iñigo disparó su rifle contra aquel rebelde, éste fué el que cayó muerto, resultando ser un cabecilla, desertor de la Guardia civil. La columna recogió muchos pertrechos, y para no dar lugar á que el enemigo se rehiciese, á paso ligero le persiguió.

Al aproximarse nuestros soldados al pueblo de San Mateo, llenos de júbilo, victoreando con entusiasmo á la Patria y al Rey, oyeron fuerte tiroteo, y creyendo procedía de fuerzas insurrectas que atacaban aquella localidad, se destacó una avanzada compuesta de la gente que más podía correr, y á cuyo frente fué el teniente Bonilla: la pequeña fuerza exploradora se detuvo ante un gran incendio que los rebeldes habían producido á la entrada de San Mateo, con el fin de obligar á la columna á que tomase la derecha, ocupada por casas de materiales fuertes, llenas de insurrectos, los cuales la habrían fusilado si, no advertidos los nuestros de la infame treta, siguen aquella dirección alevemente indicada.

Por entre las llamas pasó la columna Dorda, apareciendo al otro lado del incendio un grupo de 200 hombres vistiendo uniformes de infantería y Guardia civil: gritaban ¡viva España!, y llamaban por su propio apellido al teniente Bonilla; pero en los instantes en que haciendo cesar el fuego por creer que eran de los nuestros, hubieran éstos caído en poder del enemigo, vivo fuego desde el Convento y voces del sargento Valverde, que encerrado en el mismo hacía tres días se defendía heroicamente, hicieron conocer el engaño: atacando las fuerzas de Dorda é Iñigo á los rebeldes, los hicieron retirar hasta la tercera calle paralela al Convento, en donde aun quisieron los de Llanera rehacerse, luchando

durante algún tiempo con empuje;
inútil esfuerzo: vencieron los nuestros en toda la línea; abriéronse las
puertas del Convento; Valverde y su
puñado de guardias estaban en salvo;
de las setenta horas que habían sufrido el asedio, treinta las soporta-
ron sin comer y sin agua siquiera:
el pozo de que el Convento se surtía
hallábase situado á 6 metros de una
trinchera rebelde. En lo más recio de
la pelea se vió que de la mejor casa
del pueblo sacaron á Llanera en una
camilla, para que no cayese en poder
de nuestra tropa. Probablemente este
cabecilla, que es de los más listos
que tienen los tagalos, había sufrido
algún ataque de su padecimiento
crónico. Llanera es un hemotoico.
237 muertos bien contados causó al
enemigo la pequeña columna Dorda;
éste regresó á Manila con los cazadores, Guardia civil y artilleros unidos en Mariquina á la infantería de
Iñigo, quedando este capitán con la

fuerza de su regimiento en San Mateo; Iñigo condujo los heridos de la columna á Mariquina; destruyó los atrincheramientos insurrectos; recogió armas y municiones; quemó los cadáveres en descomposición todos peligrosa, y al día siguiente uníase el valiente Iñigo con la fuerza de su mando á la columna del insigne comandante López Arteaga, quien, persiguiendo al enemigo, despejó rápidamente todas las inmediaciones de San Mateo y provisionó todos los destacamentos.

El cablegrama en que el Sr. General Blanco daba cuenta al Gobierno del importante combate sobre el Nangca y San Mateo era tan encomiástico cual merecía la conducta de nuestras tropas.

¿Era este bizarro glorioso comportamiento caso insólito ó poco frecuente? No por cierto. Tal conducta ha sido, es y será de seguro por siempre entre soldados españoles la pauta para cumplir los deberes que imponen la Patria y el Rey; la honra y la justicia.

En estas mismas fechas, el Capitán general felicitaba calurosamente á los generales Aguirre y Jaramillo y fuerzas á sus órdenes, por los triunfos señaladísimos logrados en cuantos combates se libraban en las líneas del Bañaduo y Pansipit y en el resto de sus demarcaciones.

Los asaltos y los robos de ganado en casas y haciendas de peninsulares é indígenas pudientes, sobre todo, se sucedían con frecuencia; pero nuestras pequeñas columnas y patrullas castigaban tales crímenes con dureza, sin reparar el número de quienes los cometían, y así tenían á éstos á raya.

En Cabuyao, unos pocos cazadores al mando del teniente Sendra batían, hasta poner en precipitada fuga, grupo rebelde de diez veces más fuerza numérica.

El teniente Salcedo, al frente de su fuerza, un sargento, un cabo, un corneta y 30 soldados, batió por completo á más de 200 rebeldes en las inmediaciones de Malinta. A quema ropa recibió un balazo en el antebrazo izquierdo aquel distinguido oficial. En el mismo día, el Teniente coronel Pintos, con 70 hombres, batía, causándoles gran número de bajas, á gran número de rebeldes, que en precipitada fuga pasaron el puente Zapote para internarse en Bayanán.

En Binangonan 10 guardias civiles desertaron con armas y bagajes al enemigo y se unieron á un grupo de unos 250 ó 300 paisanos capitaneados por el ex gobernadorcillo de Cavite, Atilano Santana; constituyó éste con tales elementos una partida.

El capitán Durán, que mandaba la Guardia civil de Pasig, á pesar de su mal estado de salud, reunió una sección de la citada fuerza y otra de infantería del 70, y salió en persecu-

ción de la misma; después de anoche-
cido llegó á Cavite, y recorriendo la
calle principal de aquel pueblo, al
aproximarse á la terminación de la
misma, en donde está instalado el
Tribunal, fingiéndose los rebeldes
fuerzas nuestras, al grito de ¡viva España! invitaban á Durán á acudir
allí; cuando estaban las fuerzas de
Durán casi á boca de jarro de los insurrectos, el fuego nutridísimo que
éstos hicieron nos causó una por-
ción de bajas; al verse el capitán
Durán envuelto por fuerzas tan superiores, atacó á la bayoneta al Tribunal, apoderándose de él, y desde
allí respondía con formidable energía al fuego que otros grupos le dirigían desde el Convento y desde el
puente; los rebeldes abandonaron
estas dos posiciones, dejando gran
rastro de sangre; retiraron sus bajas; pero, aun desconociéndolas,
debe afirmarse fueron muchas. Por
esta acción fué Durán ascendido á

comandante y se le formó el juicio contradictorio para la Cruz de San Fernando; mas no pudo disfrutar largo tiempo estos honores justísimos, pues Durán, víctima del catarro intestinal común que sufría, exacerbado con los trabajos de su activa campaña, murió.

Esta partida de A. Santana quiso tomar Morong y Antipolo. Durán y la guerrilla de Ricoy lo impidieron situándose en el pueblo, por lo cual retiráronse aquéllos á los montes de Bosoboro. El capitán Durán los persiguió después, librando un combate después del cual aquellos rebeldes dirigiéronse á Bulacán para unirse á las gentes de Llanera.

Por todas partes mucho mal; pero en todos lados mucha proeza.

Era también caso halagüeño observar en general la conducta de los mestizos *españoles,* no sólo apartándose de la rebelión infame, sino distinguiéndose muchos de ellos por su

valeroso comportamiento en lucha
abierta en pro de la causa de la Patria. Así como en el levantamiento de
Silang el mestizo español Caraman-
zana, uniéndose á la Guardia civil,
se batió contra el pueblo todo suble-
vado, hasta que heroicamente sucumbió en la lucha, en otras localidades imitaban los mestizos españoles proceder tan leal.

En Santa Rosa, por ejemplo, el
mestizo español Pedro Perlas, desde
el momento en que la insurrección
estalló, organizaba con ahinco á los
vecinos de aquel pueblo para la defensa del mismo, y con armas que se
procuró, muchas de ellas cogidas á
los mismos rebeldes, de tal suerte se
dispuso, que aun cuando muchas veces lo intentaron, jamás pudieron los
insurrectos entrar en Santa Rosa.

En San Miguel de Mayumo, invitado insistentemente por Llanera el
mestizo español Gregorio Márquez
para que se le uniese, éste le contes-

tó valientemente que «él no se unía á los infames».

José Juan Serapio, mestizo español de más de setenta años, fué el guía más eficazmente auxiliar de la columna Arteaga y contribuyó mucho á que el pueblo de Santa María se mantuviera en la obediencia.

Ceferino de León, también mestizo español, abogado, en la misma provincia de Bulacán, tan movida desde el principio, pero sobre todo después de las acciones de Binacayán y Noveleta, que quisieron los conspiradores explotar, como si por el hecho de sufrir los nuestros muchas bajas el triunfo hubiese sido de aquéllos, se mantuvo siempre en honrada, decidida, patriótica conducta, ayudando al Cura párroco de aquel pueblo, al M. R. P. Fr. Joaquín García, quien no quiso abandonar ni un solo día su parroquia, amenazada de continuo por Llanera.

Otros muchos nombres pudiéra-

mos y debiéramos consignar; mas
con los ejemplos citados basta para
apreciar el hecho en general, de lo
diferente que ha sido el proceder de
los mestizos españoles del de los
otros elementos etnográficos.

La guerrilla de voluntarios de San
Miguel, que venía prestando excelentes servicios, recibía estos días una
buena compañera: la de San Rafael,
por el Sr. Inchausti iniciada, y la
cual, con el vapor *Napindan*, comenzó á prestar los servicios de vigilancia costera que tan provechosos resultaron.

Recibióse en Manila el 8 de Noviembre la noticia de que el día anterior 7 había embarcado en el vapor
León XIII el general Polavieja con dirección á estas islas; le acompañaban los generales Lachambre, Zappino, Galvis y Cornel; aquel barco
traía además á bordo cuatro compañías de cazadores y dos de infantería
de Marina.

El Catipunan del Norte (según los sellos marginales de las comunicaciones de los rebeldes á quienes nos referimos) trabajaba activamente en Bulacán: conminaba por aquellos días á la principalía de San Rafael con asaltar el pueblo si sus vecinos todos no se unían á los rebeldes: la principalía rechazó la propuesta, y unida á su párroco el R. P. Fr. Pedro Quirós, formando una sección de 70 individuos, dispusiéronse á resistir; eran tantos los insurrectos por aquellos contornos, que para batirse los leales de San Rafael con más éxito replegáronse sobre Balignag, y desde allí, pasando por Quingua la columna al mando del capitán D. Fernando Aurich, los dispersó con gran número de bajas, pero habiendo destrozado los rebeldes, en su retirada tumultuosa, los barrios de Sabung y Buenavista. Grandes plácemes mereciera la conducta de la columna Aurich y la del R. P. Cura párroco y principalía de aquel pueblo.

La columna Arteaga, compuesta de 200 hombres en aquellos momentos en que desde hacía tres días operaba contra las numerosas partidas que pululaban por San Mateo, libró en las vecindades de Montalbán fiero combate contra 3.000 insurrectos á las órdenes de Llanera y Pedro Francisco. Además de los muchos que consiguieron llevarse los rebeldes, 60 cadáveres de éstos dejaron abandonados en el campo de tan reñida acción. Por complicados en los actuales sucesos, y presentando todos las señales del pacto de sangre, entraban en Manila en estos días cientos de cientos de presos; se destituían médicos titulares indígenas de algunas provincias próximas y lejanas de Manila; era fusilado por delito de traición el semaforista de Punta Santiago, Honorato Onrubia, y se recibían noticias de muchas salvajes trope-

lías realizadas por los insurrectos tagalos, y todas tan alevosas cual aquella del fuerte Victoria, en que 100 tagalos acuchillaban á 5 castilas, de-
fendiéndose éstos tan valientemente
como lo hicieron: un ojo, una pierna
y un brazo perdió allí el capitán Sánchez Arrojo.

4.º *Sale á operaciones sobre Cavite
el Capitán general D. Ramón Blanco.
Binacayan y Noveleta.*—Enormes eran
los trabajos que pesaban sobre el Capitán general en Manila; en su residencia accidental de Santa Potenciana se veía en todas horas del día y
de la noche, sin excepción, el bullir
continuo de los hombres de guerra
que iban y venían á dar parte de los
hechos acaecidos y á transmitir órdenes: todo actividad y apresto.

El Capitán general Sr. Blanco salió para Cavite el día 7. Quería, sin
duda, dirigir personalmente las importantes operaciones que era me-

nester llevar á cabo en tal provincia;
ya lo hemos dicho, se trataba de re-
conquistarla. Pero ¿eran ya bastantes los medios acumulados? ¿Había
llegado la hora de que el plan general de ataque contra la zona insurrecta, formado por el General en
jefe de nuestro ejército en Filipinas,
se desarrollase en toda su plenitud?
¿Iba el general Blanco á Cavite obedeciendo al trazo de su propio croquis, ó, siendo el Marqués de Peña-
Plata hombre de temple tan valeroso
como conciliador, era allí llevado
algo prematuramente, por nuestras
hermosas patrióticas vehemencias,
sentidas y expresadas sin consultar
las reglas del arte militar? No lo sabemos, ni cualesquiera que fuesen
nuestras relaciones afectivas y buro-
cráticas con el Sr. General Blanco,
hubiéramos podido averiguarlo: á
éste, el deber le habría impuesto si-
lencio absoluto; á nosotros, los res-
petos nos vedaban preguntarle. El

hecho fué que al día siguiente de la llegada del Sr. General Blanco á Cavite se celebró una solemne Misa de campaña, y á las veinticuatro horas se libraron dos formidables combates sobre Binacayan y Noveleta.

Fueron simultáneos: al emprenderse la operación sobre Binacayan, se cumplimentaba también la orden de que otra columna atacase las posiciones insurrectas de Noveleta.

Binacayan. — Para lograr la toma de las posiciones enemigas de aquel lugar, se formó una columna compuesta de 1.612 hombres entre infantería de Marina, dos compañías indígenas del 73, una de artillería y 60 hombres de ingenieros de la sexta compañía del único batallón que de esta fuerza hay en el ejército de Filipinas.

Esta columna iba al mando del coronel D. José Marina Vega, bizarro jefe cuya hoja de servicios correspondientes á la campaña actual de Filipinas bastaría para su perpetuo enaltecimiento.

La vanguardia se encomendó al Teniente coronel Olóriz.

Principió el ataque: los barcos de guerra disparaban sus cañones contra Bacoor, Cavite Viejo y Noveleta; la escuadrilla de botes frente á Binacayan rompió sus fuegos contra las trincheras enemigas, defendidas en aquellos momentos por gran número de rebeldes. La columna, en tanto, aguardaba en los polvorines de Binacayan hasta que la señal de «alto el fuego», dada á las fuerzas navales, permitiese el avance por la playa: iba, al operarse éste, en la extrema vanguardia una sección de tiradores del regimiento 73, al mando del valiente capitán D. Emilio Guarido y Castelló, ya cubierto de gloria antes de cumplir veinticinco años, y á esta fuerza seguía una compañía del 73 y la de ingenieros expresada; millares de rebeldes, ocultos durante el bombardeo inicial de este combate tras de sus trincheras y parapetos, hiciéronse ver á la aproximación de la columna; y cuando la vanguardia de ésta no distaba más de 40 metros de los atrincheramientos rebeldes, una horrible cerrada descarga mató al capitán Guarido, malogradísimo soldado á quien la Historia militar y patria consignará página de honor y de grandeza, cual si hubiera llegado á conquistar las más altas jerarquías: las tenía al frente para obtenerlas, según los principios de la más estricta justicia.

Roto el fuego por el enemigo, inmediatamente la guerrilla de vanguardia extendió el suyo, y con la compañía del 73 desplegó por el ala izquierda, quedando en guerrilla también sobre la playa la primera sección de ingenieros, al mando del teniente D. Luis Blanco. El fuego de fusilería y lantaca sufrido por esta sección fué tan vivo, que experimentó numerosas bajas, incluso la de su valeroso jefe el teniente Blanco, el cual cayó gravemente herido de bala en el brazo izquierdo: aun así, tan distinguido oficial continuó mandando á sus soldados todo lo que hacer debían hasta que se les acabaron las municiones.

Esta columna disponía de una sola pieza de vieja artillería: un cañón corto de bronce, á cargar por la boca y en mal estado; hubo que recortar los tetones á los proyectiles para que pudieran entrar por la boca de aquel cañón: pero debe advertirse que aun cuando poco pudiera esperarse de aquel instrumento de guerra tan anticuado, el cabo y los artilleros que lo servían no cesaron un instante de hacer fuego; lo que aconteció fué que no abrieron brecha alguna. Mientras se sostenía muy vivo el fuego de fusilería por ambas partes contendientes. el coronel Sr. Marina ordenó al teniente de ingenieros

26

D. Mariano Campos construyese las escalas de asalto, valiéndose para ello de los ponos de cañas que á granel se elevaban en aquellos lugares y que frondosos se erguían entre la cotta atacada por la sección Blanco y la trinchera separada de aquélla por el foso, contra la cual peleaba la fuerza indígena del 73. Hora y media de duración llevaba el combate, y dispuestas las escalas para el asalto de la cotta de Binacayan, se mandó el ataque á la bayoneta; unióse á la vanguardia una compañía de infantería de Marina que hasta entonces no había tomado parte en el fuego, y bajo la protección del de fusilería que produjo la compañía de artilleros peninsulares, desplegada por el ala derecha, se verificó el glorioso asalto y toma de la expresada cotta. De los varios juicios contradictorios resultó que el primer teniente de infantería de Marina Sr. Sánchez Barcáiztegui fué quien la ganó primero,

coronándola al grito de ¡viva España! Y una vez coronada aquella cotta,
la segunda sección de ingenieros, la
mandada por el teniente Sr. Campos,
y el resto de la fuerza que había tomado parte en el asalto, rompió el
fuego contra el gran número de casas diseminadas que por allí había y
contra los fugitivos que se replega-
ban sobre Cavite Viejo, ó sea sobre
las trincheras de su retaguardia. En
este estado del combate oyóse el toque de «alto el fuego», y se dió comienzo á la destrucción de la cotta
tomada al enemigo, destruyéndose
los bahais y las embarcaciones menores que había sobre la playa; se
demolió también una casa recientemente construída por D. Francisco
Roxas; aquella casa era tan sólida,
que constituía verdadero reducto de
seguridad; la defendía de un lado el
mar y en las otras direcciones una
trinchera en forma de zigzag, siguiendo las sinuosidades de la costa

por Binacayan. Unas 150 casas rebeldes serían las destruídas y no
menos de 200 las bancas que se in-
utilizaron, por ser de las que el enemigo se servía. Fueron muchísimas
las bajas que éste sufrió; no pudieron contarse, porque demostraban
gran interés en recoger sus muertos
y heridos; pero las nuestras también
fueron muy importantes: además del
capitán Guarido y de los tenientes
Domínguez y Flores, perdimos hasta
70 más entre oficiales é individuos
de tropa. Jornada gloriosísima, pero
triste.

Cuando no estaba aún destruída
por completo la cotta á que nos hemos referido, tomada tan heroicamente á los rebeldes, y echándose la
noche encima, el coronel Marina
consideró prudente, y así lo era, sus-
pender el movimiento de avance
hasta nueva orden, rehacer la cotta
aludida, invirtiendo los frentes de
ataque, con objeto de dejar allí dos

compañías que defendieran la posición ganada, y disponer que el resto de la columna se retirase á pernoctar en los polvorines de Binacayan. La columna fué en esta posición grandemente molestada, pues durante toda la noche del 9, y hasta la madrugada del día siguiente, numerosas fuerzas rebeldes de Bacoor, Imus y Cavite Viejo, acompañadas de músicas y cornetas, y produciendo gritería infernal, similar, según lo que hemos leído, á la que los marroquíes sostenían durante los combates, y sobre todo al iniciarlos, en nuestra gloriosa guerra de África, hicieron activísimo fuego sobre nuestra columna Marina en Binacayan acampada; aquel fuego nutrido y tan sostenido, sin embargo, no causó más que dos bajas: un soldado y un chino cargador de la fuerza de ingenieros. Convencidos los rebeldes de lo infructuoso allí de su acción, y con muchas bajas en sus filas, se retiraron, dirigiéndose contra la cotta perdida por ellos el día anterior; tampoco lograron su empeño.

La columna Marina precisaba por lo menos, para continuar con éxito sus operaciones en aquella zona, dos piezas de montaña; aunque en el campamento se tenía noticia de que el coronel Marina las había pedido con urgencia y de que iban á llegar, esperándolas inútilmente, se retardó la salida de los polvorines para continuar el iniciado avance en el día anterior.

Á las siete, poco más ó menos, de la mañana del 10 salió la columna de Binacayan en demanda de la cotta horas antes tomada; en ella organizóse la fuerza para avanzar: infantería del 73 y fuerza de infantería de Marina, con la sección de ingenieros, al mando del teniente coronel don Marcelino Muñoz, de los capitanes Sevillano y Valderrama y del teniente D. Mariano Campos, constituían la vanguardia de la columna Marina en aquel día glorioso y tremendo para la misma.

En efecto; á las ocho de la mañana empezó el avance por la calzada que conduce á Cavite Viejo y que casi sigue la dirección misma de la playa. Recorridos por la guerrilla de vanguardia exploradora unos 100 metros, y viendo el teniente coronel Muñoz, de infantería de Marina, que no se presentaba enemigo alguno, pero que á muy poco trecho se veía una inmensa trinchera y gran número de casas ó bahais convenientemente dispuestos en torno de aquélla, ordenó á la guerrilla citada hiciese unos cuantos disparos para cerciorarse si el enemigo estaba ó no parapetado; sabia medida de previsión que tendía á conocer desde cierta distancia si había que reñir ó no combate antes de situarse en punto en que hubiera de hacerse fuego á boca de jarro sobre los rebeldes que montasen la trinchera de que se trata. Los disparos de la guerrilla exploradora fueron débilmente contestados; mas con ello ya se averiguaba la presencia del enemigo en aquel lugar, y por consiguiente, se ordenó que una compañía de infantería de Marina se desplegase por el ala derecha, al mismo tiempo que otra del 73 se desplegaba por el ala izquierda. Así fué avanzando aquella fuerza con el cuerpo de la columna, hasta que llegó á muy cerca del recodo que forma la calzada de Binacayan á Cavite Viejo é Imus; y creyendo el enemigo estar en condiciones ventajosas ya para combate, desde todas las casas amparadas por los atrincheramientos, y desde estos mismos, rompió en verdadera lluvia de proyectiles contra los nuestros, causándonos numerosas y sensibles bajas.

Agrandando su radio de acción,

pronto llegó toda la columna al recodo aludido, y á los quince ó veinte
minutos de lucha dura, se dispuso
un ataque á la bayoneta, cumpli-
mentándose tal toque á la carrera,
yendo la sección de ingenieros á la
cabeza del cuerpo de la columna y
siguiendo con éste por la calzada
misma. Tan intrépido movimiento
de avance hizo que la cabeza de la
columna rebasase las guerrillas que
á la misma señal de ataque á la bayoneta habianse desplegado por el
bosque y avanzando de igual modo,
según orden del malogrado comandante de infantería de Marina don
Norberto Maturone, muerto gloriosamente momentos después.

En aquel avance cayó gravísimamente herido por los infames proyectiles de una lantaca el teniente de
infantería de Marina también don
Hermenegildo Linaje, el cual hubo
de sufrir la amputación del brazo izquierdo, siendo maravillosa la con-

servación de su vida, por la cual con tanto éxito luchó el esclarecido médico militar D. Casto López Brea.

La intensidad del fuego enemigo producido por millares de insurrectos que descargaban proyectiles de fusiles Maüsser, Remington, de escopetas de caza y hasta de salón, metralla de clavos, de hilo telegráfico y balas explosivas, unida á la del que nuestros soldados producían, convirtió aquel lugar, ameno poco antes, en sitio de desolación y muerte; las empalizadas de cañabojo con que construyeran los rebeldes sus parapetos, los ponos que quedaban erguidos con otras vegetaciones altas y de arbustos y rastreras, todo quedaba allí triturado y desparramado por aquel ensangrentado suelo: ni los unos ni los otros podían recoger con la presteza que el caso requiere las bajas sufridas en aquella descomunal pelea, en la cual hubo compañía nuestra que perdió las dos terceras partes de su fuerza. *Todos los jefes y oficiales* de la columna cayeron muertos ó heridos, desde el coronel Marina, ya general, hasta el segundo teniente más moderno de aquella fuerza, que por cierto sólo hacía cuarenta y ocho horas que había experimentado la satisfacción de vestir por vez primera las honrosas insignias de tal empleo: el aludido oficial era el Sr. Borrajo, que allí perdió su vida, gloriosamente sacrificada á la causa de la Patria.

Allí murió también el comandante Sr. Maturone, el cual, al ir en auxilio del capitán D. Andrés Sevillano, herido gravemente, recibió tan certera descarga sobre el pecho, que cayó en redondo, subitáneamente muerto. En reducidísimo círculo fueron asimismo heridos por segunda vez el coronel Marina, y además el teniente coronel Muñoz, y el capitán de Estado Mayor Gueriguet y el teniente de ingenieros D. Mariano Campos; fué éste el último herido que hubo entre los jefes y oficiales de aquella columna valiente y sufrida; á boca de jarro dispaŕáronle al teniente Campos un lantacazo que apenas le dejó tejido ileso en todo el costado izquierdo.

Allí cayó gravemente herido el teniente Yanguas, del 73, y sufrió verdadero destrozo de una mano, por un metrallazo casi amputada, el teniente coronel Olóriz.

Allí fué herido el capitán Salas, de ingenieros, y los tenientes del 73 y de infantería de Marina Sres. Hernández y Valdés. Sentimos no recordar los apellidos de los demás oficiales que con tanta decisión y arrojo lucharon allí; mas ya hemos dicho con tristeza, y con amargura lo repetimos: todos los jefes y oficiales de la columna quedaron fuera de combate, á excepción del capitán Valderrama, cuyo sombrero resultó taladrado por proyectil que no le hirió por fortuna en un solo cabello: fenómenos

de las balas, que los ofrecen inverosímiles en sus trayectorias.

Muertos ó heridos todos los jefes
de esta fuerza, y continuando la lucha, ¿qué había de acontecer? Lo que
necesaria y fatalmente se produjo; y
fué que, envuelta la columna por tupidas masas insurrectas y privada de
dirección técnica, momentánea é ins-
tintivamente retrocedió parte de ella
con poco orden hasta llegar á la cotta
sobre la playa de Binacayan, tomada
el día anterior, y de la que habían salido en el de tan desdichada jornada.
Gracias á la severa energía mostrada
por el coronel Marina *después de herido por tercera vez*, los soldados libra-
dos de la muerte rehiciéronse, y fuertes en aquella cotta pudieron contener el ímpetu salvaje de aquellas hordas, que vociferaban, según hemos
dicho, furiosas, acometiendo con una
superioridad numérica calculada en
20 por 1. Los médicos de la columna,
Sres. Peña y Gil, sintiendo no recor-

dar el apellido del tercero, así como el de la dotación del cañonero *Cebú* y el P. Capellán de aquella columna, distinguiéronse de modo que para todos ellos se tramitó el expediente para la Cruz de San Fernando. Por su denodado proceder en esta formidable acción obtuvo la Cruz roja de primera clase el redactor de *El Español* D. Antonio Navarro, cuya valerosa conducta tan bien supo imitar más tarde su compañero Juan Caro y Mora en Silang.

Noveleta. — Ya hemos dicho que al emprenderse el día 9 las operaciones sobre Binacayan, otra columna habría de dirigirse sobre las posiciones insurrectas de Noveleta. La fuerza que las atacó pertenecía también á infantería de Marina, artillería peninsular, infantería del 73 y una sección de ingenieros, soldados indígenas como es sabido. Esta fuerza tenía por base para operar nuestras trincheras construídas sobre la entrada misma del istmo de Noveleta (500 metros próximamente), sobre los bordes de la laguna de Dalahican. A las seis de la mañana del día 9 se situó esta columna en las trincheras mencionadas. También estaba destinada á sufrir tan rudo combate cual la de Binacayan. Aquella fuerza llevaba á su frente al general Ríos y al coronel de infantería de Marina señor Díaz Matoni; se dividió en dos partes: una de éstas constituía columna de ataque; la otra, de reserva en las trincheras. La columna de ataque componíanla, de cabeza á cola, dos secciones del regimiento núm. 73, pertenecientes á la compañía del capitán D. Eulogio Fernández Latorre, un soldado modestísimo y excepcionalmente afortunado: á 38 acciones y batallas había asistido en Cuba y en la Península cuando entró en la de Noveleta, de que nos ocupamos; en todas ellas su conducta fué encomiada y premiada, aunque no con largueza correspondiente al mérito, cuando es de natural humilde quien lo contrae; mas logró en cambio la fortuna singular de que, asistiendo á tanto hecho de guerra, no haya sufrido un solo rasguño.

A la compañía de Fernández Latorre pertenecía también el teniente Sr. Ruiz Domínguez, el cual, estando desempeñando un cargo civil de emolumentos reglamentarios, que lo hacían más importante, el de Administrador de Hacienda de la Unión, lo abandonó para tomar parte en la campaña en que perdió su vida, sosteniendo heroica lucha en este día. El teniente Valle mandaba otra sección de la misma compañía.

Seguía á esta fuerza la de ingenieros, al mando de su capitán Sr. Angosto y del teniente D. Luis Castañón; después, otra sección de la compañía Fernández Latorre y dos compañías de infantería de Marina, sin que recordemos el nombre de sus jefes.

Así se emprendió la marcha, guiada la fuerza por un gran conocedor del terreno, el Sr. Mier, que pertenece al Cuerpo de Topógrafos, y cuya conducta en aquel día fué calurosamente aplaudida.

La columna Díaz Matoni caminaba en dirección del cuartel de la Guardia civil, edificio tomado por los rebeldes desde los primeros instantes de la insurrección, y en el cual se recordará, hemos dicho, había sido villanamente asesinado el capitán Rebolledo, apoderándose los insurrectos de cuantas armas, municiones y pertrechos había allí.

Para completar el plan de ataque, tomaron en aguas de la bahía línea de combate los cañoneros *Bulusan*, *Leyte*, *Villalobos* y *Cebú*; el primero, mandado por el teniente de navío D. Pedro Sanz, es de porte de 202 toneladas, de segunda clase y monta un cañón Hontoria de 9, 1 de 7 y dos ametralladoras Nordenfelt; el *Leyte*,

27

de la misma clase y de 151 toneladas, mandado por D. Manuel Peral,
dispone de igual armamento que el
anterior; el *Villalobos* es de primera
clase y de 300 toneladas de porte:
iba mandado por D. José María Es-
tanga, y monta dos cañones de 42 de
tiro rápido, y dos cañones revólvers
de 57: el *Cebú*, mandado por el teniente de navío D. Miguel Barrera, es
de porte de 532 toneladas y monta
un Krupp de á 8 y una ametralladora de 25 Nordenfelt.

Estos pequeños barcos, protegien-
do la marcha de la columna, hicieron muy certeros disparos, destruyendo muchas casas y edificios de
Noveleta y de San Francisco de Malabón.

Sobre la importante línea del Sungay había de operar, según lo hizo
con estrategia y bravura, el general
Aguirre, que el 8 había salido de
Calamba para dominar la cresta del
expresado monte, y después de te-

ner á raya al enemigo en sus posiciones de Amadeo y Méndez Núñez, caer sobre Talisay; tanto la marcha de Aguirre por aquellas intrincadas abruptas montañas, cuanto la toma de Talisay, constituyen una hermosa operación militar por todos quienes la conocen ensalzada.

¿Por qué se fué de frente contra las posiciones insurrectas de Noveleta? «That is the question». En arte militar también hay pocos principios absolutos; por eso, sin duda en concepto de muchos, el reconocimiento ofensivo ó la toma de Noveleta, podía haberse efectuado por otro camino: por la playa. Tenían los atrincheramientos de Noveleta por foso de defensa un riachuelo, mejor dicho, un estero fangoso invadeable; cortado según lo estaba su puente en aquel sentido, era poco fácil conquistar las posiciones enemigas, mientras que muchos, repetimos, creían más factible el logro de aquel plan de ataque marchando la columna por la mencionada playa; las cenagosas aguas del citado estero se extinguían á 60 metros sobre la superficie libre de las bajas mareas, y la columna, yendo por allí, habría podido rebasar de flanco el atrincheramiento de los rebeldes, y por consiguiente ser atacados éstos por retaguardia.

No podía pensarse siquiera (y sería injusto el cargo que se hiciese por no haberlo efectuado) en construir puente alguno para que, pasando por él, la columna asaltase las posiciones rebeldes de Noveleta; porque si efectivamente misión que corresponde á los ingenieros del Ejército es la de construir puentes y ejecutar las obras reclamadas por la técnica de la guerra, la misma ley que establece aquella obligación pide muy sabiamente que las construcciones militares se lleven á cabo con mayor garantía de la que podía obtenerse en el reducidísimo paso del istmo de Noveleta, por aquel obligado punto. Ni los ingenieros que allí había, ni todos los del Ejército de Filipinas, eran bastantes para tal empresa. ¿Quién hubiese quedado de pie, construyendo obra á 7 metros de distancia de un gran número de insurrectos que sin cesar disparaban á boca de jarro proyectiles de todas clases? La situación para la columna era muy desventajosa: el camino por donde iba era de 8 metros de anchura; la fuerza no podía más que ir formada correctamente de á cuatro; los manglares de uno y otro lado del camino impedían, es claro, desplegar guerrilla alguna.

De esta suerte marchaba, sin embargo, por aquella reducida pauta, nuestra valiente fuerza, cuando al poco trecho el malogrado primer teniente Sr. Ruiz Domínguez, que iba de vanguardia exploradora, dió aviso de presentarse en el camino una cortadura de 3 metros de ancho por 2 de profundidad, y que ponía en comunicación los dos manglares de derecha é izquierda; rápidamente se venció aquel obstáculo: con tierra y con ramajes, la tropa rellenó la oquedad aquella; y continuando la marcha por modo tan arriesgado, llegó á distancia de 100 metros próximamente de la gran trinchera rebelde, muy oculta por un recodo del camino, cuyos lados están tupidos de aromo, vegetación, además de espesísima, agresiva por el gran número de púas de que está armada cada planta. Caminando un poco más, la tropa llegó á sitio de una expansión del terreno que se presenta á 40 metros del borde del estero aludido; y aunque eran muy reducidas las líneas de aquella superficie, desplegáronse en guerrillas dos secciones del 73; el resto de la fuerza se quedaba sobre el mismo camino sin poder hacer fuego, por tener delante aquellas secciones: era pura y simplemente fuerza de sostén.

Se inició un fuego terrible: por la primera descarga cerrada cayeron muertos ó heridos la mitad cabal de los que constituían las dos secciones del 73; se reforzó la guerrilla inmediatamente con la sección de ingenieros y la otra sección que quedaba del regimiento 73, y así reemplazando de continuo los muertos y heridos que causaba el enemigo en la extrema vanguardia de nuestra columna, se sostuvo el combate hasta acabarse las municiones de dicha fuerza. Eran las diez de la mañana cuando esto aconteció, y en esta primera parte del combate, en tan malas condiciones para los nuestros empeñado, sufrimos más de 100 bajas. Allí cayó herido el coronel de infantería de Marina Díaz Matoni; allí fueron heridos el capitán Sevillano y el teniente D. Manuel Valdés. ¡Qué día tan aciago para la infantería de Marina! Allí murió también el teniente

Ruiz Domínguez, y allí fué herido el de ingenieros Sr. Castañón muy gravemente.

La vanguardia se retiró para ser sustituída por cuatro compañías de fuerza peninsular exclusivamente: dos de infantería de Marina y dos de artillería, siendo protegidas por dos piezas de montaña: cada instante más ruda la lucha, estas piezas de artillería hicieron todos los disparos de su dotación, después de haber perdido cada pieza dos veces todos sus sirvientes. por el horrible fuego graneado que incesantemente hacían los rebeldes, y al que los nuestros con tanta valentía contestaban.

Á las cuatro de la tarde dióse la orden de retirada, y así se efectuó por escalones, volviendo el resto de la columna á nuestras trincheras de Dalahican, después de dejar en la segunda parte de tan ruda pelea otras 100 bajas; allí cayó muerto el segundo teniente de artillería Fernández; allí cayó gravemente herido el primero de la misma arma D. Luis de la Guardia; allí sufrió también grave lesión el de infantería de Marina Figueroa.

Es justo de todas suertes consignar la valiente conducta de nuestras tropas en esta jornada, aun cuando un completo éxito no premiase tanto esfuerzo y tanto arranque de valor hasta genial como el que allí se admiró, pues en aquella posición enemiga, que no era accesible, había soldados de la columna, los cuales, en medio de aquel mortífero fuego, para hacer más ejemplar el que ellos producían contra el enemigo parapetado, se subían uno á uno á cada extremo del pretil del puente colgado, es decir, á pocos pasos de los rebeldes, y es claro lo que hubiera de acontecer: verlos caer muertos al minuto que adoptaban aquella heroica temeraria actitud para batirse.

Derroches de abnegación y de valor individual y colectivo; pero tales proezas nos costaron en los combates de Binacayan y Noveleta ¡cerca de *500 bajas!* ¡Loor eterno á los héroes, y consuelos de Dios y de la Patria hacia tantos hogares españoles entristecidos para siempre en unas desdichadas horas!

Distraídos, nos apartamos grandemente de nuestro propósito: queriendo narrar en un solo volumen, y de no grandes proporciones, nuestra tesis, en el proemio de estas páginas consignado, de modo alguno podemos detallar, cual en muchas ocasiones lo efectuamos: un muy incompleto índice; no puede ser más este pobre libro.

5.º *Toma de Talisay. Guerrillas de San Miguel y San Rafael. El «Covadonga». Combates en Santa Cruz (La Laguna) y lugares vecinos en Las Piñas y San José de Bulacán. Combate en Novaliches. Otros ataques de los rebeldes en*

Zambales, Bataan y Bulacán. Acción de San Rafael.—El general Aguirre libró duro, reñidísimo combate el día 12: en un movimiento envolvente, con rapidez y acierto operado, tomó á la bayoneta las fuertes posiciones del enemigo en Talisay (Batangas). Los rebeldes sufrieron muchas bajas, entre ellas tres cabecillas importantes en la comarca; las nuestras fueron 6 soldados muertos y 2 oficiales y 12 individuos de tropa heridos.

Las guerrillas de los voluntarios seguían prestando de continuo excelentes servicios; pero fué de excepcional valor el que en estos días llevara á cabo en combinación con la columna López Arteaga. La guerrilla de San Miguel, dotando las lanchas de vapor *Holfast* y *Conchita* y la de San Rafael el *Napindan,* llegaron á Pamarauang-Bató, venciendo los obstáculos que el río de Bulacán les presentaba, conduciendo á bordo de las citadas embarcaciones la columna del

comandante López Arteaga. Dividió-
se aquella fuerza: una columna á las
órdenes del capitán Pardell atacaría
aquel barrio insurrecto de Malolos;
la otra. con Arteaga, iría á Masacul,
á 5 kilómetros de distancia de Paombong. La columna Pardell fué en de-
rechura, recorriendo agua al muslo
2 kilómetros de playa, á su lugar de
combate; lo emprendió en el acto, y
Arteaga, que oyó el fuego cuando ya
estaba en camino de Masacul, volvió
en auxilio de Pardell y sus 130 hombres. Pamarauang-Bató fué destruído, y ¡con cuanta razón!: cientos de
lanzas de punta envenenada tenían
allí preparados los rebeldes, cuando
los nuestros tomaron el barrio citado. Se les hicieron 30 muertos.

Se hizo rumbo de nuevo á Masacul:
en la guerrilla de San Rafael iban,
como oficiales de la misma, los distinguidos magistrados de la misma
Sres. Ricafort y Felez: en la de San
Miguel, el de igual clase y distinción

D. Alberto Ripoll; iban también entre aquel puñado de valientes voluntarios el médico titular de Manila Sr. Rodríguez Bérriz, teniente de voluntarios, y los Sres. Farfante, Céspedes, Guiochendo, Bueso, Blanco, Escalera, Toral, Ampuero, el ilustrado y activo redactor de *El Comercio*, Conde, y otros más, que sentimos no consignar por el desorden de nuestras notas de cartera.

En Masacul no había menos de 4.000 insurrectos, que huyeron á la aproximación de la columna, abandonando su campamento de casetas numeradas. Se les apresaron dos cascos, uno de ellos cargado de arroz, que remolcó á Manila la *María Luisa*, del Sr. Domínguez. Se les cogieron muchos documentos y dos banderas y órdenes de titulados generales.

Regresaron las guerrillas á Manila: poco después, la de San Rafael, mandada por Inchausti, su capitán, se batía en Bacoor practicando reconocimiento sobre la costa. Atacáronla los rebeldes, y se defendió aquélla briosamente; los disparos de los guerrilleros con sus fusiles y la ametralladora que montaba el *Napindan*, deshicieron una gran trinchera y causaron grandes destrozos en la casa convento, por los insurrectos ocupada.

El día 14 llegó á Manila el vapor *Covadonga:* traía 2.000 hombres de la Madre patria, los cuales fueron recibidos con el natural vehemente entusiasmo que se manifestaba á la llegada de todas las expediciones.

El pueblo de Magdalena (La Laguna) fué en estos días saqueado por los rebeldes; el Cura párroco de aquel pueblo, protegido por sus feligreses, se refugió en un bosque inmediato, salvando así seguramente su vida. No tuvo fortuna igual el juez de paz del vecino pueblo de Majayjay, situado en las hermosas perspectivas que ofrecen las comarcas del Banajao y del Dalitiuan. Aquel honrado juez peninsular, D. Manuel Suárez, que regresaba de Calamba, fué hallado por los rebeldes que ocuparon Magdalena, y allí, á la entrada del pueblo, lo asesinaron vilmente; estaba indefenso; pero no importaba: los rebeldes tagalos querían verter sangre de castilas, de frailes ó de legos ó de laicos, les era igual. Aquella partida de insurrectos, compuesta de 250 hombres, se unió á otras hasta formar en junto una como de 1.200; pero cuando cayeron sobre la cabecera de la provincia (Santa Cruz), eran ya más de 2.000 para el primer ataque á la misma.

A las seis y media de la mañana del 12 se presentaron allí: la colonia peninsular, con el gobernador civil de la provincia Sr. Marqués de Soller al frente, se portó como valiente, muriendo con gloria uno de los que la componían, el heroico oficial almacenero de la Administración de Hacienda de la provincia, el honrado aragonés D. Enrique Vela: este fiel intérprete de las glorias de su cuna, con serenidad muy propia de la región en que nació, murió peleando contra los rebeldes, recibiendo un balazo montando la barricada que defendía y en la que espiró con la sonrisa en los labios, después de haberlos puesto en máxima expansión para dar dos gritos: ¡Viva España! ¡Viva la Virgen del Pilar!

Avisado el Sr. General Aguirre del plan que tenían los rebeldes de la Laguna de atacar la Cabecera y Pagsanjan, acudió rápidamente á desbaratarlo y al castigo de los insurrectos, habiendo antes de este hecho tomado valerosamente el pueblo de Talisay, después de cinco días en que la columna del general Aguirre había efectuado penosísima marcha por las estribaciones del Sungay, en las cuales, y línea del Bañadero, quedaba el coronel Pazos y el teniente coronel Benedicto, que había librado también rudos combates en la comarca, cual aquel en que los rebeldes mataron al capitán Blanco.

Ya con anterioridad á la llegada del general Aguirre habían atacado á Santa Cruz las fuerzas rebeldes, según hemos dicho: habíanlo efectuado en ocasión en que no había en aquella cabecera más de 200 hombres disponibles para luchar contra los más de 2.000 que divididos en columnas la acometieron. Los jefes militares de la escasa fuerza allí destacada, y el gobernador civil con los voluntarios, se batieron con denuedo, obteniendo señalado triunfo, y al correrse los rebeldes por la playa, hacia La Laguna, en aquella dirección empujados por la sección de artillería que había allí, completó la victoria el fuego de las ametralladoras de la *Diana*, surta en aquellas aguas. Más de 80 muertos se hicieron á los insurrectos aquel día; pero más duro aún fué el castigo que sufrieron,

28

cuando tenaces al siguiente atacaron de nuevo á la misma Cabecera
de La Laguna, porque llegadas ya
las fuerzas que allí acudían desde
Batangas, bajo la acertada dirección
del general Aguirre, determinaron
nueva señaladísima victoria en toda
aquella zona; los insurrectos tuvieron más de 300 muertos. Se reforza-
ron, y 3.000 hombres contaban cuando comenzaron á atrincherarse en
Sambá; pero allí también tal fué la
acometida que les dió la columna
del teniente coronel Jiménez, que,
muy mermados aquéllos, tuvieron
que dispersarse. En la refriega perdieron un titulado general Abad, sastre y teniente suplente de Pagsanjan;
éste usaba unas tarjetas que expresaban su titulada jerarquía y las pro-
digaba por toda la zona.

En este pueblo, ex cabecera de la
provincia, se titulaba nada menos
que rey un capitán pasado, Santiago Crisóstomo. Los insurrectos ha-

bían instalado en el local de la escuela de aquel pueblo un hospital de sangre, regularmente provisto de material. En Majayjay y Pacte tenían fabricación de armas y municiones. En el de Pila se libró combate, en el que hubo que ametrallar el convento en que los insurrectos se hicieron fuertes, después de tomarles á la bayoneta una fuerte trinchera.

Un bando de indulto dictado por el general Aguirre produjo en veinticuatro horas el retorno á Pagsanjan del 40 por 100 de sus vecinos alzados en armas, y de muchos más pertenecientes á otros pueblos. Costábales poco trabajo ampararse ó desampararse á las disposiciones que en su provecho se dictaban.

Entre estos rebeldes de La Laguna, como entre los de Cavite y Talisay, se notó el empleo que hacían de los ornamentos sagrados: las capas pluviales, dalmáticas y estolas, sobre todo, servían de insignias para las más altas categorías civiles ó militares.

Reforzada la columna del teniente coronel Pintos, que tan estratégica posición ocupara, libró en Laspiñas, sitio de Dalig, una nueva importante acción, por espacio de tres horas, con gran número de los rebeldes, que se declararon en precipitada fuga, viendo el movimiento envolvente que sobre ellos hacía la columna Pintos. Toda esta fuerza se portó muy bien; la de caballería operó en aquella ocasión brillantemente. Más de 200 bajas se hicieron al enemigo.

Contra el destacamento de 65 hombres del regimiento 73, que había en el pueblo de San José, cayeron furiosos 1.500 rebeldes. Aquella fuerza se defendió heroicamente: en nada le arredró tan enorme desproporción numérica: la mandaba el teniente D. Pedro García Gallego.

En lo más recio del combate, cuando los sitiados habían de practicar mayor esfuerzo, llegó á aquel lugar la columna López Arteaga, que destrozó á los insurrectos, causándoles más de 200 muertos á la bayoneta.

En la noche del día 18 atacaron á Novaliches 2.500 rebeldes: 30 cazadores, al mando del segundo teniente D. Ignacio Crespo, y 10 guardias civiles, al del sargento D. Mariano Pablo, replegados sobre el convento, primero, se defendieron valerosamente; mas no se limitaron á esto, sino que para elevar su conducta á hecho heroico entre los más, el pequeño destacamento, cuando ya estaba mermado por el fuego de los insurrectos, emprendió la ofensiva, apoderándose de importante posición.

Noticiado el jefe de aquella zona militar, teniente coronel Sr. González Alberdi, del hecho que se estaba ventilando en Novaliches, con toda presteza envió en auxilio del destacamento, que ya llevaba doce horas de fuego, tropas al mando del señor comandante González Llanos y del teniente Piqueras.

El teniente Crespo perdió de su escasa fuerza 6 cazadores y 3 guardias civiles, muertos sobre el campo de batalla, y además tuvo 12 soldados heridos. Importante hecho de armas.

La columna Llanos fué durante todo el camino batiendo grupos que la molestaban y causando bastantes bajas al enemigo.

En Subic, y junto á la fábrica de ladrillos del futuro Arsenal, fueron nuestras avanzadas de infantería de Marina atacadas por gran número de insurrectos; dispersáronse éstos después de sufrir grandes pérdidas. Mayores fueron, pues llegaron á 100 muertos bien contados y otros tantos heridos, las que en el pueblo de Orani tuvieron los rebeldes por el embate que recibieron de una co-

lumna, compuesta de 2 compañías
del batallón de Cazadores núm. 5, al
mando de su comandante Sr. Baquero; desalojados del pueblo, y puestos en precipitada fuga, dejaron en
poder de la columna gran número
de armas y municiones, más 20 prisioneros.

En Calumpit, el destacamento y
los leales voluntarios reunidos batiéronse y obtuvieron triunfo sobre
gran partida insurrecta. Los rebeldes hicieron en los mismos días des-
carrilar un tren que, arrastrando
convoy, se dirigía desde Manila á
Bulacán.

En *San Rafael* riñóse una acción
formidable por la columna López
Arteaga. Cuando los insurrectos se
habían fortificado grandemente en
aquel pueblo y cortado todos los
puentes, cargó sobre ellos la columna al mando de López Arteaga, la
cual, con el arrojo por todos admi-
rado en tantos y tantos hechos vic-

toriosos, cuales los que registraba aquella fuerza, tomó á la bayoneta, una á una, todas las trincheras, casas-fuertes, convento, iglesia y tribunal por los rebeldes ocupados. Más de 800 muertos se les hicieron allí; nosotros tuvimos herido no gravemente de arma blanca el capitán don Juan Segovia de la Puente, y hasta 14 heridos más entre clases é individuos de tropa. El Capitán general Sr. Blanco felicitó calurosamente al bizarro López Arteaga y fuerza á sus órdenes. El Gobierno de S. M. hizo lo mismo después y ascendióle á teniente coronel.

6.º *Conspiración en Vigan (Ilocos Sur). La guerrilla del Casino español. Acaecimientos en los últimos días de este mes.*—Una sección de voluntarios de la capital de la provincia de Ilocos Sur condujo á Manila más de una docena de individuos de los principales de Vigan. Los PP. del Seminario de aquella ciudad habían recibido una denuncia que transmitieron en el acto á las autoridades y que dió lugar á las detenciones elevadas á prisión en Bilibid, sufridas por aquellos á quienes aludimos. La circunstancia de figurar entre éstos el alcalde y el síndico de aquel Ayuntamiento, con otros concejales é indígenas que ostentaban títulos académicos, dió importancia suma á los comentarios que sobre tal hecho se hicieran. Se supo que en aquella comarca había trabajado activamente para la conspiración un afiliado al Catipunan, que allí estaba aguardando las armas de que precisaban para el levantamiento. Digna de elogio sincero fué la conducta de todos los elementos peninsulares é insulares leales en aquellos días, y muy señalada, para ser siempre agradecida, la del celoso gobernador civil de la provincia, Sr. López Hernando.

Presentáronse 500 rebeldes en Talin, y fuerza del batallón cazadores núm. 6 los batió por completo en distintos lugares, pero sobre todo en Bombón y Bayunumbay. Los vapores de las obras del puerto prestaron muy buen servicio en aquellas operaciones.

Bien señalado fué el que días después, el 29, prestaba en aquellos mismos lugares la guerrilla de San Miguel, que, dotando el vapor *Orani,* se incorporó en el barrio de Junosa á una columna al mando del capitán López del batallón cazadores número 1. Batiéronse estas fuerzas en las estribaciones del Susun, causando 40 muertos á los insurrectos. El comandante de la guerrilla de San Miguel, Sr. D. Alberto Ripoll, Magistrado, recibió muy expresivo telegrama de felicitación del comandante general de La Laguna, Batangas, expedido desde Calamba en la misma fecha.

El Casino de Manila, aquel centro

español que venía dando tan evidentes pruebas de patriotismo y testimonios tan valiosos de cristiana caridad, prodigando toda suerte de ali-
vios y consuelos, en estos mismos
días, y según unánime acuerdo tomado en solemne junta, á la cual
expuso el Sr. Comenge, con las galas
y brillanteces de su elocuencia nativa
y erudición sin par, el pensamiento,
creó una guerrilla titulada del «Casino español», destinada al aumento
de vigilancia en la bahía, ríos y esteros navegables, á impedir la pesca á
los enemigos, á apresar y echar á pique las embarcaciones insurrectas
y prestar á la vez sus servicios en
tierra firme, combatiendo á los sediciosos.

Gran alarma produjo en Manila en
la noche del 26 el estruendoso estampido de una caja de pólvora de-
positada en el polvorín de Pandacan,
y que además de ocasionar desper-
fectos en el edificio, determinó gra-

ves lesiones en cuatro individuos. La extensa zona de trepidación que aquel explosivo desarrolló comprendía los barrios de San Miguel, Malate, Paco y Sampaloc. La lancha de vapor al servicio del Capitán general, y en la cual por disposición de esta superior autoridad embarcó el señor teniente coronel Tuser, primer ayudante de S. E., salió á reconocimiento y recogió los heridos en tal accidente.

En la misma fecha embarcaba en el vapor *Covadonga*, para regresar á la Península, el contralmirante Excelentísimo Sr. D. Vicente Carlos Roca, siendo afectuosísima la despedida que se hizo al preclaro marino, á quien, no sólo los suyos, sino todos los leales, tributaron los homenajes de respeto y afecto que merecía por sus virtudes y carácter.

Las depredaciones cometidas por los rebeldes no tenían tasa; el secuestro, el asesinato, el robo, el pi-

llaje y el destrozo, eran las usuales
armas que manejaban para el logro
de sus ideales : ¿cuáles serían éstos?

A poco del descarrilamiento del
tren en la línea de Dagupan, arran-
caban de su iglesia al Cura de Hermosa (Bataan), al P. Varas, tan querido de sus feligreses; secuestraban
en La Laguna al ayudante de montes Sr. Ramírez de Arellano, hijo
primogénito de honradísimo español
peninsular, 40 años dedicado á ense-
ñar á los indios medio dignos de
obtener la subsistencia en el comercio y la industria; caían sobre el
convento de Majayjay, para apoderarse también del Cura párroco, al
que la lealtad de alguno de sus feligreses salvó en rural escondite; robaban en Sibul y en toda la campi-
ña los ganados que á su paso hallaban, y en los poblados las casas de
todos los pudientes; con la tea incen-
diaria destruían hasta los hogares en
que siempre encontraban los consue-

los de la caridad, como la hacienda de Malinta y otras pertenecientes á las corporaciones religiosas y á particulares. Los combates se sucedían unos á otros, y en las proximidades á Cavite, tanto en los puntos avanzados del N., cuanto en el S., había escaramuzas diarias en las descubiertas, aun cuando en todas ellas se castigaba al enemigo.

Así terminaba el mes de Noviembre; tal cortejo de malandanzas no impedía que con espíritu sereno los españoles peninsulares y los insulares leales, se aprestasen á celebrar el grandioso conmemorativo del día de San Andrés del 30 de Noviembre de 1574. El invicto pabellón hispano no podía peligrar en lo más mínimo en la tierra española, en que con tan escasos medios de fuerza se supo desarrollar la que se precisaba contra el formidable cúmulo de elementos con que á Manila acudiera el pirata Li-Ma-Hong, queriendo tomarla á sangre y fuego y sufriendo la más completa destrucción de sus 62 barcos y del ejército que los tripulaba, por el admirable esfuerzo de un puñado de españoles: no eran más los que en trance tan duro contaba Guido de Lavezares.

La fiesta de San Andrés celebróse en Manila, en este año de 1896, con solemnidad excepcional. Por iniciativa del virtuoso, querido y respetado Arzobispo metropolitano D. Fray Bernardino Nozaleda, resucitábase la antigua patriótica Asociación cívico-religiosa de San Andrés, y al archiepiscopal palacio acudían en tropel confuso y hermoso los españoles todos, movidos por el afán de ser inscritos en aquella Hermandad de gloriosísimo abolengo.

Admirando el aunamiento que ofrecían los leales hijos de la noble España, bien podía lanzarse á todos vientos el histórico «no importa» á la rebeldía infame de los tagalos.

CAPÍTULO IX

Sintesis de los principales acaecimientos en el mes de Diciembre de 1896.

1.º El general Ríos al centro de Luzón. Una cartilla sanitaria. Más servicios de los voluntarios. Más combates. — 2.º Asesinato del reverendo P. cura párroco de Hermosa.—3.º Llegada del general Polavieja y del alto personal militar que le acompañaba. Toma de posesión del cargo de segundo Cabo. Hipótesis acerca de la contrariedad que pudo sufrir el Marqués de Peña-Plata. Nombramiento de Capitán general, General en jefe del ejército de Filipinas, Gobernador general del Archipiélago en favor del Marqués de Polavieja. Su toma de posesión del mando, y alocuciones. — 4.º Nuevos encuentros y combates. Causas elevadas á plenario. Donativo de Pangasinán. Otra conjura en la plaza de Cavite. Acción de Meycauayan. — 5.º Despedida del general Blanco. Su espada de honor. Banquete de la colonia inglesa. A bordo del *León XIII.* — 6.º Decreto del general Polavieja sobre la concentración de ba-

29

rrios. — 7.º Varios combates. — 8.º Nochebuena. — 9.º Una circular del general Polavieja. Su decreto suspendiendo las elecciones municipales.

1.º *El general Ríos al centro de Luzón. Una cartilla sanitaria. Más servicios de los voluntarios, y otros combates.* —El general D. Diego de los Ríos, que por la escasez de medios de guerra no pudo desarrollar en Cavite todas las actividades de su valeroso carácter, fué nombrado comandante general del centro de Luzón; el 1.º de Diciembre salió para su destino. Aquella extensa zona reclamaba cuidado, sobre todo Bulacán, en cuya provincia la insurrección tomaba vuelos. Mucho podía esperarse del joven general que á los cuarenta y cinco años de edad contaba treinta y siete de servicios efectivos. En Cataluña, en las Vascongadas, en Cuba y en Africa, había ganado todos sus empleos, vertiendo en dos ocasiones copiosamente su sangre, no defibrinada por excepcional fortuna en los enervadores climas en que la nutría.

Antes de Cavite, el general Ríos había prestado ya muy buenos servicios en Filipinas: en Mindanao había sido soldado afortunado en hechos de armas tan importantes cual el de Tugaya; pero además fué allí habilidoso político.

Formó consejo de guerra, y por sentencia de éste el general Ríos fusiló al datto Warris, el más encarnizado enemigo de España: después de este hecho de justa, provechosa. indispensable energía, Ríos pactó con el sultán Amay la ocupación de la tierra de Garrassi y la pacificación del fondo de la Laguna de Lanao, logrando que el día 4 de Septiembre de este mismo año de 1896, aquel sultán hiciera su presentación oficial en Marahui, á la llegada del dignísimo general Cappa, comandante general de aquel vasto territorio. Es muy interesante el tratado por Ríos hecho con el príncipe Sibuguey, en virtud de cuyas estipulaciones los moros pobladores de la costa Sur de Mindanao, en los senos de Sibuguey y Dumanquilos, debían ser los primeros que satisfaciesen el impuesto de vasallaje, exiguo por su cifra, pero grande por su significación : cuarenta y ocho horas de tiempo les dió para pagarlo, advirtiéndoles con entereza de qué suerte iría él á cobrarlo si no cumplían su compromiso, como suele suceder entre aquellos mahometanos ; en tal ocasión cumplieron lo pactado. Cuando el general Ríos llegó á Manila desde Mindanao, lugar para él de proezas y habilidades, según acabamos de decir, dolíase la opinión pública en la capital de las islas de que el general Ríos hubiera de trasladarse á Ilo-Ilo, gobierno de las Bisayas, para el que desde España viniera nombrado : el señor general Blanco, informado de aquellas palpitaciones de la pública opinión, á la cual por propios temperamentos el Marqués de Peña-Plata siempre observa atentamente, destinó al general Ríos á la comandancia general de las provincias del centro de Luzón, y á ellas fué el nombrado, estableciendo su cuartel general en la Pampanga y comenzando á operar contra los rebeldes, que ya eran perseguidos incesantemente por nuestras tropas.

El día 1.º de este mes publicábase por el ilustrado director-subinspector de Sanidad Militar de aquel ejército, D. Joaquín Pla Pujolá, un científico humanitario trabajo digno de especialísima mención. Consistía en una completa colección de «reglas higiénicas prácticas para el uso de las tropas, especialmente europeas, que se encontraban en campaña». Si hubieran podido lograr aplicación completa los sabios preceptos higiénicos dictados por el distinguido jefe de la Sanidad del Ejército en Filipinas, es bien seguro que la acción perniciosa de aquel clima sobre el europeo no se hubiera sentido por tan doloroso modo. Tan digna de estudio como de encomio es la cartilla sanitaria del Dr. Pla y Pujolá.

Por todos los alrededores de Manila y por la ciudad misma, pero muy singularmente por los de San Lázaro y Sampaloc, tanto los voluntarios de caballería, con su comandante el señor Bores Romero al frente, como los de infantería, á las órdenes del suyo, el pundonoroso jefe de artillería Sr. Hevia, montaban guardias y patrullaban de continuo: Hevia abandonaba las cómodas bien retribuídas funciones civiles de administrador de la Pampanga, por las para él más propias de su carrera militar, aunque en aquéllas como en éstas se distinguiera siempre, según se distinguía: los voluntarios, además, practicaban constantes extensos reconocimientos, constituyendo tales

actividades, no solamente garantía
fija del orden, sino consuelo inmenso para los espíritus preocupados,
no decaídos, entre los peninsulares
é insulares leales; las patrullas, los
retenes y las parejas fijas de estas
fuerzas en constante movimiento,
auxiliando á las del Ejército, desem-
peñaban oficios que jamás deben ser
olvidados.

Pero ni el tiempo transcurrido, ni
los castigos sufridos por los obstina-
dos rebeldes tagalos les amilanaban,
sino que éstos agrandaban cada vez
más su radio de devastadora acción;
y por ser así, el día 2 de Diciembre
el señor general Blanco dictaba un
bando por el cual se declaraban en
estado de guerra otras provincias,
cuales Bataan y Zambales, aplican-
do á las mismas las prevenciones de
los bandos anteriores de 30 de Agosto y 25 de Octubre.

Después del incendio de Malinta,
los rebeldes asaltaron la casa hacien-

da de Lolomboy, y los menajes de las mismas iban á adornar muchas casas de insurrectos del primero de estos lugares y de Polo; de este pueblo y de los de Tinajeros, Meycauayan y Obando, había muchas gentes en armas.

El día 2 el Capitán general señor Blanco dirigía al Sr. Ministro de la Guerra el siguiente telegrama: «Elevadas plenario causas principales contra 60 promovedores rebelión, titulados ministros, consejeros y generales, brevísimo plazo serán falladas consejo guerra.»

En esta misma fecha, una columna de 300 hombres á las órdenes del capitán D. Juan Valderrama, tomó, después de rudo combate contra 2.000 insurrectos al mando de los cabecillas Llanera y Torres, el campamento que éstos tenían en Sibul, con gran atrincheramiento en Baling-Cupang.

Al mismo tiempo libraba con igual

victorioso resultado el teniente coronel Pintos, en Parañaque, otro combate con los insurrectos de Cavite, los cuales, á pesar de los continuos reveses que llevaban en aquella línea, no cesaban de molestar diariamente á las tropas que la cubrían.

Y con estos encuentros de Sibul y Parañaque coincidían otros habidos en distintos lugares; pero particularmente en las inmediaciones de Santa Cruz, el día 3 de Diciembre se libró uno importantísimo por la columna al mando del teniente coronel D. Aniceto Jiménez, comandante militar de La Laguna, en donde con tantos éxitos trabajó este bravo jefe.

La gran partida insurrecta presentada en Sambat, al mando del titulado general Eligio y su lugarteniente Valentín, fué verdaderamente destrozada por nuestras fuerzas, pereciendo en la refriega aquel renombrado cabecilla.

2.º *Asesinato del cura párroco de Hermosa (Bataan).* — Cuando los rebeldes dieron asalto al citado pueblo de aquella provincia de Bataan, históricamente pacífica, siempre tranquila, á pesar de existir aún en ella, no obstante su proximidad á la capital del Archipiélago, bastantes rancherías de aetas ó balugas, en las crestas de aquellos montes que forman la cordillera de Mariveles, secuestraron al cura párroco, al virtuoso dominico Fr. David Varas: al pronto no se supo qué hicieran de él; sólo con la noticia del secuestro regresaron entristecidos á Manila los religiosos de su convento de Santo Domingo, que acudieron á Bataan para prestar auxilio á los párrocos que de él precisasen; pero en estos días se conoció el horrible asesinato, verdadero martirio á que sujetaron en Hermosa los rebeldes á aquel sacerdote ejemplarísimo: después de cortarle las manos, arrastráronle hasta el barrio más lejano de los diez de que aquel pueblo se compone, y allí mutiláronle hasta desmenuzarle, arrojando por último á un estercolero los restos de aquel mártir, que en tal día subió á la gloria. Sus hermanos de hábito dedicáronle solemnes exequias, cual todas las órdenes habían hecho con los religiosos que también habían sucumbido víctimas de la ferocidad de los insurrectos de Cavite.

3.º *Llegada del general Polavieja y del alto personal militar que le acompañaba. Toma posesión del cargo de segundo Cabo. Hipótesis acerca de la contrariedad que pudo sufrir el Marqués de Peña-Plata. Nombramiento de Capitán general, General en jefe del Ejército de Filipinas, Gobernador general del Archipiélago en favor del Marqués de Polavieja. Su toma de posesión del mando. Alocuciones.*—Á bordo del trasatlántico *Alfonso XIII,* y después de un viaje efectuado en veinticuatro días y diez y siete horas, es decir, el más rápido que se conoce, llegó á Manila el ínclito general, Excmo. Sr. D. Camilo Polavieja y del Castillo, marqués de Polavieja, de justísima reputada fama. Soldado victorioso en cien combates dentro del patrio y en extraño suelo, evidenció las más altas dotes militares, patentizando además como producto de sus talentos reconocidos y de una ilustración sólida, resultado fijo del asiduo estudio, cuando lo practica quien posee buena retentiva, especiales condiciones de hombre de gobierno. Las reveló muy á las claras.

Manila lo recibió solemnemente: no puede darse más espontánea manifestación de pública simpatía y regocijo. En ella tomó parte el Capitán general, el ilustre Marqués de Peña-Plata, acudiendo deferente y solícito á recibir y agasajar, con las fórmulas más completas de la cortesía y del afecto, á su preclaro compañero de armas y á los distinguidos generales que le acompañaban. Eran éstos los Sres. Zappino, Lachambre, Cornel y Galbis, todos ellos de historia militar esclarecida.

El general Polavieja se posesionó de su cargo de segundo Cabo, Gobernador militar de Manila, en el mismo día de su desembarque, 3 de Diciembre, cesando en aquél el veterano general de ingenieros Sr. Rizo, que interinamente lo desempeñaba. De la subinspección de las armas generales é institutos del Ejército hizo entrega al señor general Polavieja el veterano coronel D. Francisco Olive, que, en su calidad de secretario encargado del despacho, las tenía á su cargo, sin desposeerse del de juez militar, en el cual tan activamente venía trabajando desde el triste *ab initio* de la insurrección, según hemos consignado en otras páginas.

Con la llegada del general Polavieja aumentó la expectación: la prensa de la Península afirmaba que el Marqués de Polavieja sucedería inmediatamente al Marqués de Peña-Plata en el superior mando de las islas; la opinión en Manila creía lo mismo, pues no quería creer que un teniente general tan antiguo y distinguido en esta alta jerarquía acudiese á Filipinas al desempeño de funciones altas, pero al fin y al cabo subordidinadas directamente; se esperaba conocer de uno á otro momento la renuncia del señor general Blanco, y la tardanza en ello extrañaba á la opinión; aun cuando por la costumbre, no por ley orgánica, transcurridos tres años de mando, podía decirse «el general Blanco está cumplido», lo excepcional de las circunstancias podía muy bien alargar el período de su mando; no lo sabemos, pero de nuestra cuenta, por la interpretación que damos á las naturales exigencias del amor propio, cuando bien entendido, nobilísimo, y por-

que conocemos los altos grados del
pundonor en que el Marqués de Peña-Plata vive, pensamos y decimos
que el general Blanco no quería
abandonar el Archipiélago hasta vencer él mismo *in totum* la insurrección
tagala: habíala resistido maravillosamente sin recursos; venía batién-
dola en sus derivaciones parciales,
en tanto en cuanto congregaba medios para destruirla en su gran foco,
y cuando se aproximaba el instante
de poseerlos, el general Blanco no
quería marcharse; es obvio que así
acontecía.

Transcurrieron seis ú ocho días;
el Gobierno de S. M., felicitando al
Capitán general Sr. Blanco por su
gestión en el Archipiélago y su conducta ante la insurrección tagala,
había «autorizado» al señor Marqués
de Peña-Plata á regresar á la Península. Con el enemigo al frente, tal
merced debía agradecerse, pero no
podía usarse, y el general Blanco de

cierto la agradecía, pero no la usaba. Tampoco por la misma causa dimitía.

....

....

....

El día 9, la prensa de Manila publicaba el cablegrama siguiente:

«La Reina al general Blanco:

Acabo de nombrarle jefe de mi Cuarto militar. —MARÍA CRISTINA.»

Y otro cablegrama nombraba al Marqués de Polavieja Capitán general, General en jefe del Ejército de operaciones de Filipinas, Gobernador general del Archipiélago.

Con el solemne ceremonial de rúbrica, el día 13 de Diciembre se posesionó del mando superior de las islas el señor general Polavieja; y terminada la recepción en Corte de todas las Corporaciones y Cuerpo Consular, el nuevo Capitán general abandonó la casa Ayuntamiento, siendo objeto de calurosísima ovación en la gran plaza de Palacio.

Antes de volver al de Santa Potenciana, el Capitán general entrante dirigióse al Palacio Arzobispal devolviendo la oficial visita que le hiciera el respetable prelado metropolitano.

El general Polavieja dirigió tres notables alocuciones: resplandecientes de patriotismo, evidenciaban á la vez el cabal concepto que á los pocos días de su permanencia en el país había adquirido el nuevo Capitán general del estado en que se hallaba el territorio de su mando. Contienen tales documentos programa tan completo, aunque sintético; expresan con tal claridad el camino que el general Polavieja se proponía seguir, y seguiría dadas las condiciones de su carácter y firmeza de convicción, que no podemos resistir el deseo de transcribirlas literalmente, á pesar de nuestros propósitos de no agrandar el presente libro. Los

30

solemnes documentos á que aludimos decían así:

« Habitantes de Filipinas:

En críticos momentos vengo á encargarme del mando superior de este archipiélago; se unieron la ingratitud y el olvido de los beneficios recibidos con los bajos sentimientos de criminal ambición, para que una insignificante minoría arrastrase á masas ignorantes, que ni saben lo que quieren, ni saben adónde van, sembrando el espanto y la alarma en un país que había sido siempre modelo de tranquilidad y de reposo. Al tomar posesión de este Gobierno general, dirijo un saludo cariñoso á todos los habitantes de Filipinas que permanecen fieles á los sentimientos de hidalguía y de lealtad que son característicos en el pueblo español.

Cuando S. M. la Reina Regente (que Dios guarde) y el Gobierno me honraron con su confianza, conocían los procedimientos que yo empleo para gobernar. Para los leales no tengo más que sentimientos de afecto y de protección; para los traidores, toda la energía me parece poco, todo el rigor me parece desproporcionado á la magnitud del crimen que han cometido contra su Rey y contra su Patria.

Pero he de hacer una distinción entre los que son traidores por maldad y por ambición, y aquellos que fueron arrastrados en la corriente criminal solamente por su ignorancia, y que fueron seducidos por el engaño y por la calumnia. A los que se arrepientan, á los que comprendan todo lo malo y torpe de su conducta, les otorgaré el perdón que merezca su sincero arrepentimiento. A los que persistan en su empeño desleal, les aplicaré todo el rigor de la ley.

No esperéis de mí, habitantes de Filipinas, programas de gobierno. Soy más amigo de demostrar con los hechos mi patriotismo y mi buen de-

seo, que de anunciar tiempos ventu-
rosos con deslumbradoras promesas.
Contando con la cooperación de todos vosotros, contando con vuestra
lealtad, yo espero poder decir en plazo corto á la Reina y al Gobierno que
este pueblo ha entrado en la norma-
lidad de la vida y que se prepara á
desarrollar su prosperidad material,
cuya base es la honradez y el trabajo; y podré decir también que ya
nunca será posible que se repitan en
este hermoso país sucesos tan tristes
como los actuales, en los que se han
desconocido los grandes beneficios
recibidos y se han olvidado los constantes desvelos del Rey y de la Patria.— *Vuestro Gobernador general,* CA-
MILO G. DE POLAVIEJA.»

«SOLDADOS DEL EJÉRCITO Y AR-
MADA:

El mundo entero proclama vues-
tras virtudes militares. El valor, la
sobriedad, la abnegación y la disci-

plina, son cualidades reconocidas universalmente en el soldado español. La Patria necesita hoy de vosotros; la Reina tiene su esperanza puesta en sus leales tropas, tanto peninsulares como indígenas; vuestro General en Jefe, contando con vuestra bravura y con vuestra lealtad, tiene seguridad en la victoria.

No necesito recordaros cuál es vuestro deber. Al soldado español nadie le enseña sus deberes: nace sabiéndolos, los siente; sabe que ha de ser valiente hasta la temeridad; sabe que sin disciplina no hay triunfo posible; sabe que las ofensas se lavan con sangre, y que la vida nada vale cuando se trata de defender la honra de la Patria.

Ha llegado la hora de luchar: luchemos como buenos, y nos haremos dignos de aquellos que tan alto pusieron en todos tiempos el nombre de la gloriosa bandera española. —*Vuestro General en Jefe.*»

« Voluntarios:

Al grito de sedición de los traidores contestaron los leales con un grito de adhesión y de entusiasmo, ofreciendo vidas y haciendas ante el altar de la Patria. Vuestra arrogancia de los días del peligro me responde de vuestra conducta mientras dure la insurrección.

Cuento con vuestra ayuda y con vuestro concurso, y espero que en breve plazo podréis convenceros de que no ha sido estéril vuestra abnegación y vuestro patriotismo. — *El General en Jefe*, Camilo G. de Polavieja.»

La *Gaceta de Madrid* del 13 publicaba el nombramiento de segundo Cabo de las islas en favor del Excelentísimo Sr. D. Enrique Zappino y Moreno.

El Capitán general Sr. Marqués de Polavieja organizó en estas mismas fechas las fuerzas en operaciones del modo siguiente:

División de Laguna, Batangas y Tayabas, al mando del general de división Excmo. Sr. D. José de Lachambre y Domínguez.

General de la primera brigada de esta división (Laguna), Excelentísimo Sr. D. Pedro Cornel.

Idem de la segunda (Batangas), Excmo. Sr. D. Nicolás Jaramillo.

Brigada de Morong, Pasig y Norte de Manila, Excmo. Sr. D. Francisco Galbis.

Brigada del centro de Luzón, Excelentísimo Sr. D. Diego de los Ríos.

Jefe de Estado Mayor de la Capitanía general, Excmo. Sr. D. Ernesto de Aguirre.

4.º *Nuevos encuentros y combates. Causas elevadas á plenario. Donativo de Pangasinán. Otra conjura en Cavite. Acción de Meycauayan.* — El comandante general del centro de Luzón,

D. Diego de los Ríos, daba cuenta del combate sostenido por la columna del comandante Baquero en las inmediaciones de Orani, á cuyo pueblo, después de catorce horas de marcha, llegó. Los rebeldes sufrieron grandes pérdidas al oponerse al paso de la citada columna por los ríos Bucayog, Briosa y Bayoro. Baquero fué muy expresivamente felicitado por el general Ríos, quien le había encargado la operación de que se trata, y por el Capitán general después.

Elevábanse á plenario en estas fechas mismas muchas causas seguidas por conspiración, rebelión y sedición á los principales autores de la insurrección, y por el delito de traición y rebeldía eran pasados por las armas en la mañana del 14 los reos que procedían de los fugados de la cárcel de Tarlac.

El *Churruca* conducía presos de Vigán y San Fernando; el *Uranus*, de Pasacao, y el vapor *Reyes*, conducía á Manila en los mismos días á detenidos en Bohol, Samar, Iloilo y Cebú.

Los cuerpos de voluntarios creados en estas dos últimamente expresadas cabeceras bendecían y juraban con entusiasmo las banderas; pocos días después celebraban igual solemne acto los voluntarios de infantería y caballería, creados en la cabecera de Batangas, y otros pueblos importantes de la provincia.

El día 10 fondeó el vapor *León XIII* con nuevas fuerzas peninsulares; fueron recibidas con las consiguientes muestras de regocijo, pues la repetición de aquellas expediciones no entibiaba en lo más mínimo el entusiasmo sentido y demostrado por igual desde la primera.

Verdadero agradable acontecimiento fué también la llegada á Manila del gobernador civil de Pangasinán, Sr. D. Joaquín Oliver, celoso iniciador del donativo que la provincia mencionada hacía al Ejército y al escuadrón de voluntarios. Consistía en 170 caballos para la artillería y 10 para el escuadrón citado. El Gobernador de Pangasinán venía acompañado de numerosas principalías de la provincia, que tan leal se ha mantenido como tantas otras por fortuna, y el acto de entrega del donativo á que nos referimos resultó agradabilísimo, no sólo por su esencial valor, sino por la forma patriótica en que se llevó á cabo. El Gobernador de Pangasinán fué objeto de justas alabanzas, como también lo fueron otros gobernadores: todos cual más, cual menos, según los recursos con que contaban, hicieron otros donativos de importancia, en representación de las provincias de su mando.

Todos los medios nos hacían falta; el tesón patentizado por los rebeldes tagalos venía á destruir por completo el concepto general que hasta la presente insurrección se tenía de aquellos indios.

Nueva conjura se tramó en Cavite, en la cabecera, que era, como hemos dicho, casi lo único que no ocupaban los rebeldes. Los presos de aquella cárcel pública lograron fugarse, con el propósito de degollar á los castilas y unirse á los insurrectos que tenían á la vista de aquella capital. Un escribiente de la cárcel era, según los presos fugados declaraban, quien los excitó una y otra vez á poner en práctica tal plan. Cuando tumultuariamente abandonaron el lugar de su reclusión, asesinaron al alcaide (peninsular) y la pequeña guardia que los custodiaba: los fugados fueron en las calles duramente castigados, distinguiéndose los españoles todos de aquella cabecera en rasgos de valor inusitados: 112 de aquellos presos hallaron la muerte en las calles y alrededores de la ciudad; de 12, de los 147 escapados, se ignoró el paradero, pues 23 más fueron hechos prisioneros y juzgados en proceso sumarísimo. El 16 tuvo debido cumplimiento la ejecución de las sentencias de pena de muerte dictadas por el Consejo de guerra.

En Manila, en el mismo día, eran fusilados 6 reos condenados por el tribunal militar á tal pena, como autores del delito de rebelión y auxilio á los insurrectos de Bacoor y Cavite.

En las mismas fechas, se sostenían combates tanto en la provincia de Bulacán como en las limítrofes de Manila y Cavite, muy frecuentemente.

Del librado en Meycauayan por el general Ríos sobre aquellas canteras y los barrios de Langca, y que fué muy importante, el Gobernador general daba cuenta en los siguientes términos:

«*Ministro Guerra*.

Manila, 17 Diciembre 1896.

Sabiendo que canteras Meycauayan eran refugio y reducto más importante partidas Bulacán, dispuse
que general Ríos, con 1.500 hombres, marchase sobre ellas. Ayer
mañana atacó envolviendo posiciones defendidas con lantacas, de las
que se posesionó en parte durante el
dia, acampando en ellas y termi-
nando desalojar enemigo mañana
hoy; destruyó sus trincheras, casas
fortificadas y cosechas, dispersándo-
les. Dejó cuarenta y siete muertos
al ver que se le envolvían posiciones; resistencia fué débil, aunque
constante, retirando lantacas durante la noche. Quedó en nuestro poder
un falconete. Nosotros, dos heridos.

En Parañaque, despúes descubierta ayer y hoy, emboscadas preparadas diez muertos enemigo, apoderándose convoy subsistencias con

149 carabaos. Sin bajas por nuestra parte.

Hoy han sido fusilados esta capital siete reos sentenciados juicio sumarísimo por espías, y ayer lo fueron en Cavite veinte de los presos que se rebelaron en aquella cárcel asesinando alcaide y centinelas. — *Polavieja.*»

Para librar la importante acción de Meycauayan, el general Ríos formó dos columnas: una á sus propias órdenes; otra á las del coronel de Estado mayor Sr. Barraquer; la vanguardia de esta última la constituían fuerzas á las órdenes del teniente coronel López Arteaga y del comandante de Estado mayor Olaguer-Felíu, que tanto también se ha distinguido en esta campaña. La cotta que enclavada en las canteras de Langca fué ocupada por los rebeldes, empujados por los soldados del 73, animados por el teniente Barrientos, fué tomada por la fuerza á cuyo frente iba el coronel Barraquer, el teniente coronel L. Arteaga y el comandante Olaguer-Felíu; esta fuerza marchó avanzando siempre por alturas que dominaban aquella cotta; y como este movimiento se combinaba con los demás, el cuerpo de la columna que iba al mando inmediato del general 'Ríos avanzaba al propio tiempo por Licton, en línea recta, porque con presteza, el capitán de ingenieros Angosto había sabido habilitar un puente para ello necesario. Cuando los rebeldes vieron perder en este avance, operado en la madrugada del 17, sus numerosas trincheras y destruídas sus cottas y muchas casas, despues de haber visto descender hacia la gran cotta y barrio de Langca, las fuerzas de Barraquer, López Arteaga y Olaguer-Felíu con la compañía Pardell y otra de cazadores, no esperaron más, sino que emprendieron fuga desordenada, dejando 47 muertos, como consigna el parte oficial que hemos transcrito, pero llevándose otros muchos, que no podían contarse por la gran extensión de los fuegos, no sólo de la vanguardia y cuerpo de la columna, sino de las líneas de flanqueadores mandadas por Trullens, Badell y Valderrama: estas guerrillas causaron al enemigo muchas bajas; sólo dos heridos tuvo la fuerza del general Ríos, el cual, terminada aquella operación, por la que fué muy felicitado, dividió convenientemente las fuerzas, y marchó á San Fernando con los oficiales á sus órdenes y ayudantes, entre los cuales iban los Sres. Camus, Díaz de la Cortina, valeroso teniente ayudante del escuadrón de voluntarios, y el ingeniero de montes Sr. Guillerna, adjunto á la brigada Ríos, con el principal objeto de levantar planos.

El teniente coronel López Arteaga, con el capitán de la Guardia civil

Anrich, que se había distinguido mucho en aquella zona, regresó á la cabecera de Bulacán.

También tomaron parte en esta acción, peleando como buenos, los jóvenes oficiales Sres. Martínez Campos y Polavieja, revelando en aquella ocasión, cual seguramente sabrán hacerlo en todas, la noción que tienen del propio deber, agrandado por el lustre de los apellidos que llevan:

El destacamento de San Mateo batió hasta dispersarlos por completo hacia las sierras de Bosoboso numerosos grupos rebeldes que se habian atrincherado en el barrio de Bancal.

Una emboscada, hábilmente dispuesta en Las Piñas, hizo que el teniente Ovide, con unos cuantos guardias civiles y cazadores, pusieran en precipitada fuga grupos de rebeldes de Cavite, matando en la refriega dos cabecillas, uno de los cuales era

31

el incendiario que prendió fuego á aquel pueblo, consiguiendo sólo que ardiese su propia casa y cuatro más.

El día 17, también fuerzas del general Jaramillo, mandadas por el capitán Ceballos, y que no eran más de 100 hombres, batían fuerte partida insurrecta en Nasugbú, causando al enemigo 36 muertos, sin tener los nuestros más que un herido y dos muertos. El Capitán general Polavieja felicitaba telegráficamente al capitán Ceballos.

En Malabong fuerza de la Guardia civil al mando del teniente Ros (30 hombres) tuvo un encuentro con 80 rebeldes fuertes en los cañaverales de los islotes de Dampalit y Gasac; 7 muertos se causaron á los insurrectos, sin que los nuestros experimentaran baja alguna.

El 19 sostuvo el teniente coronel Ruiz Capilla, que mandaba entonces la línea de Parañaque y Las Piñas, duro encuentro con una partida de

1.000 insurrectos, á quienes hizo más de 50 muertos en Bayuyunan; batiéronse los rebeldes con fusiles y lantacas.

El general Lachambre participaba en el mismo día otro encuentro en Buluan, barrio de San Juan de Bocboc (Batangas), en el que el teniente Villalta batió y dispersó una partida insurrecta de fuerzas muy superiores.

Quedaron en las mismas fechas completados los servicios de vigilancia en la zona batangueña que corresponde al gran Lago de Bombon, con las lanchas *Amelia* y *Consuelo*, que surcaban aquellas aguas al mando del alférez de navío Sr. Caveda.

El coronel Arizmendi cubría línea en el Bañadero.

El comandante general de La Laguna, Batangas, comunicaba desde Calamba el día 11 quedar establecida una línea telegráfica de campaña de 13 kilómetros, que desde el cuartel frente á Santo Domingo iba á unirse á la línea general. Hacía grandes elogios del personal, y singularmente de D. Marcial Pérez.

Obsérvanse en estos días bastantes deserciones entre los soldados indígenas. El Capitán general pedía relaciones de ellas y disponíase mezclar siempre la fuerza indígena con la peninsular. El movimiento de las columnas para apoyarse recíprocamente era admirable, y en medio del cúmulo de cosas á que había que atender, no se omitía detalle en los procedimientos: cuanto la ley pedía se cumplimentaba escrupulosamente. El día 13 se celebraba consejo de guerra para el juicio sumarísimo instruído á 7 rebeldes capturados en Bacoor, conduciendo efectos para los insurrectos de Imus, y se hacía acudir al acto al capitán municipal de Parañaque, al teniente de ganados y al juez de paz de Malibang.

La política de la guerra que se seguía era de verdadera templanza; se advertía á los jefes de columnas y destacamentos que por el solo hecho de observarse la incisión del pacto no se aprisionase á los tagalos, sino que se cerciorasen si aquella señal correspondía á algún inocente, que con violencia pudo sufrirla, y se dejase á los tales en libertad, aun cuando sujetos á vigilancia.

Consignamos siquiera á la ligera estos detalles, porque ellos contestan negando con la realidad de los hechos afirmaciones contrarias, dispensables por lo distantes que se han hecho de los lugares á que se refieren.

Notóse en estos días alguna agitación en la importante villa de Lipa, en Batangas, y el coronel Pazos, que acudió á aquel lugar, regresó á Tanauan, dejando una compañía de guarnición en la citada localidad, que además estaba custodiada por fuerza de voluntarios mandados por el valeroso agustino cura párroco Fr. Domingo Laprieta.

Fuerza de artillería y una compañía de cazadores de la división Lachambre sostuvo combate entre Los Baños y Bay (La Laguna), derrotando al enemigo y apoderándose de tres lantacas cargadas. Los cuadrilleros de Biñan en el barrio Loma rechazaron el mismo día una partida insurrecta.

En estos mismos días 18 y 19 de Diciembre se creó una fuerza de voluntarios en Nueva Vizcaya; patrullas de las fuerzas del general Ríos vigilaban de continuo la línea férrea, y entre Guiguinto y Malolos sorprendieron grupos rebeldes á los que causaron 5 muertos. 1.000 insurrectos entraron en San Ildefonso incendiando la casa tribunal y el convento: el comandante Sarthou, que salió desde Baligua, los batió y dispersó: subleváronse en San José indígenas del 68 en número de 28 ó

30; uno de éstos cayó en poder de una columna que los persiguió en dirección de Meycauayan.

Un reconocimiento sobre Talisay, por fuerza del 74, causó al enemigo 12 muertos sin experimentar los nuestros baja alguna.

El comandante Albert batió en Majara grandes grupos rebeldes, causándoles 30 muertos. La columna Albert tuvo dos heridos y varios contusos, continuando su marcha y operando en combinación con otras dos, todas al mando del coronel del 73, sobre los montes de Antipolo y Mariquina. En el de Baclás, y después de activa persecución, el teniente Mateu, de la Guardia civil, batió el único grupo que quedaba de la disuelta partida capitaneada por M. Castillo.

En terrenos de Nasugbú, y á poco de la refriega sostenida por el capitán Ceballos, el de igual clase Tíscar batió al enemigo, causándole 23 muertos y apoderándose de 23 carretones de palay.

Emboscadas preparadas en inmediaciones de San Miguel de Mayumo y en Bocauc, en las que solían albergarse muchos rebeldes, causaron á éstos, en carga á la bayoneta, 14 muertos en el primer punto y 7 en Navaon-Galán, barrio perteneciente al segundo. Los nuestros, sin novedad alguna.

Cerca de Hermosa (Bataan), fuerza enviada por el coronel Barraquer batió denodadamente grupos rebeldes, á los que causó 17 muertos, cogiéndoles cinco caballos y muchas armas blancas.

La columna de Santa María cargó sobre el barrio del Cristo en la mañana del 24 de este mes y batió y dispersó gruesa partida que estaba atrincherándose en aquel lugar. Cuatro columnas se destacaron sobre Longa, en las márgenes del Calumpit, para impedir los movimientos de concentración que los insurrectos operaban en aquella zona. La de Olaguer-Felíu atacó á los rebeldes en San José, batiéndolos y dispersándolos completamente, causándoles 51 muertos, cogiéndoles armas y municiones y destruyendo varias trincheras. El comandante Olaguer fué muy felicitado.

La columna del teniente coronel de la Guardia civil Oyarzábal, que operaba también muy activamente, alcanzó, batió y dispersó las fuerzas rebeldes que habían entrado en Nueva Écija y á las cuales persiguió desde Tarlac, en donde recibió refuerzo de 150 cazadores.

La columna de Baliuag batió al enemigo en el mismo día en el barrio de San Pedro y Bustos, causándole siete muertos y destruyendo una fuerte barricada por aquél construída en el paso del puente de aquel lugar; no sufrieron los nuestros baja alguna.

Los destacamentos de Muntinlupa y Santolan rechazaron grandes grupos de rebeldes, causándoles bajas y apoderándose de armas y municiones.

El mismo día 24 prestó señalado servicio el teniente coronel Torres, gobernador de Tayabas, desarmando toda la fuerza de la Guardia civil indígena que allí había; se comprobó plenamente la denuncia recibida de que aquella fuerza iba á sublevarse. Desde Lipa acudió á Tayabas una compañía, que llegó al día siguiente á Sariaya.

En Santor fué batida una partida insurrecta y diferentes grupos que se presentaron en los barrios próximos á Arayat.

Las columnas de Nueva Écija perseguían las partidas rebeldes con tenacidad hasta disolverlas ó hacerlas volver á Bulacán, continuando hasta la ensenada de Dongakan, por donde se creía podía efectuarse algún desembarco de armas para los insurrectos.

Pertenecientes al regimiento número 70, desertaron desde Tarlac algunos soldados de los que el activo coronel Camiñas había dejado enfermos.

En el barrio Balasa, que corresponde á la comandancia general del territorio limítrofe con Manila, libró combate con fuertes partidas reunidas el comandante Albert, causándoles 30 muertos y 7 heridos; 4 de éstos sufrieron los nuestros en tal encuentro, acaecido el día 26. En esta misma fecha se libró otro rudo combate en Dalayap: 2.000 insurrectos fueron batidos y dispersados dejando 98 muertos, mientras que por nuestra parte tuvimos un oficial contuso y 3 soldados heridos.

Los rebeldes intentaron en este día asaltar el barrio Zapote, en Biñan; fueron rechazados y perseguidos, cayendo prisionero un tal López

Bernardino (a) *Dino*, uno de los autores del asalto al convento de Pagsanjan, en el día del alzamiento.

Sostúvose por el destacamento de Calatagan un combate con grupos numerosos de rebeldes que iban mandados por el cabecilla Punsalán, el cual pereció en la refriega, victoriosa para los nuestros, como todas: 32 muertos se les hicieron.

Otra partida de más de 600 insurrectos fué batida y dispersada en las inmediaciones de Antipolo por las fuerzas de cazadores y del 70, destacadas en Cainta, y el mismo día (22 Diciembre) columnas del centro de Luzón castigaban á dos partidas más, una de las cuales intentó cortar la vía férrea entre Polo y Meycauayan, y la otra entrar de nuevo en San Miguel de Mayumo.

El capitán Anrich atacó en Bocaue, de la misma provincia de Bulacán, á numerosa partida rebelde que invadiera aquel pueblo y que se había hecho fuerte en el convento; los rebeldes fueron desalojados de aquella provincia y batidos hasta su completa huída, habiéndoles causado la columna Anrich 80 bajas.

El coronel Marina batió en los días 22 y 23, en las inmediaciones del Nangra, una partida de rebeldes muy numerosa que mandaba Hermógenes Bautista, la cual dejó 27 muertos en el campo, llevándose muchos heridos. Nos pareció curiosa la orden hallada á uno de los rebeldes muertos en aquel combate; y se refiere á la petición de auxilios para librarlo. Dice así:

«General Hermógenes Bautista. En vista del parte dado por el capitán Atilano de que se hallan á nuestra vista fuerzas enemigas nuestras y de nuestro katipunan y que con ellos vienen muchas armas y un capellán contrario á nuestra causa, se servirá usted reunir toda su fuerza en nuestra real herrería. — Herrería, 20 de Di-

ciembre de 1896.—Vuestro, N. C. P.
(*a*) *Acora.* »

Continuando las mismas fuerzas
del coronel Marina la persecución de
estos rebeldes, hallaron otra á la
cual atacaron á la bayoneta desde el
primer instante, haciéndole 43 muertos, en lugar próximo á Cainta.

El comandante Sarthou, en la divisoria de Bulacán y la Pampanga,
batió el día 24, con fuerzas del batallón de cazadores núm. 4, del regimiento núm. 68 y unos cuantos
guardias civiles, gruesas partidas reunidas, á las cuales causó 357 bajas: brillante operación fué esta, ejecutada en Dalayap, barrio de San
Luis próximo á Baliuag y á terrenos
de la Pampanga, como hemos dicho.
En tal refriega sucumbió el cabecilla Daniel de la Cruz, que no era tagalo, sino natural de Ilocos.

El comandante Albert sostuvo en
las mismas fechas varios combates con los rebeldes entre Balara y

Cruz Natigas (Mariquina) y en Caloocan y Pasong-Tamó.

Se observaba el gran afán que tenían los rebeldes de apoderarse de quienes de entre ellos se presentaban á indulto, y secuestraban en estas fechas á todos cuantos podían, de los que en aquel caso se hallasen; un grupo de insurrectos divididos se apoderó dé siete ú ocho de aquéllos en las inmediaciones de Malabong. El general Galbis recorrió la zona, y las fuerzas que á sus órdenes operaban en el Norte de la provincia de Manila causaron en los últimos seis días de Diciembre 108 muertos á aquellos grupos tan criminales.

Los esfuerzos de los rebeldes para generalizar la insurrección eran constantes: lograron en estos días arribar á Mariveles y Bagag partidas insurrectas procedentes de Nasugbú. El coronel Barraquer distribuyó fuerzas para batirlas, y cumplimentando órdenes que recibiera, cubrió toda la parte Sur de Bataan, sin desatender Zambales, encomendada á su vigilancia.

Se comprenderá bien, aun con el tan incompleto extracto que venimos haciendo de las operaciones, la necesidad sentida de echar mano de todo recurso; y en estas mismas fechas, el Capitán general, Sr. Marqués de Polavieja, proponía al señor Ministro de la Guerra utilizar los servicios de los retirados en necesidades de las fuerzas voluntarias mientras durare la guerra, volviendo á su situación con los empleos y ventajas que obtuvieren. El Gobierno de S. M. concedió la autorización solicitada.

Las fuerzas del veterano general Jaramillo rechazaron en Balayan fuerte acometida de los rebeldes de Cavite. El mencionado general acudió á salvar aquel pueblo, amenazado de caer sobre él 3.000 insurrectos de Maragondón.

El coronel Pintos daba cuenta de haber librado un combate entre San Juan del Monte y Santolan, fuerzas de este último punto, dispersando gran grupo insurrecto, causándole 15 ó 20 bajas y cogiéndole un falconete y muchas armas blancas y municiones.

En otro reconocimiento practicado en la línea del Bañadero por el capitán de ingenieros Tejón Marín, cargó éste á la bayoneta sobre grupo atrincherado, al cual le hizo 7 muertos y 12 heridos, apoderándose de la posición que ocupaba.

5.º *Despedida del general Blanco. Su espada de honor. Banquete de la colonia inglesa. A bordo del «León XIII».*—El electo jefe del cuarto militar de S. M. la Reina, el Capitán general D. Ramón Blanco Erenas, iba á regresar á la Península en el vapor *León XIII*, que zarpaba el día 20 con aquel rumbo.

El general Blanco era en aquellos días muy visitado en su residencia de Malacañang; no fué de las menos solemnes la despedida que le hicieron los cuerpos de voluntarios. Al recibir á la numerosa representación del escuadrón de Manila, su comandante, el Sr. Bores Romero, expresó los sentimientos sinceros de respeto y afecto que la fuerza á sus órdenes guardaba al Sr. Marqués de Peña-Plata, contestando éste verdaderamente emocionado por salutación tan sentida; iguales conmovedoras manifestaciones produjéronse al recibir á los voluntarios de infantería, á los que formaban las guerrillas y á las demás corporaciones civiles y militares.

Con un banquete que aun sólo llamado familiar (pues así lo deseaba el Marqués de Peña-Plata) resultó de gran tono, la colonia inglesa residente en Manila obsequió la noche antes del día de su embarque al se-

ñor general Blanco, asistiendo á tan
agradable acto el nuevo Gobernador
general, Sr. Marqués de Polavieja; el
segundo Cabo, Sr. Zappino; el Gobernador civil, Sr. Luengo; los ayudantes de los generales invitados, y numerosos representantes de la distin-
guida colonia inglesa, la cual debió
quedar satisfechísima del resultado
de aquella fiesta.

El Ayuntamiento de Manila había regalado al señor general Blanco,
como tributo de admiración por sus
victorias en Mindanao, una hermosa
espada de honor; había ofrecido el
Marqués de Peña-Plata al recibirla
en agradecimiento rendirla á los pies
de la Santa Virgen que se venera en
Antipolo; pero surgió por aquellos
dias la maldita rebelión tagala, y, es
claro, no pudo personalmente cumplir su voto el Marqués de Peña-
Plata, acudiendo al santuario de Antipolo. Por ello, y con gran solemnidad religiosa, hizo la víspera de su

marcha entrega de aquella espada á los PP. Recoletos, que la depositaron en San Sebastián hasta conducirla á su sagrado destino.

La despedida tributada al señor general Blanco en la mañana del 20 de Diciembre fué afectuosa: los elementos oficiales, y á la cabeza de ellos el nuevo Gobernador general, Sr. Marqués de Polavieja, acudieron á los muelles de la capitanía del puerto, en donde la reglamentaria fuerza del Ejército con bandera y música y fuerzas de voluntarios hicieron los honores militares que correspondían á la alta jerarquía del ilustre viajero. La lancha de Malacañang, que le conducía á bordo del *León XIII*, fué convoyada por las en que iban la comisión del Ayuntamiento y las numerosas representaciones de los voluntarios del escuadrón y batallón de Manila; por la que conducía al señor general de Marina; por las de las guerrillas de

San Miguel y San Rafael, y por la *Anita*, que conducía á la principalía del gremio de sangleyes.

Distinguidas damas de la sociedad de Manila habían acudido al *León XIII*, cuya extensa cubierta resultaba escasa para contener el gran número de personas que rendían al ex Gobernador general de Filipinas el homenaje debido, no exclusivamente á la alta posición social, sino á los atributos de quien con justicia la ocupa. Así y todo, apreciando el caso, con menos fuerza de modestia propia, el general Blanco podía echar de menos, teniendo en cuenta las vehemencias de nuestra raza, lo ruidoso de manifestaciones similares que conducían al frenesí á quienes las produjeran.

El general Blanco podía regresar á la Península con su conciencia tranquila, pero quejoso de la fortuna. ¿Por qué así?

Apuntada queda nuestra opinión

en muy próximas anteriores páginas: el caudillo de Peña-Plata y de
Marahui, tal vez precisaba ejercer el
gran dominio que sobre sí mismo
tiene para impedir la vislumbre siquiera de sus tristezas al abandonar aquel territorio de su honrado
mando. Su política de prudencia, de
templanza, de verdadera atracción,
no había logrado evitar la fiera ingratitud de los tagalos, cuya conducta ya está visto cuán ladina y
solapada era: la política suave del
general Blanco interpretáronla mucho mejor los moros de Mindanao.

Y cuando la suma de medios de
guerra situaba al Marqués de Peña-
Plata en condiciones de lograr el castigo de los culpables, lo cual con el
aplauso de todos los españoles le hubiera proporcionado, el estruendoso
de aquellos quienes con más vehe-
mencia (que también hay que considerar patriótica) pedíamos la que juz-
gábamos saludable mayor dureza, no

podía querer el ilustre general abandonar aquel territorio conflagrado.

Estamos seguros de que al *confort* que le brindaba la zona templada, el general Blanco habría preferido mil veces continuar en los rigores de la tórrida, y de que más atractivos para él tenía seguir ocupando tan frágil vivienda, cual la que le albergó en el campamento de Dalahican, que disfrutar su instalación, si no ampulosa, cómoda, en la calle de Juan de Mena.

6.º *Decreto del general Polavieja referente á la concentración de barrios.*— Respetando los verdaderos intereses del orden material y atendiendo á los del moral é intelectual, el general Polavieja dictó á los pocos días de posesionado del mando de las islas un importantísimo decreto. Tal es el referente á la concentración de los barrios á más de dos kilómetros de sus parroquias y tribunales situados. Abuso intolerable era, en efecto, la diseminación sistemática, generalizadísima, de tantos y tantos habitantes que sin intereses que cuidar se apartaban de los centros de población con miras manifiestamente bastardas.

Burlar la acción de la justicia que los buscaba para hacer efectiva la responsabilidad criminal á que estaban afectos; burlar la acción administrativa, y librarse por ende del pago de cédulas que les corresponde; evitar las reducidísimas cargas municipales; prescindir del cumplimiento de todo deber religioso; fomentar el atraso, negando á sus hijos la debida instrucción; amparar á quienes iban á explotar la ignorancia de muchos campesinos, iniciándolos en las sectas de enemigos de la Patria y de la Religión; todos estos males produce la especial distribución rural de muchos vecindarios de algunos pueblos, y en plena insurrección sus males se agrandaban con la protección que los rebeldes tenían en los caseríos tan distanciados de los pueblos á que pertenecen.

La medida adoptada por el general Polavieja sobre tan interesante extremo fué muy bien recibida por la opinión pública, conocedora de las razones que de todo orden había para tomarla, sobre todo en la zona única á que se aplicaba, y que comprendía los territorios de las provincias de Bataán, Bulacán, Manila, Cavite, Morong, Laguna y Batangas.

El artículo 1.º del decreto que á la ligera analizamos impone la obligación de concentrar el vecindario en los términos siguientes:

«1.º En el improrrogable plazo de quince días, contados desde la publicación de este decreto, los capitanes municipales, de acuerdo con los reverendos padres curas párrocos y auxiliados por cuatro delegados de la principalía, harán que sean trasladados é incorporados á los pueblos respectivos todos los barrios que en la actualidad se hallan situados á más de dos kilómetros de la iglesia parroquial. Lo mismo harán con todas las chozas y viviendas aisladas, aun cuando se hallen á menor distancia.»

Y el artículo 6.° determinaba las prudentes excepciones que reclama el complejo problema de la agrupación.

Dicho artículo dice literalmente:

«6.° Quedan exceptuados de las anteriores disposiciones: 1.° Los barrios constituídos por agrupaciones de más de cincuenta casas ó que representen intereses de consideración y carácter permanente, ya por contar con edificios de construcción sólida, explotar industrias de importancia ó reunir otras circunstancias para servir de base á la creación de nuevos pueblos ó proseguir las tareas del desmonte ó roturación de bosques; 2.º Los edificios y camarines destinados á contener maquinaria, guardar frutos ó albergar temporalmente á sus dueños y aparceros durante el período de las faenas agrícolas; 3.º Las viviendas anejas á los vadeos ú otros servicios de utilidad pública.»

Señalábanse en el resto del articulado el modo y forma con que había de procederse á la traslación de las casas, y dictaba reglas para instalarlas en los nuevos lugares, trazando los nuevos barrios según piden los sabios preceptos de la higiene especial de las poblaciones.

Este decreto fué, según hemos afirmado, muy aplaudido.

7.º *Varios combates.* — Continuaban los hechos de guerra sin interrupción.

El 23 sostuvo duro combate en el pueblo de San José (Bulacán) la columna al mando del comandante de Estado mayor Olaguer-Felíu. Habíanse apoderado los rebeldes de Llanera, en número de 4.000, de aquel pueblo, fortificándose en él por medio de tres trincheras y ocupando la iglesia, el convento y todos los edificios sólidos. Olaguer los atacó denodadamente y los desalojó de ellas, dispersándolos por completo, causándoles 51 muertos y muchos heridos: 3 de los primeros y 13 de los segundos fueron las bajas sufridas por nuestra columna. Á las órdenes de Olaguer, pelearon con bravura, aquel día, Visiers, Otero, Valderrama, Sánchez Giralt, Fuentes, Barrientos, Lara y otros oficiales distinguidos que no recordamos bien.

Fuerzas de cazadores y del regimiento 70 del destacamento de Cavite batieron por completo 600 insurrectos en las proximidades de Taytay; se acuartelaban los rebeldes en un camarín del monte Majara.

Nuestras tropas les causaron muchas bajas y destruyeron aquel alojamiento, que creían permanente, según las obras que hicieron en él.

Fuerza al mando del teniente Benítez persiguió numerosa partida que atacara el cuartel de Santo Domingo, en Calamba, causándole bastantes bajas y poniendo al enemigo en precipitada fuga hacia Silang.

Otro combate reñido se libró el día 23 en Muntinlupa: grandes partidas de insurrectos atacaron nuestro destacamento de aquel lugar; los tabiques todos del edificio de madera en que nuestras fuerzas se alojaban, fueron acribillados por las balas enemigas, una de las cuales mató instantáneamente al teniente de la Guardia civil D. Antonio Esteban. Los insurrectos eran en gran número; el jefe de nuestro destacamento hubo de disponer que los soldados hiciesen fuego, por mejor medio de defensa, desde las banquetas sobre el muro de cerramiento del cuartel; y viendo los rebeldes lo estéril de su empeño en tomar aquella posición, emprendieron retirada hacia San Pedro de Tunasan: el ruido del combate había advertido á los de Biñán (Laguna); y habiendo salido fuerzas del batallón cazadores núm. 1 y voluntarios, batieron al enemigo, á quien más tarde castigó duramente el comandante Carbó con fuerzas de cazadores núm. 7. En el ataque de Muntinlupa sufrieron los rebeldes muchas bajas; los nuestros, el oficial Sr. Esteban y 6 heridos.

En reconocimiento practicado por el señor coronel Pintos, en la tarde del 24, tuvo un encuentro con los rebeldes entre Santolan y San Juan del Monte, causando al enemigo 5 muertos y 15 heridos, sin que los nuestros experimentaran baja alguna.

8.º *Nochebuena.* — Las tropas solían ser agasajadas frecuentemente con patrióticos donativos que con particularidad les hacían el casino de Manila, el alto comercio, los particulares y corporaciones; pero era menester conmemorar la Nochebuena, y aun cuando el soldado español no siente la nostalgia de su cuna cuando ha de cumplir su deber lejos de ella, bueno era llevar aquella noche á su' cuartel ó campamento un recuerdo de fiesta tan expansiva en los hogares de la España Católica.

La generosa actitud de los peninsulares era tal, que sólo en virtud de unas pobres líneas por nosotros escritas y llevadas á las columnas de *El Comercio* solicitando *un aguinaldo para los soldados*, condujeron á los cuarteles, destacamentos y columnas, importante refuerzo á las vituallas que por la espontánea iniciativa de los donantes se habían enviado á la capitanía general para ser distribuídas entre las tropas. De efectuar el reparto de aquellas que por nuestra cariñosa excitación se reunieron, quedaron encargadas las corporaciones religiosas, las cuales por su parte obsequiaron á nuestro valeroso Ejército muy cumplidamente.

9.º *Una circular del general Polavieja. Su decreto suspendiendo las elecciones municipales.*— Es el general Polavieja hombre de gran entendimiento y voluntad, además de valeroso y prudente. Desde su llegada á Manila trabajaba con inconcebible asiduidad: es muy probable que aquel exceso de actividades intelectuales que desdoblaba, y que al pronto no conmovieron su organismo, ya quebrantado por la enervadora acción de los climas cálidos, fuese responsable de los trastornos que más tarde experimentó, relacionados con sus anteriores padeceres.

Rápido para el concepto y de re-

tentiva excepcional, el general Polavieja pudo en pocos días aquilatar
y agrandar la noción que del Archipiélago filipino tenía adquirida. Sus
alocuciones al posesionarse del mando dieron ya fórmula que trazaba
la órbita en que había de girar su
celosa gestión; pero quiso sin duda
el general Polavieja, después de estudiar, meditar y resolver el plan
militar que había de llevar á cabo,
fijar bien á las claras la conducta
á que la administración pública debía atenerse: para ello dictaba importante circular, reflejo fiel de su
pensamiento y de su acción constante y notoria, porque en la honradez
del Marqués de Polavieja no puede
caber la hipótesis siquiera de una
discordancia entre lo que siente y
lo que dice, ni entre lo que dice y lo
que hace.

En deseos de que nuestros benévolos lectores no se priven de un dato
más para juzgar, ofrecemos á con-

tinuación el texto literal del documento á que nos referimos, y que
dice así:

«GOBIERNO GENERAL DE FILIPINAS.—
Las circunstancias extraordinarias
en que se encuentran estas islas,
hacen necesario que me dirija á
V. S. para indicarle someramente
las más principales reglas de conducta á que ha de ajustar sus actos
como autoridad del territorio que
está encomendado á su gestión.

La perturbación moral que se nota
en este Archipiélago desde que en
algún punto de su extenso territorio
se ha alterado el orden público, es
de todo punto necesario que desapa-
rezca inmediatamente, y para conseguirlo no escatimará V. S. ni su
consejo amistoso, ni el ejemplo de
sus actos, que han de reflejar fielmente la confianza que es necesario
inspirar á todas las clases sociales,
ni siquiera aquellos otros procedi-

mientos de prudente energía que
fueran precisos para conseguir que
todos los habitantes se dediquen, no
sólo á sus habituales ocupaciones
agrícolas, industriales y de comercio, sino á sus tradicionales fiestas
y recreaciones; teniendo muy presente que para conseguir aquel objeto con mayor prontitud y eficacia,
nada tan á propósito ha de encontrar V. S. como mantener y excitar
los sentimientos de respeto y prestigios que se deben á nuestra Religión.

La causa más honda é importante
de esa perturbación que se nota en
estos pueblos, débese principalmente
al desarrollo y arraigo que en algunas regiones han adquirido las asociaciones secretas de todo género.
por lo cual este Gobierno general recomienda á V. S. muy especialmente que por todos los medios que su
celo y patriotismo le sugieran, per-
siga y destruya tan funestas socie-

dades, que por el hecho de ser secretas son ilícitas y penadas por la
ley, y por los fines reales ó aparentes
que se proponen, contrarias á la Religión y á la Patria. No se le oculta-
rá, por tanto, la imperiosa necesidad
que existe de proceder en esta cuestión con la prudente y enérgica rapidez de acción, siempre compatibles
con la serenidad de juicio y discreción necesarias para evitar injusticias.

Nada hay tan eficaz para mantener los prestigios de la autoridad
como la práctica constante de purí-
sima moralidad en todos los órdenes
de la Administración pública, razón
por la cual este Gobierno general
está resuelto á ser inexorable con
todos los que siquiera vacilen en
asuntos de esta naturaleza, siendo,
por tanto, imprescindible que V. S.,
como representante de mi Autoridad, extreme su vigilancia, aplican-
do la ley con todos sus rigores y

dando cuenta á este Gobierno general de todo lo que se relacione con esta importantísima cuestión.

Pero no basta á las autoridades y agentes del Gobierno de todos órdenes mantener constantemente la pureza de su gestión pública, sino que es necesario que reflejen además en toda su conducta la serenidad y abnegación que el Rey y la Patria tienen derecho á esperar de todos, no abandonando jamás sus puestos, aun cuando se presenten circunstancias difíciles, que tienen la obligación de afrontar y resolver con honra personal, de la Patria y del Rey.

Para las relaciones con sus gobernados ha de inspirarse V. S. en mi alocución dirigida á los habitantes de estas Islas, que refleja mis procedimientos y mi criterio con respecto al afecto y protección que ha de demostrarse á los leales y al rigor y energía que deben emplearse con los traidores de su Rey y de su Patria, distinguiendo los que lo sean por maldad, de aquellos otros que fueron arrastrados por ignorancia y por engaño.

De la presente circular se servirá V. S. acusar el oportuno recibo.

Dios guarde á V. S. muchos años. Manila, 25 de Diciembre de 1896.»

Durante este último mes de 1896, habían de hacerse elecciones municipales, la renovación de una parte de los tribunales de los pueblos, con arreglo á lo preceptuado en el Real decreto de 19 de Mayo de 1893, con arreglo á la ley Maura, según allí generalmente se dice. El art. 10 de este Real decreto puntualiza bien claramente el procedimiento para verificarse tal renovación electiva ante el tribunal municipal completo, con asistencia del reverendo ó devoto cura párroco, con cuyo visto bueno y el del capitán municipal, el acta de elección se remite al gobernador de la provincia, quien da cuenta al Gobernador general.

Aun estando, según lo está la citada ley, provista de medios de gobierno, en circunstancias tan turbulentas, cuales las que alteraban la paz pública, no podía tener aplicación; y entendiéndolo así, sin duda, el Gobernador general, Sr. Marqués de Polavieja, dictó un decreto suspendiendo las elecciones, ocurriendo á la imperiosa necesidad de que á los tribunales municipales acudiesen indígenas de reconocida fidelidad á la causa de la Patria, aunque fuese sin el voto de las principalías, que, influenciadas por los acontecimientos, hacían correr el riesgo de una mala elección.

El decreto interesante á que nos referimos decía literalmente:

«Manila, 24 de Diciembre de 1896.

En atención á las dificultades que á causa de la insurrección se han ocasionado en algunas provincias de la isla de Luzón para llevar á efecto la renovación de una parte de los tribunales municipales en la forma que preceptúa el art. 10 del Real decreto de 19 de Mayo de 1893, y en uso de las atribuciones que me están conferidas, vengo en decretar lo siguiente:

Artículo 1.° Se suspenden las elecciones que deben tener lugar durante el presente mes de Diciembre para la renovación de la tercera parte de los cargos que constituyen los tribunales municipales en los pueblos en que no se hayan verificado en esta fecha, pertenecientes á las provincias de Manila, Bulacán, Pampanga, Nueva-Écija, La Laguna, Tarlac, Cavite, Bataan y Zambales, sobre las cuales existe la declaración de estado de guerra.

Art. 2.º Los gobernadores de las provincias citadas propondrán á este Gobierno general el cese de los munícipes que por cualquier causa no deban continuar formando parte de los tribunales, y al mismo tiempo el nombramiento de los que hayan de sustituirles ínterin duren las actuales circunstancias y se puede dar debido cumplimiento á la ley.

Las propuestas para estos nombramientos, serán acompañadas de los informes de los RR. ó DD. curas párrocos y de todas aquellas entidades que para mayor ilustración juzguen conveniente oir los referidos gobernadores.

Publíquese y dese cuenta al Ministerio de Ultramar.— *Polavieja.*»

Tanto el preinserto decreto, cuanto la circular que le antecede, sintetizaban por parte del señor general

Polavieja un concepto exactamente
concordante con el formado por todo
el elemento peninsular; no se marcó
la más mínima diferencia de criterio
entre el uno y el otro; para todos los
españoles eran objeto de aplauso las
justas, justísimas disposiciones del
Gobernador general.

CAPÍTULO X

Continúa la síntesis de los principales acaecimientos del mes de Diciembre de 1896.

1.º Asesinato de los RR. PP. curas párrocos de Moron y Bagac. Combates en aquellos lugares. — 2.º Consejo de guerra para ver y fallar la causa contra D. José Rizal. Sentencia y ejecución de la pena de muerte impuesta á este reo. — 3.º Otras sentencias y ejecuciones de la misma pena. Importante resolución dictada por el Capitán general, Sr. Marqués de Polavieja, referente á la administración de justicia. — 4.º Otro importante consejo de guerra referente á los de Camarines. — 5.º Conspiración en Bulacán. Consejo de guerra de oficiales generales. Caballos de Australia. Más tropas expedicionarias. — 6.º El general Polavieja visita Cavite y el campamento de Dalahican.

1.º *Asesinato de los RR. PP. curas párrocos de Moron y Bagac. Combates en aquellos lugares.* — Horrible crimen y

en lugar sagrado se cometió en la
madrugada del 25 en Moron, pequeño pueblo, habitado por pescadores,
en la costa de Bataan. El bondado-
so cura párroco de aquel pueblo, reverendo padre Fr. Domingo Cabre-
jas, de la Orden Recoletana, estaba
celebrando el santo sacrificio de la
misa, cuando la población fué asal-
tada por una partida rebelde, que la
saqueó totalmente: del menaje del
convento nada quedó. Fieramente
asesinado el R. cura párroco, con salvaje regocijo exhibieron los infames
autores de tamaño crimen el cadáver
de aquel mártir, cuya preciosa sangre salpicó los paños sagrados del altar y tiñó su pavimento, hollado por
la sacrílega planta de los frenéticos
sectarios del catipunan, los cuales,
al prepararse á huir después de cometer tan enorme crimen, debajo de
unos maderámenes que había en la
misma iglesia colocaron el cadáver
fragmentado del virtuoso menciona-

do padre recoleto. En aquel mismo
sitio le reconoció el médico del *Cristina* Sr. Piso, el cual iba acompañado
del contador del mismo barco Sr. So-
lorzano, voluntario de aquella expedición, que en el vapor *Alerta* destacó sobre el puerto de Moron el
distinguido comandante del crucero,
Sr. Cadarso. Era éste conocedor del
vandálico hecho, por noticia que á
Olongapó llevara un capitán pasado.
Con las fuerzas de la dotación del
Cristina al mando del alférez de
navío D. Carlos Pineda, uniéronse
en el *Alerta* 30 soldados indígenas
que al mando de un capitán, pertenecían á la columna Barraquer y
que por éste habían sido enviados.

Navegadas las 14 millas que sepa-
ran Olongapó de Moron, estas fuerzas sostuvieron combate con los rebeldes, hasta que éstos se disper-
saron por completo; mas una y otra
vez fueron castigados, porque el coronel Barraquer, fraccionando su co-

lumna, con el comandante Baquero
y otras al mando de los capitanes
Burguete, Alarcón, Estévez y Lasen,
operó un movimiento de persecución
que desterró á las partidas rebeldes,
las cuales aniquiladas se disemi-
naron por los inaccesibles picos de
Mariveles.

Los crueles asesinos que entraron
en Orani y en Hermosa, secuestraron
también y mataron al P. San Juan,
cura párroco de Bagac, pequeño
pueblo que en tiempos perteneciera
en lo civil y eclesiástico al de Moron. En las inmediaciones de aquél
los batió el capitán Burguete, obteniendo la victoria de que desde Orani dió cuenta á Manila el coronel
Barraquer.

2.º *Consejo de guerra para ver y fallar la causa contra D. José Rizal y
Mercado. Sentencia y ejecución de la
pena de muerte impuesta á este reo.—*
Para juzgar á Rizal, verificóse el día

26 el consejo de guerra correspondiente: lo presidió el teniente coronel de caballería D. José Togores.

El espacioso local destinado en el cuartel de España á la celebración del consejo de guerra de que se trata, resultó escaso para contener el gran número de personas que deseaban presenciar el acto. Acto en realidad solemne, en el cual pudo aprenderse por completo todo lo concerniente á la rebelión de los tagalos generada por la Liga Filipina de Rizal.

No acertamos á explicarnos por qué suerte de consideraciones, del orden técnico y de conveniencia social, deje de estar informada la opinión pública á estas horas, aunque éstas lo sean de guerra todavía, con el conocimiento detallado de la causa seguida por la justicia militar contra el médico indígena D. José Rizal y Mercado.

La publicación de los detalles de tal proceso, impediría en absoluto el

menor desacuerdo entre la fantasía
(facultad que priva tanto en los ánimos de nuestra raza) y la realidad
de los hechos.

Del conocimiento de la verdad, por
triste que ésta sea, siempre se derivan provechosas enseñanzas: jamás
pueden tener igual carácter las falsas que resulten del desconocimien-
to de los hechos.

Rizal, el reo que iba á ser juzgado
en aquellos días, estaba acusado de
los delitos de *rebelión, sedición y asociaciones ilícitas.* Los actos de Rizal,
habíanse hecho muy públicos: ¡eran
tantos y tantos quienes los conocían! pero las indagatorias del acusado y las declaraciones de cargo
contra el mismo, por el juzgado militar recibidas, vendrían á ofrecer
una resultancia tan clara para fallar,
que bastara el común sentido á efectuarlo en justicia.

Y al unísono, se aplaudiría por todos la acción de ésta, con sus rectas

severidades indispensables á la humana sociedad.

El teniente auditor Sr. Alcocer formuló brillante acusación fiscal. Después de bosquejar con mano maestra el triste desolador cuadro de la insurrección filipina, ofrecido por la ingratitud de millares de indígenas contra la dominación española, que tanto los ha enaltecido, dibujó con rara perfección la persona de Rizal, demostrando hasta la evidencia que los constantes trabajos de este agitador del elemento indígena, fueron siempre encaminados á lograr la independencia de las islas por toda clase de medios. El luminoso dictamen acusación á que nos referimos, analizaba cuanto Rizal produjera contra la Patria desde que cumplió los 19 años de edad, el tan funesto propagandista. Después de aquella oda con que acudió al certamen de 1879, no cesó el laborante tagalo en su predicación contra la soberanía de España en Filipinas: su novela publicada con pie de imprenta en Berlín, y titulada *Noli me tangere*, es una diatriba constante contra la Religión católica, á la que escarnece, y contra las personas y cosas de la Administración española; al frenesí llega en la expresión del concepto que le merecíamos los españoles, á quienes nos llama *moscas* y *colados* y *canallas*, saludándonos con otros dislates de no menor audaz injuria y calumnia. En el vértigo de sus odios contra nosotros los españoles, Rizal fué desde Manila en el año 1888 al Japón, y de allí vino á Madrid, y desde aquí fué á París y después á Londres para volver á la corte de España, en cuyas capitales hizo, en una ó en otra forma, siempre manifiestamente propaganda filibustera.

Otra producción literaria de Rizal fué *El Filibusterismo*, libro que no desarrolla otro tema que el de ensal-

zar la memoria de los tres curas indígenas que sufrieron la pena de
muerte por haber tomado tan activa parte en la insurrección de Cavite de 1872: en tal libro, amenaza
Rizal á la nación española, porque
no dejó impune el atentado que contra la soberanía de la misma come-
tieron aquellos clérigos (que también quisiéron degollar á los castilas), y á quienes Rizal apellidaba
mártires.

En 1892 obtenía por nuestra inconmensurable magnanimidad el indulto de su familia, que estaba de-
portada, y premiaba tal merced del
modo que ya dijimos al hablar de *La
Liga Filipina*, es decir, creando ésta,
que fué el primer jalón, propiamente
dicho, del actual movimiento separatista.

El fiscal discurre por modo con-
vincente acerca de la influencia perniciosa que las logias masónicas
ejercieron sobre los indígenas, des-

truyendo entre ellos las creencias religiosas; para lograrlo venían aqué-llas trabajando con gran insistencia y llegando á instalarse cerca de 200 en el Archipiélago.

El elocuente acusador fiscal señor Alcocer estudia luego la Liga Fili-pina y señala el primordial objeto de la misma, que fué *allegar recur-sos para los gastos del levantamiento en armas á fin de conseguir la independen-cia de las islas.*

En la reunión celebrada en la casa de Doroteo Ong-Pingco, y á la cual asistieron tantos indígenas pudien-tes, Rizal, según propia manifesta-ción que consta en su indagatoria, dijo, entre otras muchas cosas, que *era importantísimo el establecimiento de la Liga Filipina conforme al reglamento de que era autor* (ya desde Hong-Kong habíalo remitido á Moisés Sal-vador, que residía en Manila), *y por este medio levantar las artes y el comer-cio, porque el pueblo, siendo rico y estan-*

*do unido, conseguiría su libertad y hasta
su independencia.*

Si por la propia confesión de Rizal resulta esto probado en autos, también lo está por muchas declaraciones prestadas, y entre ocho ó diez de las principales destácase la de Martín Constantino puntualizando por completo el plan y afirmando que el objeto de aquella asociación era *matar á los españoles y proclamar la independencia del país;* que Rizal era el jefe supremo, presidente honorario del Catipunan, y que su retrato figuraba en el salón de actos de aquella asociación.

Explica el fiscal, teniente auditor, la organización de la Liga, de la cual ya nosotros en capítulos anteriores hemos dado pobre síntesis, y demuestra la importancia de las explicaciones dadas por Rizal á preguntas que el juez instructor le hiciera respecto á las conferencias que en su destierro de Dapitan tuvo aquel agitador médico tágalo con personas de significacion complica- das en estos tristes sucesos. So pre- texto de que iban á consultarle su- puestas dolencias, á Dapitan acudie- ron los que más tarde resultaron je- fes del movimiento.

Rizal agravó con sus propias decla- raciones su situación : dijo á su com- pañero Valenzuela, cuando fué éste á darle cuenta de que se proyectaba el alzamiento, que éste era prematuro, que debía esperarse *hasta disponer de armas y barcos.* El gran agitador de las pasiones populares contra los pode- res públicos, el principal culpable de la rebelión, pensaba sin duda poder exculparse con aquella manifesta- ción, sin pararse á pensar de qué suerte enseña la historia cuán difí- cil es detener la marcha de un mo- vimiento de tal naturaleza ya ini- ciado, y de qué suerte sus promove- dores perecieron siempre arrollados por él. Nada podía amenguar las responsabilidades á que Rizal se había hecho acreedor: aquellas demoras que aconsejó para alzarse en armas no eran parada ó retroceso en sus designios de efectuarlo, *porque Rizal continuó la obra de propaganda filibustera, esperando momento propicio para asegurar el éxito del levantamiento: éste se adelantó...*

¿Por el descubrimiento hecho en virtud de las revelaciones de Patiño? ¿Por las ambiciones de Andrés Bonifacio?

De cualquier modo y de todos, Rizal era el promovedor principal del delito de rebelión, y debía sufrir la pena que para el mismo señala el Código.

La dirección suprema de la insurrección filipina estuvo siempre vinculada en la persona de Rizal. ¿Quién podría invalidar las declaraciones testimoniadas en la causa, vertidas por Alejandro Reyes, Moisés Salvador, José Dizón, Pedro Serrano, Pío Valenzuela, Martín Constantino y Águedo del Rosario, Deodato Arellano y tantos otros?

Rizal, pues, había de satisfacer á la justicia el tributo de que le era deudor. Los dos delitos de que el fiscal le acusaba quedaban en la causa perfectamente comprobados. Asociaciones ilícitas y el de haber promovido é inducido con sus continuos trabajos (muy bien relatados en el dictamen de que nos ocupamos) la actual rebelión. En ambos delitos tenía el acusado la participación de *autor*, con circunstancia agravante, sin ninguna atenuante.

En su consecuencia, el fiscal, en nombre del Rey, pidió la pena de muerte para D. José Rizal y Mercado, como autor de los expresados delitos: en el caso de indulto, no podrían remitirse las accesorias de inhabilitación absoluta perpetua y sujeción de aquél á la vigilancia de la autoridad por el tiempo de su vida.

debiendo satisfacer en concepto de indemnización la cantidad de veinte mil pesos; todo con arreglo al Código penal vigente en el Archipiélago.

Lo más fielmente que sabemos, venimos sintetizando el notable dictamen del teniente auditor fiscal Sr. Alcocer; pero no podemos resistir al deseo de que nuestros benévolos lectores conozcan lo que, según nuestras notas, constituyó el final del elocuente sentido dictamen á que nos referimos. Decía el párrafo final de éste: «Vais á decidir, desempe-»ñando la augusta misión de jueces, »de la suerte futura de D. José Ri-»zal; pero tened presente que en esos »solemnes momentos os piden justi-»cia las muchas víctimas que, con »motivo del actual movimiento in-»surreccional, duermen el sueño »eterno en esta tierra que siempre »debe ser española; que asimismo »os piden justicia esas esposas é hi-»jas de pundonorosos oficiales villa-

»namente ultrajadas por una muche-
»dumbre desenfrenada y cruel; que
»os piden justicia millares de ma-
»dres que, con el llanto en los ojos y
»la angustia en el corazón, siguen
»paso á paso los accidentes de esta
»campaña, pensando constantemen-
»te en sus hijos, que con la bravura
»propia del soldado español, luchan
»sufriendo los rigores de un clima
»tropical y las asechanzas de una
»guerra traidora, por defender el ho-
»nor y la integridad de la Patria; y,
»por último, que os pide justicia el
»fiscal, como representante de la
»ley.» Así terminaba la notable acusación fiscal, por absoluta unanimidad de pareceres encomiada.

Vino después una hábil defensa
del reo, hecha por el primer teniente de artillería D. Luis Taviel de Andrade, quien, á pesar de sus esfuerzos, de nada atenuador pudo á nadie convencer; é invitado Rizal á
que añadiese cuanto le pareciera, en

débiles frases intentó en vano des-
virtuar las acusaciones de sus paisanos, evidenciando el principal papel
que él tuviera en la rebelión.

Y terminó la vista pública re-
uniéndose el Consejo á deliberar se-
cretamente por espacio de hora y
media.

Pronto se conoció la sentencia de
muerte dictada por el Consejo de
guerra y firmada por el Capitán general, el 29 se dispuso en la orden
de la plaza lo necesario para que fuese ejecutada á las siete de la mañana
del siguiente día 30.

Personalmente jamás tratamos á
Rizal: conocíamos sus injustos enco-
nos contra los españoles; aun antes
de producir este agitador las fórmulas abominables de su Liga Filipina
para alcanzar la independencia de
aquellas islas, eran muy sabidas las
despreciativas frases que sin recato
en muchas ocasiones vertió contra
nuestros poderes públicos.

Pero acudimos á la Real Fuerza de Santiago, lugar de su prisión, y allí averiguamos de qué modo en las últimas horas de su existencia, y después de sostenida lucha entre las pasiones que desde la juventud se habían apoderado de aquel espíritu ambicioso, y la vislumbre, que ya bastaba, ó el gran reflejo de las verdades opuestas á los enormes errores en que vivió, Rizal dió muestras de arrepentimiento: tal éxito alcanzó la obra perseverantemente ejecutada por los PP. de la Compañía de Jesús, que nos parece recordar fueron los padres March y Vilaclara, además del P. Rosell, á quien nosotros mismos vimos en tan santa labor ocupadísimo. Rizal escribió de su puño y letra solemne retractación, que decía literalmente así:

«Me declaro católico, y en esta Religión en que nací y me eduqué quiero vivir y morir.

»Me retracto de todo corazón de

cuanto en mis palabras, escritos, impresos y conducta ha habido contrario á mis cualidades de hijo de la Iglesia Católica. Creo y profeso cuanto ella enseña y me someto á cuanto ella manda. Abomino de la masonería, como enemiga que es de la Iglesia, y como sociedad prohibida por la Iglesia. Puede el prelado diocesano, como autoridad superior eclesiástica, hacer pública esta manifestación espontánea mía, para reparar el escándalo que mis actos hayan podido causar y para que Dios y los hombres me perdonen.

»Manila, 29 de Diciembre de 1896. —*José Rizal.*—El Jefe del piquete, *Juan del Fresno.*—El ayudante de plaza, *Eloy Maure.*»

Rizal se confesó, recibió la sagrada comunión, y á presencia del jefe y oficiales de la fuerza contrajo matrimonio con Doña Josefina Bracken.

Conducido al lugar señalado, y sin haberse producido alguno por más

que eran de bulto los que se prede-
cían, verificóse la ejecución, siendo
este reo fusilado de pie, pues no
quiso arrodillarse.

Dios, en su bondad infinita, se habrá apiadado del alma de Rizal, co-
operando tal vez á la salvación de la
misma el perdón que desde la gloria le hayan otorgado las almas ge-
nerosas del gran número de españoles. religiosos y seglares, que perdieron sus preciosas vidas por los planes criminosos del desdichado iluso
médico tagalo.

3.º *Otras ejecuciones de la misma
pena. Importante resolución dictada por
el Capitán general Sr. Polavieja referente á la administración de justicia.*—
Aunque aflictivas para el ánimo, re-
lacionadas con la magnitud de los
crímenes cometidos por los rebeldes
tagalos, no eran muchas las ejecuciones de pena de muerte que se llevaban á cabo: pero como todas éstas

se efectuaban en el mismo lugar y sitio, Manila venía presenciando el triste espectáculo á que nos referimos con dolorosa frecuencia.

Desde el 3 de Noviembre, en que se fusiló al paisano Honorato Onrubia, el de la gran traición del semáforo en el seno de Balayán, hasta el 30 de Diciembre, en que fué fusilado Rizal, habían sufrido igual pena por delitos también de traición otros individuos: el 14 de este último mes, Procopio Evangelista, Francisco Ismael y Pedro Torres: habían sido ejecutados en garrote vil por robo en cuadrilla y doble homicidio, el día 15, los reos Gregorio Jacob, Antonio Portucas, Mateo Gasmín y Florentino Jacob: fueron fusilados el 17, por el delito de rebelión, León de los Santos, León Valerio, Gaspar de los Santos, Agatón de la Cruz, Maximino Austria, Nicolás y Vicente Márquez, y por rebelión y espionaje Guario Bono Gaspar.

Para evitar en lo posible espectáculo tan triste, debiendo hacer más efectiva la ejemplaridad de la pena, así como para atender á otros interesantes extremos, el general Polavieja dictó resolución que, por corresponder al grupo de las que marcan criterio propio, vémonos precisados á reproducir en texto literal, que es el siguiente:

«La concentración en esta capital de cuantos individuos son en provincias detenidos ó presos, en concepto de presuntos complicados en la actual rebelión, es origen de graves dificultades para la ordenada administración de justicia, obstáculo para el buen régimen interior de las prisiones y hasta barrera infranqueable al restablecimiento de la paz moral en esta sociedad harto agitada.

»Necesitado el espíritu público del reposo perdido meses há, no conseguirá recuperarlo ínterin su atención esté solicitada por el doloroso y

horrible espectáculo de continuas
ejecuciones de pena capital; cumplido el fallo de la ley á larga distancia del lugar en que su imperio fué
desconocido, aménguase la ejemplaridad de la pena, desconociendo uno
de sus principales fines: confundidos
centenares de procesados en locales
faltos de seguridad y de higiene,
corre tanto riesgo la salud pública
como el éxito feliz de actuaciones
que reclaman severa incomunicación
y eficaz custodia; distribuídos los
preferentes servicios de la administración de justicia entre los jefes y
oficiales residentes en Manila, se les
recarga con penoso y asiduo trabajo
que en creciente aumento retarda
la sustanciación y término de procesos importantísimos; y convertida,
en fin, la capital en único centro de
que irradia la justicia, siéntese en los
demás pueblos filipinos débil y tar-
dío el imperio de la ley.

»Tan graves males reclaman pronto y urgente remedio; y con el fin de conseguirlo, he tenido á bien disponer lo siguiente:

»1.° Los comandantes generales de fuerzas en operaciones, y donde éstos no residan, la autoridad militar jefe de cuerpo, ó el de mayor graduación con mando de tropas, ordenarán la instrucción de causa por todo delito de que tuvieren conocimiento, si, con arreglo á las disposiciones del Código de Justicia militar ó á los bandos vigentes, debiese someterse á la jurisdicción de Guerra, nombrando al efecto juez instructor y secretario, sin perjuicio de darme inmediato conocimiento de la prevención de la causa y de dichos nombramientos, para mi aprobación cuando sea procedente.

»2.° Los detenidos como presuntos reos de los delitos á que se refiere el artículo anterior serán puestos sin pérdida de tiempo á disposición de las respectivas autoridades ó jefes militares, cualquiera que sea la autoridad que haya ordenado la detención y el carácter y dependencia de la fuerza pública ó de los agentes que hayan efectuado la aprehensión, ingresando los detenidos en la cárcel ó local destinado á este efecto en la población, si ofreciere las necesarias condiciones de seguridad, ó en la de la cabecera de la provincia en otro caso, ó en el que así lo disponga la autoridad militar.

»3.° Los jueces ó instructores podrán detener por sí mismos á los presuntos culpables ó encomendar directamente su captura á todas las autoridades y agentes de las mismas, así como á la Guardia civil, que sin dilación ni excusas llevarán á efecto la aprehensión; en la inteligencia de que si no llegara á realizarse por negligencia ó falta de celo de los encargados de tan importante servicio, les exigiré la más estrecha responsabilidad.

»4.º　Los mismos jueces instructores procederán por sí mismos, ó darán directamente comisión á otras autoridades ó á sus agentes, para que procedan al registro de habitaciones, examen de documentos y demás diligencias judiciales que procedan, con las formalidades que las leyes procesales prescriben y son de observar en tiempo de guerra.

»5.º　Los expresados jueces sustanciarán con el mayor celo los procesos á que estas prescripciones se refieren, prescindiendo de diligencias inútiles é incoando desde luego la correspondiente pieza de embargo por cada procesado, teniendo presente, para acordar la cuantía de aquél, que el Estado ha de indemnizarse en lo posible de los cuantiosos sacrificios que la rebelión le impone.

»6.º　Tan pronto como las causas se encuentren en estado de consulta, en los diferentes períodos que ésta procede, se me remitirán sin dilación por conducto del mismo juez instructor, del secretario ó del oficial á quien comisione para este servicio la autoridad militar.

»7.º Las causas se instruirán en la localidad en que se hallen los presos, siempre que por mi autoridad no se disponga lo contrario.

»En la misma localidad se celebrarán los correspondientes consejos de guerra y se llevarán á ejecución las sentencias firmes.

»8.º Las autoridades y jefes militares á que se refiere el artículo primero solicitarán de mi autoridad, utilizando los medios más rápidos de comunicación, los jueces instructores, fiscales, secretarios, vocales de consejos de guerra, asesores y cuantos elementos necesiten para la más rápida y ordenada administración de justicia, remitiéndome los procesos inmediatamente después de dictada la sentencia, á fin de que no se de-

more la aprobación de ésta, cuando
esté arreglada á las leyes.

»9.º   Las mismas autoridades y los
jefes militares ofrecerán á los moradores pacíficos de las localidades y
campos de su respectivo mando la
más firme garantía de que no se les
causarán molestias innecesarias ni se
les inferirá el menor daño en sus
bienes, y castigarán con el mayor
rigor cuantos abusos se cometan
contra las personas ó la propiedad
como infracciones de la severa disciplina que debe mantenerse en las
tropas.

»Y 10.   Todas las diligencias que
se instruyan por hechos relacionados
con la actual rebelión tendrán desde
el primer momento carácter judicial,
y, al efecto, cuando no hubiere disponible jefe ú oficial para ejercer el
cargo de juez, practicará las actuaciones el juzgado ordinario, auxiliando en todo caso las demás autoridades á la judicial.

»Manila, 25 de Diciembre de 1896.
—*Camilo G. de Polavieja.*»

Sólo la lectura del documento que acabamos de transcribir, da cabal idea de lo conveniente que había de resultar su estricta aplicación; y así aconteció.

4.º *Otro importante consejo de guerra referente á lo de Camarines.* — El día 29 de Diciembre se celebró otro consejo de guerra para ver y fallar la causa seguida por el delito de rebelión contra los clérigos indios Severiano Díaz, cura párroco de la catedral de Nueva Cáceres; Inocencio Herrera, coadjutor, y Gabriel Prieto, párroco de Malinao, del Malinao de Albay, no del pueblo que lleva igual nombre en las Bisayas; las dos localidades son importantes por su población y riqueza. Respecto del Malinao á que nos referimos, del de Albay, diócesis de Nueva Cáceres, debemos decir que sólo los dos barrios que tiene como anexos, Quinali y Sipit, habrían de satisfacer, si la tributación en Filipinas fuese cual la de la Península, la cantidad que al Tesoro público aporta todo el pueblo, pueblo que cuando su censo era de más de 10.000 almas, con sus 1.626 casas y sus extensas fertilísimas tierras de arroz, y sus industrias de caza y pesca, singularmente esta última pagaba menos de *2.000 pesos*, es decir, menos de una peseta por alma.

Además de los tres curas indios que el consejo de guerra de este día (29 Diciembre) iba á juzgar, figuraban los paisanos Tomás Prieto, farmacéutico, teniente de alcalde y alcalde interino que fué de Nueva Cáceres; Manuel Abella, notario de la misma capital; Domingo Abella, hijo del anterior, abogado; Camilo Jacob, fotógrafo; Macario Valentín, cabo de serenos; Cornelio Mercado; Mariano N., escribiente de la Administración de Hacienda; Florencio Lerma, músico, y Mariano Melgarejo, empleado de Obras públicas.

Presidía el consejo el teniente coronel Sr. Moreno Esteller, y se celebraba en el cuartel de artillería de España. Actuó como secretario el juez instructor Sr. Despujol (D. Ramón), primer teniente de infantería. Por la lectura que este señor hizo de lo diligenciado se vino en conocimiento de que el celoso gobernador civil de aquella provincia, señor D. Ricardo Lacosta, por consecuencia de una confidencia que le había hecho saber cómo había recibido Tomás Prieto una partida de armas, procedió á la detención de este procesado, el cual, espontáneamente, declaró todo el plan vasto de la conspiración de Camarines, trazada de perfecto acuerdo con los de Manila y Cavite. El proyectado crimen, detallado por Prieto, tenía por base la matanza de los castilas residentes en aquella provincia, y había de llevarse á cabo el día 26 de Septiembre.

Aquel Victoriano Luciano, á quien ya señalamos como uno de los conspiradores de más viso en Cavite, fué quien desempeñó el encargo de hacer llegar á los de Camarines un baroto cargado de armas, las que serían distribuídas por los comprendidos en la causa objeto del consejo de guerra de que tratamos. Florencio Lerma fué designado como jefe activo del movimiento, y Abella (hijo), con Camilo Jacob, lugartenientes de aquél.

Evidenciada de todo punto quedó, merced á lo actuado por el juez instructor Sr. Despujol. la culpabilidad de 12 procesados, destacándose entre éstos, por los mayores grados que en aquélla alcanzara, el cura de Malinao, Gabriel Prieto, que fué quien sedujo á su hermano Tomás, el farmacéutico ex alcalde.

Estos reos de Camarines produjeron las más graves acusaciones contra D. Francisco L. Roxas y contra el sastre Villarreal.

De tanto valor eran las declaraciones y acusaciones y careos verificados entre estos procesados, que verdadero lujo de legalidad fué el notable trabajo de la acusación fiscal, encomendada al teniente auditor señor Vallespinosa: la propia confesión de los procesados los incluía, no simplemente en la conspiración, sino en la rebelión misma, según con brillante elocuencia y vigorosa argumentación probaba el Sr. Vallespinosa, presentando *los actos ejecutados* por aquéllos.

En todos los períodos de su oración modelo, el fiscal convencía; pero en los que destinara á la acusación del crimen cometido por los clérigos Herrera, Díaz y Prieto, arrancó entusiasta ruidosa aprobación, dada por el auditorio á tan claros razonamientos; mas como la ley no tolera tales manifestaciones, las advertencias del presidente del tribunal las contuvieron en el instante mismo en que se iniciaran.

Y descartado alguno de los encartados que resultó inocente, las conclusiones del fiscal fueron:

1.º Que se había cometido el delito de rebelión previsto en el artículo 230 con relación al 229, y en el 232 del Código penal.

2.º Que eran responsables del delito de rebelión previsto en el artículo 230, y por lo tanto deben sufrir la última pena, los individuos mencionados, menos el Mariano, ordenanza, para quien el fiscal reclama veinte años de reclusión.

Honradamente cumplieron su difícil cometido de defensores el capitán de ingenieros Sr. Díaz, que lo era del clérigo Prieto, y los tenientes de artillería, infantería y caballería, señores Souza, Taviel de Andrade, Salgado Rivadulla y López Blanco, que defendieron á los demás acusados. Algunas frases de éstos, pronunciadas en son de españolismo, no podían menos de ser consideradas burdo sarcasmo, cruel hipocresía, pues ningún valor podía concederse á los conceptos de quienes supieron durante una larga vida por entero, fingir cuando estaban entre los españoles peninsulares las mayores muestras de respeto y consideración hacia éstos, á los cuales, el prototipo de tal ficción, aquel acaudalado notario Abella que figuraba en el proceso que analizamos, nos llamaba *¡carabaos blancos!* siempre que, hablando entre los indios, se refería á los españoles de la Península.

Todos los reos comprendidos en esta causa, menos Tomás Prieto, que se satisfizo con lo dicho por su defensor, sin querer añadir nada, presentaron instancias de excusas y protestas de cajón, con todas las apa-

riencias de haber sido confecciona-
das por una misma mano.

Y terminó el consejo, al cual también había acudido gran concu-
rrencia.

Como quiera que la sentencia se
dictó y ejecutó en fechas ya correspondientes á 1897, es decir, dentro
del año actual, cuando sinteticemos
los hechos del día en que´éste se efec-
tuara, ofreceremos algún pormenor
sobre el mismo.

5.° *Conspiración en Bulacán. Consejo de guerra de oficiales generales. Más
tropas expedicionarias. Caballos de la
Australia.* —En Bulacán continuaba
la agitación á pesar de lo castigada
que venía siendo la rebeldía de los
tagalos. En los últimos días del mes
de Diciembre hiciéronse importantes
prisiones de vecinos pudientes, abogados de la cabecera y propietarios
en la misma ; fueron los principales,
entre los detenidos, Aguado Valen-

tín, Ambrosio Delgado y Silvino Ca-
lindig. En varios pueblos de la misma provincia se efectuaron otras detenciones. En Malolos, las de Luis
Reyes, Gabino Tantoco, Ponciano
Tiongson y Pedro Santiago, siendo
también aprehendidos los jueces de
paz de Barasoain, Paonbong y Hagonoy, con otros vecinos de Meycauayan, Marilao y Polo principalmente.

La nueva conspiración urdida en
la cabecera de la provincia, que dió
motivo á las prisiones á que acabamos de aludir, era tan villana, cual
en todos los lugares del Archipiélago
en que se tramó, y tan traidora y
solapada, cuanto que los que en ella
estaban comprometidos como jefes,
habían asistido á un banquete dado
en honor del Sr. López Arteaga, ascendido á teniente coronel, y que
ejercía también en aquellos días el
cargo de gobernador civil de la provincia. Desde el lugar del banquete
aludido, salieron los directores de

la tal conjura á celebrar una junta del Catipunan, en el cual ya habían acordado el asesinato del Sr. López Arteaga, del P. Valdés, cura párroco, y de los demás españoles de la cabecera y de todos los de la provincia, que así estaba concertado en el infame plan.

Era ésta la tercera averiguada intentona que fraguaron lŏs conspiradores de Bulacán, los cuales venían auxiliando con todo género de recursos á los rebeldes en armas.

Se nombró para la formación de sumaria al juez instructor D. Francisco Pintado, distinguido comandante de ingenieros, quien actuó tan rápida como acertadamente.

Más de 80 prisiones se hicieron de sujetos de viso y significación, figurando entre ellos dos hijos del capitán municipal y algún telegrafista, con otros principales y propietarios, según hemos dicho, de aquella cabecera, que contaba con un mando civil tan prestigioso y con una administración parroquial á cargo de un fraile, Fr. Francisco Pérez, verdadero dechado de virtudes, entre las que resplandecía la atención, protección y amparo á sus feligreses por modo *que nadie* podrá negar.

En la orden general de la plaza correspondiente al 30 de Diciembre se publicaba la siguiente:

«Pedida por el señor juez instructor comandante de la Guardia civil D. Juan García Aguirre la reunión de consejo de guerra de oficiales generales que ha de ver y fallar la causa instruída contra el segundo teniente de la escala de reserva de infantería D. Benedicto Nijaga, y paisanos Braulio Rivera, Faustino Villarruel, Francisco L. Roxas, Faustino Mañalac, Luis Villarreal, Ramón Padilla, Pío Valenzuela, José Enco, José Reyes, Antonio Salazar, Aniceto Avelino, José Dizón, Moisés Sal-

36

vador, Domingo Franco, Numeriano Adriano y Antonio Luna y Novicio, por los delitos de traición y rebelión, el Excmo. Sr. Capitán general y en Jefe de este Ejército se ha servido disponer que el referido consejo tenga lugar el sábado 2 de Enero, á las 8 de la mañana, en el cuartel de España, siendo presidido por el excelentísimo señor general segundo cabo D. Enrique Zappino y Moreno, asistiendo á él como vocales los excelentísimos señores generales de brigada D. Francisco Rizzo Ramírez, D. Pedro Martínez Garde, D. Ernesto de Aguirre y Bengoa y D. Francisco Galbis y Abella, más los señores coroneles D. Enrique Pellicer y Pascual de Povill y D. Carlos Reyes Rich, y, en concepto de suplentes, los de igual empleo D. Francisco Rosales Badino y D. León Espiau Mora, asistiendo al acto, como asesor, el teniente auditor de primera clase D. Adolfo Vallespinosa.

»Por la presente quedan invitados al acto todos los señores jefes y oficiales francos de servicio.

»Lo que de orden de S. E. se publica en la general de este día para su conocimiento y cumplimiento. —El general jefe de E. M. G., *Ernesto de Aguirre.*»

Con sólo la lectura de los nombres y apellidos que consigna la orden de la plaza que antecede, se llega á conocimiento del interés excepcional que tenía este consejo; iba á juzgar á parte de los principales autores de la propaganda precursora de la rebelión y de los que facilitaron medios materiales para llevarla á cabo.

Al terminar Diciembre llegó el vapor *San Fernando* conduciendo desde Barcelona el 8.º batallón expedicionario. Fueron estas tropas recibidas con el entusiasmo con que se recibían todas, alcanzando éste el máximum de intensidad en la plaza del

P. Moraga, en la que los vítores á España, al Ejército y al general Polavieja fueron atronadores. El batallón expedicionario se alojó en el cuartel de Arroceros.

Aguardábanse más refuerzos: más de 5.000 hombres, que ya venían navegando desde la madre patria, en los vapores *Colón* y *Magallanes*; este último, uno de los muchos barcos que la Compañía Trasatlántica tuvo que adquirir en propiedad ó á flete, para prestar con admirable oportunidad los servicios que viene prestando; el *Magallanes* desplaza siete mil toneladas; más de 3.000 hombres podía transportar. La Compañía dió el mando de este buque á uno de sus más expertos capitanes, cual es el Sr. D. Jerónimo Galiana.

Continuaba el aumento de recursos de todo género; necesitábase un ganado de condiciones para el arrastre de las grandes piezas de artillería

que componían la batería expedicionaria; y como los caballos de Filipinas, aunque voluntariosos, sólo pueden servir, en buena ley de estética,
para la caballería de los liliputienses,
el señor general Blanco envió con el
objeto de adquirir otros de mayores
bríos una comisión á la Australia.
El capitán de artillería Sr. Martínez
Pisón, y el veterinario Sr. Pestana,
la constituían y la cumplieron admirablemente, pues trajeron á Manila y con muy pequeño coste de adquisición hermosos ejemplares muy
apropiados para el servicio á que se
les destinaba. Absortos se quedaban los indios contemplando aquellos animales de tan enormes dimensiones.

6.º *El Capitán general, Marqués de
Polavieja, visita la plaza de Cavite y el
campamento de Dalahican.* — El dignísimo Capitán general de las islas,
acompañado de sus ayudantes y de

algún jefe del Estado mayor, visitó el
dia 30 la plaza de Cavite y el campamento de Dalahican, reconociendo
minuciosamente todas las posiciones y detalles de lugar y medios.
Sabíamos con irrecusables testimonios que el Marqués de Polavieja había adquirido con el estudio sobre
los planos conocimiento, cabal, no
sólo de la comarca insurrecta, sino
de toda la isla de Luzón, y con las
tan manifiestas condiciones que para
percibir tiene el entendimiento cla-
rísimo del general Polavieja y su retentiva prodigiosa, según ya hemos
dicho en otras ocasiones, hasta extraña impresión causaba oirle describir, puntualizando lo más mínimo,
la historia y geografía de la región.
Lo que el general Polavieja callaba
eran sus cálculos y plan de campaña que iba desarrollando en la
misma.

No fué, sin embargo, difícil suponer, á quien algo atentamente obser-

vara el movimiento de tropas por el
General en jefe señalado, que el primer propósito por éste acariciado era
aislar bien por completo á los rebeldes de Cavite para ir contra ellos,
en no interrumpida acción, tan pronto hubieran llegado las fuerzas calculadas con gran acierto indispensables por el Capitán general, Marqués de Polavieja. ¡Cuán exactos y
previsores eran los cálculos que sobre el número de soldados y medios
materiales para vencer la insurrección formara el general Polavieja!
El tiempo presente hase encargado
ya de evidenciarlo; pero ¡quiera Dios
que el que transcurra no lo demues-
tre con más fuerza!

El Capitán general regresó á Manila después de aquella rápida mirada por él tendida á las posiciones
nuestras de Cavite y sus vecindades,
siendo también fácil suponer que
no eran éstas el objetivo del Marqués de Polavieja para iniciar desde

ellas la reconquista de la zona caviteña, sino que, al revés, sería fundamental en los planes de ataque
formados por el Capitán general de
las islas efectuarlo por las líneas
opuestas.

CAPÍTULO XI

Continúan detalles de la insurrección y se arguye contra supuestas causas.

1.ª Breves reflexiones acerca del estado de la rebelión tagala al finalizar el año 1896. — 2.º — De la proclama separatista hallada en Parañaque. — 3.º Elementales argumentos demostrativos de su sinrazón. Derechos civiles y políticos. Moralidad administrativa. — 4.º Contra la injusticia de cargos hechos á las órdenes religiosas. — 5.º Más hipótesis acerca de los planes del Capitán general, Sr. Marqués de Polavieja.

1.º *Breves reflexiones acerca del estado de la rebelión tagala al finalizar el año de 1896.* — El tiempo transcurrido desde Agosto, en que estalló la rebelión de los tagalos sectarios del Catipunan, venía á constituir ya, al terminar el año, triste irrefutable prueba de que los indios filipinos no son tan generalmente sencillos cual creíamos aun aquellos que desde há mucho tiempo los tratábamos, sino que, por el contrario, hay en ellos porfía y terquedad inverosímiles. Al terminar el año de 1896, el aspecto general de la insurrección en nada variaba; pues al propio tiempo que acumulábamos medios para combatirla, seguía ésta con insistencia tenaz, tanto en los campos cuanto en los poblados; en los primeros, y aunque siempre fuese para perder, reñían los rebeldes continuos combates; y en los segundos, perseveraban los conspiradores en el ejercicio de su empírica, absurda, inhumana cirugía menor, hiriendo incisamente los músculos braquiales de tantos ignorantes tagalos, cuales los que se afiliaban al Catipunan, hermano adulterino de la Liga Filipina.

Si el brutal asesinato había sido el triste inicio de la rebelión tagala; si

el 2 de Septiembre con feroz ensaña-
miento lo habían cometido en Cavite
en las personas de los religiosos que
administraban gran número de parroquias, en las de los beneméritos
oficiales de la Guardia civil y en algunos paisanos; si en luchas posteriores y en distintos lugares habíanse manchado con igual crimen, perpetrado contra castilas indefensos, el
mismo medio salvaje continuaban
empleando al terminar el mes de Diciembre, en cuyo día último asalta-
ban en el camino que conduce desde
Bulacan á Baliguag, la carromata en
que iba el propietario D. Gabriel Villanueva, y apoderándose los sediciosos del mismo, internáronlo en el
bosque, en el cual se halló descuar-
tizado su cadáver.

Y eso que no era fraile, como tampoco lo fueran tantos y tantos españoles que de igual modo sucumbieron.

No; la insurrección tagala era y es

exclusivamente contra la dominación española; era y es el producto de la propaganda separatista; era y es la expresión material de los sentimientos de odio, transmitidos á millares de tagalos por unos cuantos de entre ellos extraviados, que han venido engañándonos infamemente *con su política solapada.*

No se puede dudar acerca del único carácter separatista de la insurrección actual en Filipinas. Los tagalos lo vienen demostrando con gran suma de hechos, de los cuales, cuantos sabemos relatamos, con la escasa fortuna que cuadra á la pequeñez de nuestras aptitudes; pero además, ellos lo han dicho claramente, y á *confesión de parte, relevación de prueba.*

2.º *De la proclama separatista hallada en Parañaque.* — Hallóse por nuestros soldados, fijada en algunos árboles de los alrededores de Parañaque, una proclama en la cual, y bajo del epígrafe «*Hibic sa inang España*», decían literalmente en versión española:

«Saltó por fin por el Oriente para »los tagalos, ¡oh madre España!, el »día de la venganza y odio conteni- »do durante tres siglos en el piéla- »go de penas y desventuras..... No »puede hablar Filipinas de otras ca- »ricias recibidas de su madre Espa- »ña, sino de sus *onerosos tributos*, »múltiples gabelas y pesados man- »datos que unos sobre otros nos ago- »bian..... Nos tiendes toda clase de »lazos, como la contribución del »alumbrado. Despídese Filipinas de »ti, nosotros á quienes has dejado »en la miseria, nos despedimos de ti, »madre sin entrañas.

»Adiós, adiós, adiós, es nuestra »última despedida.»

3.º *Elementales argumentos demos- trativos de su sinrazón. Derechos civiles y políticos. Moralidad administrativa.—*

En toda la sarta de ridículas inexac-
titudes que contiene la proclama á
que en el párrafo anterior aludimos
y fragmentamos, no se ve otra cosa
sino la injusticia enorme con que se
agitan los conspiradores en aquellos
pueblos filipinos, buscando inútilmente argumentos contra la dominación española.

¿De dónde los pueden obtener?
¿Del régimen político administrativo? Creemos basta y sobra con cuanto hemos apuntado para poder negar en redondo todo pretexto acerca
de este punto.

Que se comparen los derechos civiles y políticos de que disfrutan
nuestros indios filipinos con los que
tienen los naturales de otras colonias organizadas sólo en favor de los
europeos que las poseen, y en las
que se aplican al indígena sus leyes
históricas y sus primitivos códigos,
llenos de durezas, no atenuadas por
beneficio alguno de la ley distinta

que en aquellos mismos rige para el elemento conquistador.

Que se compare nuestro régimen político vigente en Filipinas aun con aquellos otros que rigen colonias por medio de instituciones representativas *in honore*, ya que en ellas el *reto* del gobierno metropolítico alcanza á todo cuanto en las mismas se legisla, reservándose al propio tiempo el poder central el nombramiento directo del personal *para todo cargo*.

En lo económico, ¿cuál es la conducta de España en Filipinas? Ni un solo producto monopoliza nuestra nación generosa en sus provincias de Ultramar: está muy lejos de destinar los mercados coloniales para la colocación de nuestras producciones peninsulares, tanto las del suelo cuanto las de nuestras artes é industrias. España no niega á sus colonias el derecho de producir artículos similares á los de la Madre patria, ni por modo alguno impone

reservas para el comercio. España
no percibe en Filipinas tributo alguno especial para los naturales de
aquellas islas, sino que, por el contrario, los libera de aquellos que en
la península se satisfacen. Da importante participación en todos los
empleos de la Administración pública á los indígenas, y, según hemos
dicho anteriormente, hasta por mitad distribuye, entre peninsulares é
insulares, en algún ramo, los des-
tinos.

¿En qué colonia prácticamente
goza la masa de naturales los derechos de ciudadanía por igual que los
conquistadores? ¿En dónde la igualdad de ser regidos unos y otros por el
mismo código? ¿Cómo aplica la sabia Inglaterra los preceptos consti-
tutivos del *self government* en la India
y en la China, posesiones muy seme
jantes á las nuestras del Oriente?
¿De qué derechos individuales disfrutan los malayos de Calcuta y de

los Estrechos de Malaca ó los coolies
de Hong-Kong?

Y si alguien nos advirtiese que de
todos sus derechos gozan los habitantes de la Nueva Gales del Sur, ha-
bríamos de rogarle nos permitiera
una pregunta, que sería la de ¿qué
número de representantes de la raza
indígena existe allí?

La nación francesa estableció en
Cochinchina diferencias tan substanciales de legislación, como las
que juzgan al ciudadano francés que
allí reside por el Código Napoleón, ó
las que figuran en el propio primitivo Código de los cochinchinos para
juzgar á éstos.

Todas nuestras leyes para los indios filipinos, desde el descubrimiento y conquista de aquellas tierras,
están dotadas de un espíritu liberal
sin precedente en país alguno; y
cuando, caminando siempre en el
mismo sentido de avance, genero-
samente, los hemos llevado á la uni-

37

ficación de derechos, ellos vienen á
dar un vergonzoso salto atrás, revelando lo ineficaz de nuestros esfuerzos en su pro.

Por gran fortuna, la insurrección
de gran parte de los tagalos no es la
insurrección de Filipinas. El presente movimiento insurreccional es ex-
clusiva obra, producto único de la
ambición alojada en una docena de
cerebros perturbados por pasión tan
deleznable, que si atenta á la tranquilidad individual de quien la sufre, conmueve y tiende á desorgani-
zar por contagio todos los fundamentos sociales.

Grave y gravísima es, en concepto
nuestro, la insurrección actual en
Filipinas; pero al fin y al cabo, después de un año del perverso ejemplo
ofrecido por los rebeldes del Catipunan, la mayor parte de las provincias
y distritos del Archipiélago, incluso
la mayoría de las de Luzón, viven en
paz y tranquilidad. Si algún recelo

existe, no es ciertamente por ahora
en las provincias distanciadas de la
capital del Archipiélago; es decir, en
aquellas fuera del radio de acción de
los agitadores ambiciosos que gene-
raron el movimiento contra la dominación española, y claro está que
tal agradable fenómeno expande el
corazón por la esperanza de lo no
muy difícil que ha de ser hacer cesar la anormalidad en Filipinas causada por unos cuantos sectarios, que
explotan la ignorancia supina en las
capas inferiores de aquella sociedad
indígena, toda de bajo nivel, mas
por ello mismo muy digna, en tanto
en cuanto se mantenga fiel á la santa causa de la Patria, de ser regida
con toda atención y cuidado, ofreciéndole, con la irreprochabilidad de
nuestros procederes, el saludable
práctico ejemplo de que se enaltezca.

Es obvio que habiendo otorgado
la dominación española á los indios
filipinos todo cuanto pide la moral

cristiana, y más de lo que en buenos principios convenía conceder en
el orden político y social, para no fomentar causas de desequilibrio perturbador, no puede hallarse ni se
halla, razón alguna ó pretexto para
la incomprensible actitud de tan
gran número de tagalos contra la
Metrópoli: no hay atenuante para
los calificativos que tal conducta
merece.

También es bien cierto que no
basta declarar la vigencia en un territorio de un conjunto de disposiciones suaves, expansivas y justísimas, para que en él se disfrute paz
moral, garantía muy fija de la paz
material, aunque no la única, porque es indispensable la exacta con-
cordancia entre aquellas leyes y la
conducta de sus aplicadores.

Mucho menor número de las primeras resultarían deficientes, si la
buena voluntad de los segundos no
ofreciese alguna vez soluciones de

continuidad por cualquier linaje de consideraciones jamás merecedoras de disculpa, ni por pereza, ni por malicia, ni por ignorancia.

¿A quién le ocurre negar el importante papel que juega en el estado político social la moralidad administrativa?

¿Cómo no ha de ejercer influencia la conducta sana ó insana de los funcionarios públicos, para el concepto de Patria que han de tener los demás?

Por ser así, cuando alguna vez, en esos luminosos, constantes, provechosísimos trabajos que la prensa periodística realiza analizando todas las cuestiones de interés público, hemos visto afirmar que *la inmoralidad administrativa* era una de las principales causas generadoras del separatismo en Filipinas, nos hemos dolido de nuestra tan escasa perspicacia, ya que en casi treinta años que nos honramos perteneciendo á la administración civil de aquel país, no hemos podido llegar á tan rotunda absoluta afirmación.

No nos arguye la conciencia propia de haber faltado en lo más mínimo á lo que reclama el personal decoro, antes todavía, y con tanto imperio cual lo pide la ley moral y la escrita: muchos millares de indios han podido ver y han visto en diferentes comarcas del Archipiélago, nuestro proceder sirviendo en la pública administración; no queremos ni pedimos ningún género de contemplaciones para juzgar la conducta del funcionario del Estado; justicia estricta, la más severa. Decían nuestros antepasados, poniéndole en el alto sagrado lugar que por la índole de sus oficios le corresponde, que todo médico era *Minister et interpres naturæ*. Parodiando la frase, nosotros decimos que cada español peninsular debe ser en Filipinas un *Minister et interpres Hispaniæ*, es decir, un ministro, un fiel intérprete, un re-

presentante digno de los verdaderos
intereses de la Patria, á la cual glo-
rifica ó mancilla la conducta de sus
hijos. Así pensamos y así lo hemos
dicho antes de esta ocasión. Alguno
de nuestros benévolos lectores recordará en qué términos hablamos,
sobre este particular extremo, en
nuestro pobre libro *Batangas y su
provincia*, publicado en 1895.

En un folleto interesantísimo que
*sobre las principales cuestiones referen-
tes á nuestras provincias de Ultramar*
publicaba 35 años há el esclarecido
D. Vicente Vázquez Queipo, autor del
primer reglamento por que se rigió
la Dirección de Ultramar, centro que
aquel honrado funcionario dirigió
durante mucho tiempo, para gloria
de la Administración española, decía..... «7.ª *cuestión. Aptitud y moralidad de los empleados de Ultramar.*—
Esta cuestión es muy delicada para
consignarla por escrito respecto de
los empleados. no ya de un ramo,

sino de todos los de la Administración. Sólo sobre el terreno y previos informes bien autorizados, puede decirse lo que conviene hacer con los que no llenan debidamente sus obligaciones.»

A deficiencias de legislación no pueden achacarse ciertamente las que se observaron en la conducta de nuestros funcionarios públicos de Ultramar; pero es que nosotros añadimos, como producto de personal muy sostenida observación, que la inmoralidad administrativa no ha imperado en Filipinas jamás por modo que puedan deducirse cargos genéricamente contra la administración del Estado.

Si alguna incorrección en ocasiones se produjo allí, fué generalmente castigada con todas las de la ley, y al acusado se le pudo ver durante cuatro ó seis meses de cesante, sin mendigar entre quienes habían sido sus compañeros un poco de pan, del cual carecía en absoluto: no sería, pues, de gran bulto la irregularidad por él cometida, aun cuando esta circunstancia no la exculpase. ¿Qué funcionario público en Filipinas arboló fortuna, para considerar asegurada su subsistencia fuera del servicio del Estado? Un número dígito bastará de seguro para expresar los casos que se hayan presentado de alguna duda, desde cincuenta años acá.

Cuando el empleado peninsular en Filipinas apenas puede subvenir á las necesidades más elementales de la vida práctica con los sueldos que disfruta, cada día más mermados por los descuentos, quebrantos por giro, y el enorme aumento de los artículos de primera necesidad; cuando el empleado de aquella administración pública tiene que aceptar en muchas ocasiones, sin posible defensa, hasta la muerte, puesto que mientras no lleva tres años de residencia en el país no tiene derecho á usar licencia fuera del mismo, aun cuando éste, por su acción enervadora y por su suelo palúdico é infectivo, conmueva el organismo de aquél con fenómenos de una aclimatación que jamás logra; cuando el funcionario del Estado, que alcanza la fortuna de servir tres años su empleo y los detrimentos de salud le aconsejan repararla viniendo á los benditos climas de la Madre Patria, apenas puede optar á tamaño beneficio, porque son pocos los que cuentan con los 506 pesos importe de sus pasajes de ida y vuelta: cuando es menester llegar al natural término de la carrera administrativa y vivir con prudencia que raye en escasez, para conseguir economizar el 10 por 100 del sueldo que se disfruta; cuando todo esto y algo más triste que esto es lo que por todos se ve entre los empleados de Ultramar generalmente, no hay gran razón, ni puede hacerse argumento alguno de la inmoralidad achacada con tanta exageración á la administración pública española en Filipinas. Mayor extensión tiene este mal en la nativa disposición de los indios auxiliares de aquellas oficinas del Estado al merodeo en torno de los servicios burocráticos de detalle, siendo muy difícil, si no imposible, hallar un medio eficaz para que tales subalternos dejen de cohechar en las mezquinas, ridículas, pero constantes proporciones con que lo efectúan, y siendo así, como lo es, más justo resulta tildar á los mismos indígenas del deshonor que sobre la administración cae, que dirigir contra los empleados procedentes de la Península cargos, por lo genéricos, desprovistos de todo fundamento.

En nuestro pequeño libro también publicado en el año actual con el título «Colonización de Filipinas.— Inmigración peninsular», creemos resulta bien probado de qué triste suerte el catarro gastro-intestinal, la disentería crónica y la anemia consecutiva al paludismo, además de las fiebres perniciosas, destruyen allí los vigorosos organismos de los europeos: pero más desconsolador todavía que el riesgo corrido por los empleados españoles en aquellas tierras de la Patria, en las que imperan las citadas causas morbosas, es sufrir la tan generalizada cuanto errónea creencia de lo productiva que es allí la inmoralidad administrativa, pues más que las lesiones substanciales del organismo, deben dolerle al hombre que se estima aquellas que la injuria y la calumnia puedan determinar sobre su constitutivo moral.

Acontece también en este asunto lo que en otros muchos: atribúyese á deficiencias de ley lo que exclusivamente consiste en que no se aplique rigorosamente aquello que tan por completo modo preceptuado está.

Ha podido alguna vez observarse,

en efecto, que un funcionario público, en más ocasiones perteneciente
á ramos de inamovilidad declarada,
aun cuando parezca extraño, que á
plantillas de libre provisión, se apar-
tase de la línea recta en el cumplimiento de sus deberes, é improbada
materialmente la falta, pero con vehementes indicios de ella, que que-
brantaron para siempre el personal
prestigio de aquél, hiriendo los de
la administración de que formaba
parte, no se vió contrariado con penalidad alguna, ni aun privado de
grandes medros en la carrera que
debió perder. Estos casos, por fortuna, en la administración filipina son
muy pocos; y si bien han debido
causar grave daño al individuo, por
modo alguno es lícito, generalizando
el concepto, descargar sobre toda la
administración pública los denues-
tos y detracciones que sin conocimiento de los hechos se descargan
sobre los funcionarios del Estado,

entre los cuales la escasez de sus haberes produce víctimas á cientos.

No. Verdadera notoria injusticia es pensar y decir que la inmoralidad administrativa haya influído, ni en poco, ni en mucho, ni en nada, en la actual anormalísima situación de Filipinas.

4.º *Contra la injusticia de cargos hechos á las corporaciones religiosas.*—Al propio tiempo, alguien ha querido señalar como concausa de la insurrección tagala la conducta de los frailes en la administración parroquial y en el ejercicio de las escasísimas funciones político-administrativas que practican; hase llegado á pedir en este orden reformas que, si se efectuasen, lo cual no esperamos, vendrían á tachar la sociedad española con indeleble taca de ingrata é injusta.

A raza superior cual la nuestra, con razón ostentadora de toda nobleza en los procederes, no ha de ser posible censurarla por el olvido ó menosprecio de los servicios que á la dominación española en Filipinas y á la civilización y cultura del país han prestado las corporaciones religiosas. No nos faltaba más sino que, blasonando de hidalgos, cayéramos en el enorme delito de pagar con mal el bien durante más de trescientos años recibido.

No tememos que tal suceda, lo repetimos; pero importa á nuestra propia conciencia dejar bien sentado, aun sirviendo para poco, aquel concepto por nosotros mantenido y formado *loco dolente*, de que los cargos dirigidos contra los frailes, ni tienen fundamento alguno de razón para hacerlos genéricos, ni los han expuesto los rebeldes tagalos, ni la insurrección de éstos es contra las corporaciones religiosas. Allí están los frailes en sus curatos, por completo privados de todo recurso de fuerza material. Han sido algunos víctimas del asesinato y del cruel martirio, es cierto; pero ¿en cuánto número? En igual que el de seglares víctimas también de iguales crímenes. Allí están los frailes en sus curatos haciendo ¿qué? aquello mismo, y cada día más, que hacían cuando pocos años há el distinguido y severo protestante doctor Bowring visitaba las islas Filipinas, expresando sus propios conceptos de este modo:

«He encontrado bastantes frailes objeto de especial respeto y afecto, y en realidad lo merecían, como guardianes y restauradores de la paz de las familias y como protectores de los niños en sus estudios, y por otra parte asociando sus esfuerzos al bienestar de sus respectivos pueblos.»

¡Cuán agradable es el hecho de ver la justicia de tales apreciaciones expresada honradamente hasta por testimonios de tanta valía cuales son los de ilustrados históricos adversarios de nuestra religión y de nuestras costumbres! Y ¡cuán aflictivo el de que por contraposición veamos negado ó dudado aquello mismo, reconocido y aplaudido entre aquéllos, por elementos propios de nuestra Patria y Religión, de nuestra raza y costumbres! Demócratas ardientes; republicanos de historia accidentada por las persecuciones de que fueron objeto, en consecuencia de la parte activa que tomaran en movimientos revolucionarios de aun no remotas fechas; liberales acérrimos cual aquel Sr. Vera y López que justamente figuró en la política patria, después de permanecer algunos años en Filipinas, escribía sus conceptos acerca de los frailes de este modo:

«A LOS PADRES AGUSTINOS

»A vosotros, sucesores de aque-
»llos varones ilustres llamados Ur-
»daneta, Herrera, Rada, Aguirre,
»Gamboa, y tantos otros que tan al-

38

»los pusieron sus esclarecidos nom-
»bres en la historia sin ejemplo del
»descubrimiento y posesión de esos
»ricos archipiélagos: á vosotros os
»dedico este modesto trabajo.

»Fruto de catorce años de estudios
»económicos sociales sobre este país,
»llevados á cabo á impulsos única-
»mente del amor santo, á la Patria,
»quiero identificarlo con los que
»como yo han sabido amar y aman,
»ante todo y sobre todo, á nuestra
»madre común España. — *El Autor.*»

D. Patricio de la Escosura, el pre-
dilecto discípulo de Lista y de La-
croix; el desterrado á Olvera; el pro-
gresista de 1854, decía en las Cortes
en una muy viva discusión política:

«Y vuelvo á Filipinas: las comunidades religiosas me recibieron con
una preocupación natural, dados
mis antecedentes, y en la primera
entrevista estuvimos recelosos unos
de otros, y sin embargo yo voy á
decir ahora que si presumo haber

dejado amigos en Filipinas, es precisamente en las comunidades religiosas. En un país casi despoblado, con escasos medios de comunicación marítima, *¿quiénes, sino aquellos hombres que pueden hablar en nombre de Dios, serían capaces de hacer que los indios adoren el nombre de Castilla como adoran el nombre de Dios?*

»El fraile va á distritos donde no hay médico ni botica; el fraile es todo allí; y va con noble virtud á socorrer todas las necesidades del indio; le enseña á labrar la tierra; le pone en comunicación con el Creador; recibe en sus brazos al niño que nace, y deposita en tierra el cadáver de su madre. *¿Qué influencia queréis sustituir á ésta?* No es posible encontrar ninguna. »

El consecuente demócrata, el liberal acérrimo, honradísimo Ministro tantas veces, el Sr. Becerra, tenía tal concepto de lo provechosa que era la presencia y permanencia de los frailes en Filipinas, que de una sola vez, en virtud de un solo Real decreto por él refrendado, se crearon 65 parroquias en aquellas islas para que las administrasen las corporaciones religiosas, y hasta la creación de una diócesis más en el Sur del Archipiélago fomentó.

Muchos testimonios de propios y extraños análogos á los que preceden aportaríamos á este tema, al que sólo aludimos porque á esto, y no á más, nos autoriza nuestro plan de ser lo más breves que podamos. No nos sería difícil demostrar, concepto por concepto, la injusticia notoria con que se ha procedido por alguien al atacar genéricamente á las corporaciones religiosas de Filipinas.

A ellas se las acusó de oponerse por sistema á la ilustración de los indígenas, cuando precisamente los frailes la iniciaron por modo más eficaz que el señalado por nuestra magnánima legislación en su espíritu y letra.

«Ordenamos que á los indios se les pongan maestros de lengua castellana, *á los que voluntariamente la quisieren aprender como les sea de menos molestia y sin costa.*»

Así, de este modo, tan justamente calificado de fantástico é impracticable, por el ilustrado escritor don Vicente Barrantes, disponía la ley de Indias la enseñanza en aquellas islas; y como *«tal manera de mandar autorizaba á desobedecer»*, los frailes de San Agustín tomaron iniciativa en el asunto, y en acuerdo capitular del año 1596 dijeron: «Se encar-»ga á todos los ministros de indios »que así como á todos los mucha-»chos de la escuela se enseña á leer »y escribir, se enseñe también á ha-»blar nuestra lengua española por »la mucha policía y provecho que »de esto se sigue.»

¡Qué mayor prueba se quiere para echar abajo el cargo sin fundamento que se ha dirigido á los frailes presentándolos como enemigos de la educación!

Y con tanto cuidado como á la del hombre, han atendido á la educación de la mujer indígena, más inteligente y laboriosa, más dócil y compasiva que el varón de aquella raza, supeditado en el seno de la familia, por punto general, á la influencia que con justísimo título de mayor valía ejerce la mujer, poseedora de las cualidades que la asignamos y que no hay observador en aquella tierra española que no reconozca y proclame.

Es injusticia enorme suponer que las corporaciones religiosas no han trabajado activamente para educar el pueblo filipino; pero más duro es todavía que se dirija ó se haya dirigido contra las mismas el cargo de atesorar riquezas.

¡Qué lástima no sea por todos apreciada cual merece la nobilísima actitud de esas corporaciones religiosas, presenciando impávidas con la tranquilidad de su conciencia y la íntima satisfacción del bien obrar, cuanto produce contra las mismas la fantasía ó la mala fe, la ignorancia ó la malicia!

¿Por qué no presentan los frailes de Filipinas los inventarios de sus supuestas fortunas?

¿Por qué no exhiben las cuentas con los arrendatarios y colonos de las haciendas que poseen?

¿Por qué no muestran en testimonios notariales ó dejan á libre inquisitiva, sus notas de gastos é ingresos, para que quien y quienes quieran las examinen?

¿Por qué no ofrecen estado demostrativo con las cuentas corrientes en su Procuración, de todos y cada uno de los frailes que han sido vilmente asesinados, para que se sepa las deudas que éstos tenían con aquéllas adquiridas?

Es cosa triste. del grupo de las insoportables, torcer conceptos sobre graves materias, por ignorar el verdadero contenido de éstas.

Sin embargo, ahí están, según acabamos de decir, las corporaciones religiosas de Filipinas soportando injurias de nuestros enemigos, y dudas por algunos de nosotros mismos acerca de extremo como el de que nos ocupamos, cuando tan sencillo les fuera dar á todos el más solemne mentís.

¿Por qué no presentan los frailes los presupuestos de gastos é ingresos de sus haciendas, que sólo resultan asilos de piedad, tanto en Cagayán cuanto en Mindoro, en San Antonio como en San José, tanto en Manila cuanto en Cavite? ¿Qué canon perciben por hectárea en La Laguna? ¿Por qué hanse preferido siempre, buscándolas con anhelo, para su alquiler, las fincas urbanas con que, más ayer que hoy, contaban los frailes?

Y cuando tan fácilmente se puede averiguar todo esto y mayores desprendimientos que éstos se pueden demostrar en rigor aritmético, ¿á quién es lícito decir que hay en Filipinas cuestión agraria ni opresión para el natural desarrollo de los intereses materiales, creado por las corporaciones religiosas, cuyos bienes han estado siempre á disposición del Estado y al servicio de la caridad cristiana?

Ni al uno ni á la otra podrán dentro de poco atender, porque la generosidad, el casi abandono, que preside á la administración de los escasos bienes con que los frailes cuentan, los lleva á la bancarrota. Ensanchan cada vez más sus obligaciones, cuando precisamente ven más mermados sus legítimos haberes.

En nombre, pues, de los principios más elementales de la justicia, rogamos á la opinión pública se fije en este asunto, para basar sus apreciaciones en la realidad del caso, y no tomando en cuenta, según hemos advertido, lo que sólo es producto de la ignorancia de los hechos, ó de la malicia, que precisa trastrocarlos para argumentar aunque sea con falsos visos de fundamento.

Desprovisto en absoluto de tal lo está también el cargo relativo á la intervención del cura párroco en los asuntos que se refieren á la administración general del Estado y á la local. Si la experiencia nos hace ver de qué suerte la una y la otra sienten la merma de aquella intervención, ¿por qué se ha de insistir en que no es altamente ventajosa? Sin ella, no puede por modo alguno marchar con regularidad aquel organismo político-administrativo. ¿En dónde los medios de sustitución? ¿Cuál mayor garantía en aquellos pueblos para los intereses de la Patria y los propios de cada localidad que de la misma forma parte?

¿En qué fechas podría contar la Administración pública con elementos para mantener la ordenada, indispensable acción fiscalizadora de la administración general y local?

¿Cuándo estaría formado un personal idóneo, conocedor de aquella vida y costumbres y de aquellos dialectos, que será muy difícil extinguir, dada la nativa disposición que á la *ne rien faire* tienen aquellos indígenas?

¿De dónde se obtienen los recursos extraordinarios precisos para sufragar los aumentos de gastos que ocasionaría la indispensable intervención laica que le sucediese tanto para lo político cuanto para lo administrativo, aun cuando esa intervención en todo caso esté regulada por ley especial de carácter expansivo cual el que resplandece en toda nuestra legislación colonial?

No: no creemos factible la continuación del asombroso progreso que

Filipinas viene logrando en toda suerte de intereses, si de allí, por rudo golpe de desdicha, desapareciesen un día esas órdenes religiosas que suministran, á cada agrupación indígena, un constante, cristiano, civilizador impulso, un auxilio que aun puede ser más eficaz de lo que lo es ahora á la Administración pública y al Estado, una fuerza moral sustitutiva de la enorme material que se precisara, al desaparecer aquélla, y que sostendría el orden público, sí, pero cuidando menos, por su propio carácter, del orden moral principalísimo para el mantenimiento de nuestro dominio con menor esfuerzo y mayor eficacia, aun cuando en la época y circunstancias á que la desventura nos ha traído, y no en modo alguno culpas propias, sea forzoso pensar cuán indispensable es la suma de los dos elementos de fuerza moral y material, para restablecer y mantener la paz pública en aquel Archipiélago.

5.º *Más hipótesis acerca de los planes del Capitán general, Marqués de Polavieja.*—Hemos apuntado poco há, como producto de nuestra propia personal observación, exclusivamente de nuestra cuenta, que el plan del General en jefe del ejército de Filipinas, Sr. Marqués de Polavieja, se revelaba con claridad respecto á cuanto á la guerra pertenecía: asegurar más y más el cerco de la provincia de Cavite para atacarla en operaciones continuadas, sin interrupción, que impidiesen al enemigo reacciones, y siguiendo líneas opuestas á las iniciadas en Noviembre; destinar todas las fuerzas que era posible á castigar la rebelión en las provincias limítrofes, singularmente en Bulacán, la de mayor agitación, y guarnecer debidamente el resto de las provincias: quería el general Polavieja, no sólo reconquistar Cavite, sino lograrlo por modo que no se irradiase por ningún ámbito de

aquel extenso territorio destello alguno de tal foco de luz tétrica, y
mientras tanto reunía los medios
apropiados, extinguir los brotes de
rebeldía que surgían por las provincias del contorno de la de Manila.
De manera que, dejando para un
poco más adelante las operaciones
sobre Cavite, cuyo plan de ataque
aquilataba cada día, procuraba con
vertiginosa actividad vencer la insurrección en los otros lugares, y así,
sosteniendo combates y más combates, para nuestras armas victoriosos
siempre y tan admirablemente com-
binados, cual el de Cacarón de Sile,
que se preparó en las últimas 48
horas del mes de Diciembre, terminaba el año de 1896 en espera de
que, en los primeros meses del actual de 1897, quedase definitivamente resuelto el problema entablado
por la infame iniciativa de Andrés
Bonifacio en Balintauac y sostenido
por el tesón de su émulo Aguinal-

do, el cual le sobrepujó por modo
más terminante que el que Bonifacio
usara, para sobreponerse á los Basa y
á los Arellano.

No queremos dudar, ni dudamos
un instante, que el señor general
Blanco, una vez poseedor de los recursos de guerra necesarios, hubiera
logrado el fin que los supremos intereses de la Patria reclaman: el restablecimiento de la paz pública en
Filipinas: pero al frente ya, en la
época á que nos referimos, del gobierno de las islas el general Polavieja, también la confianza en el logro de aquel fin podía ser para todos
absoluta.

Del general ilustre que, vencedor
en cien combates, acababa de prestar en veintidós meses de mando en
la isla de Cuba tan señalados servicios en el orden político y en el
económico; del Marqués de Polavieja, que había obtenido tan grandes provechosos resultados contra el

bandolerismo complejo de la gran
Antilla ; del hábil general que había
desbaratado en Agosto de 1890 por
vez primera, y en Octubre de 1891
por vez segunda, los planes bien conocidos de Maceo, Crombet y Castillo, dueños en aquel entonces de
todos los necesarios materiales recursos para alzarse en armas en el
departamento Oriental ; del valeroso
iniciador en Santa Clara y Matanzas
de aquel saludable cambio de opinión que en la isla de Cuba contuvo el movimiento de *los económicos*,
por virtud de lo cual, una diferencia
de 35.259.985 pesos 25 centavos, á
favor de la exportación, vino el 31
de Diciembre de 1891 á patentizar
el grado de prosperidad que alcan-
zaba aquella grandiosa isla: del esclarecido militar, de toda lucha política apartado, cuidadoso, celosísimo
administrador de aquel presupuesto
de 1890, cuyo saldo por si solo revela la pulcritud con que procedió el

personal administrativo, tan frecuente y despiadadamente censurado en la Gran Antilla, no podía dudarse tampoco, sino que el general Polavieja debía inspirar la más completa fe en su gestión de todo orden.

Muy corta fué, por desgracia para los patrios intereses, la de este general ilustre en el Archipiélago magallánico; pero tan brillante, que nos apena el hecho de que no sea conocida en todos sus interesantes detalles, para que la opinión pública pudiera formar concepto exacto y rindiese á tan admirable labor el tributo que con justicia merece.

Difícil obtener más que cuanto el general Polavieja alcanzó en ciento veintidós días de mando en Filipinas. Si importante era *el Cargo* que recibiera, *la Data* que á su frente estampar puede, deja un gran saldo á su favor: no hay expresión aritmética que lo liquide: sólo la pública estimación puede satisfacer cuánto

39

la Patria debe al esclarecido soldado que con tanto acierto la sirvió.

Nosotros venimos, en estas desperjeñadas páginas, sintetizando la gestión del general Polavieja, y aun haciéndolo tan pobremente cual nos es dado efectuarlo desde nuestra escasez de condiciones, creemos no ha de ser difícil, por lo que hemos escrito, que el lector pueda apreciar de qué suerte el general Polavieja persiguió la insurrección tagala organizando columnas, y trazando á las mismas para operar por grupos ó aisladas los caminos que habían de seguir por las tierras altas y bajas y por las aguas del mar y de los ríos, contra los rebeldes de Bulacán y de Moron, de Bataan y Nueva-Écija, de La Laguna y Batangas. Por los textos literales de algunas pocas disposiciones que hemos transcrito podrá apreciarse el valor y significación de la pauta por el general Polavieja trazada á lo político-adminis-

trativo; el impulso que saludable-
mente imprimió á la justicia militar,
á la organización de las fuerzas voluntarias movilizadas, á la instrucción de aquellos valientes soldados
que nos enviaba la Madre patria, sin
tener tiempo para que en ella apren-
diesen el manejo del fusil; creemos
que con lo que hemos dicho, podrá
apreciarse cuánto provecho resultó
para la causa de la Patria de que el
general Polavieja enviase preventi-
vamente fuerzas á Cagayán y á Ilocos-Norte, á Mindoro y á Tayabas;
de que ampliase en sentido muy
práctico lo preceptuado sobre responsabilidad civil en los delitos de
infidencia y rebelión; de la eficacia
que la administración de aquel ejército obtuvo con la creación de tantos
depósitos y factorías, de tantas en-
fermerías y hospitales flotantes y en
tierra firme, con que el general Polavieja colocó el remedio al lado mismo de la necesidad.

Sentimos mucho no disponer de más espacio para detallar todos los anteriores conceptos referentes á la gestión del general Polavieja; nos vemos constreñidos á sintetizar tanto los hechos, que sólo en forma de índice, según hemos afirmado y según se observa, podemos comprender en estas páginas los principales de la época de que nos ocupamos.

CAPÍTULO XII

Principales acaecimientos desde 1.º de Enero de 1897 hasta la terminación del mando del general Polavieja.

1.º Cacarón de Sile. — 2.º Acerca del plan de los rebeldes para el ataque de Manila y fuerza de Santiago especialmente. — 3.º Operaciones sobre Pasig y Taguig. — 4.º Muchos encuentros y combates en el mes de Enero. — 5.º Operaciones en Febrero, Marzo y primera quincena de Abril. Preparativos para el ataque de la provincia de Cavite. Nueva organización del ejército de operaciones. — 6.º Instrucciones dadas por el General en jefe. — 7.º El General en jefe sale á operaciones. Inicio de las mismas. Marcha del general Lachambre hacia Silang. Combates en Malaquing-ilog y en Munting-ilog. Toma de Silang. — 8.º Operaciones en otras zonas. Toma de Pamplona. Toma de Dasmariñas. Toma de Salitrán. — 9.º Sedición en Manila. Operaciones en esta y otras líneas. - 10. Continúan las operaciones de la división Lachambre. Combates en el Zapote y en Presa del Molino. Toma de Imus. Toma de Noveleta. Ocupación de Cavite Viejo, Binacayan, Santa Cruz y Rosario. Toma de San Francisco de Malabón. — 11. Operaciones en las demás zonas. — 12. Enfermedad del General en jefe, excelentísimo Sr. Marqués de Polavieja. Nómbrase para sustituirle en el mando de las islas y de su ejército de operaciones al Excmo. Sr. D. Fernando Primo de Rivera, marqués de Estella. Nombramiento de Capitán general, gobernador general del Archipiélago, hasta la llegada del general Primo de Rivera, en favor del Excmo. Sr. D. José Lachambre Dominguez, teniente general. — 13. Entrega del mando y regreso á la Península del Sr. Marqués de Polavieja. — 14. Breves consideraciones al terminar el presente tomo.

1.º *Cacarón de Sile.*—Los comienzos del año actual no podían ser más gloriosos para nuestras armas. El día 1.º de Enero se libró un combate de grandísima importancia contra el grueso de las partidas insurrectas de Bulacán. El general Polavieja, dirigiendo la campaña con tanta actividad como acierto, imprimía á las fuerzas en operaciones un movimiento incesante, con el fin de pacificar las zonas separadas de Cavite y caer después sobre esta provincia, como es sabido, toda en poder de los rebeldes menos la capital. Ajustándose á este plan, y para cumplimentarlo, el general Ríos hizo converger en la madrugada del día 1.º de este año hacia el lugar y sitio de Cacarón de Sile las fuerzas leales necesarias para batir á las insurrectas que allí acampaban, al amparo de defensas que se habían construído, y de las naturales que aquel terreno les ofrecía. Cacarón de Sile es el punto más céntrico en la provincia de Bulacán que presenta mejores condiciones para refugio de los que huyen de la persecución de la justicia. Sobre una meseta que domina la costa de la bahía de Manila, en una ramificación de la gran cordillera de los Caraballos orientales, en la parte de ésta que en línea recta va desde Bigáa á Angat, y en jurisdicción de este pueblo, allí, al lado de Cacarón de Bustos, está Cacarón de Sile. An-

tes de penetrar en los montes vecinos de la Sierra de Angat, abundantes en maderas preciosas, se encuentran por todos lados indicios de la riqueza de aquel subsuelo : sin exca-
var profundamenle se halla el hierro, y entre él la piedra imán, la pi-
zarra y el cobre ; sin explotación
existen también carbones minerales
y grandes canteras de piedra fina y
de pedernal ; un gran donativo de la
naturaleza, del cual el arte y la industria para nada se aprovechan. Cacarón de Sile es un pequeño poblado.
Reuníanse allí frecuentemente grandes masas de rebeldes : 5.000 de éstos ocupaban aquel lugar cuarenta y
ocho horas antes de la brillante acción de guerra que á la ligera relatamos. Se libró contra más de 3.000,
porque, desconfiados de sí mismos,
pudieron escapar unos 2.000, aunque
no sin ser batidos por una de las columnas que combinadas operaron.

La distribución de estas columnas, hecha por el general Ríos, fué muy hábil. Con el fin de que el enemigo no sospechase el plan de reconcentrar nuestras fuerzas sobre Cacarón, sino que, al revés, pudiera creer por la diseminación de las mismas, la inexistencia de tal plan, dividió en cinco columnas las fuerzas destinadas al movimiento envolvente de que se trata. Estas columnas las mandaban el comandante Olaguer Feliú, que con 250 había de operar en los límites de la provincia de Manila con anterioridad durante dos días; el teniente coronel Villalón y el comandante Sarthou con fuerzas casi iguales, en Pinag y San Miguel de Mayumo en dirección opuesta á Cacarón; el teniente coronel L. Arteaga sobre Hagonog y Paombong también á distancia del verdadero objetivo, y el capitán Cundaro y Girón, que con 150 hombres se situaría en la loma de Santiago. Así las fuerzas, se dispuso que al amanecer del

1.º de Enero emprendieran marcha
rápida sobre Cacarón de Sile, y así se
efectuó, acudiendo á tal lugar la columna Arteaga, pasando por Bunsu-
rán y Pandi; la de Olaguer por Ma-
casanag-sapa y Pulang-sapa; la de
Sarthou, por Cupang y Masagana; la
de Villalón, por Niogan y Paliquit: la
de Cundaro por Angat; ésta había
de guardar contacto por su izquierda con la de Olaguer Feliú. A las
nueve en punto de la mañana, hora
marcada por el general Ríos para el
comienzo de la acción, Olaguer Feliú llegó á distancia de 2 kilómetros
de las posiciones enemigas en Cacarón de Sile; desplegó en orden de
combate dos compañías; y poniéndose el jefe de la columna á la cabeza de otra compañía en reserva,
marchó esta fuerza sin hacer fuego,
y despreciando el inútil que el enemigo le hacía á 800 metros de distancia, hasta que se colocó á 300 metros de una obra cerrada con parape-

tos de tierra y piedras, y aislada por fosos naturales constituídos por barrancos que la hacían de muy difícil acceso: desde la expresada distancia lo rompió nutrido y avanzando. Además de la obra de defensa que citamos, y dentro de ella, había un reducto de piedra apilada y un gran camarín: muchas trincheras tupidas de rebeldes y cubiertas con haces de paja para su disimulo, dominaban el terreno inmediato, prestando gran protección á sus defensores, y todos estos obstáculos estaban acumulados sobre los frentes de ataque de la columna Olaguer Feliú. Más de una hora sostuvo ésta vivísimo fuego, logrando acallar el del enemigo; pero continuándolo los nuestros y á la bayoneta, por los ángulos de izquierda y derecha de aquellas formidables posiciones, se asaltó la gran cotta: en tal instante murió gloriosamente el teniente D. Luis Sanz Huelín, quien minutos antes había ya sido herido de un balazo. El enemigo se pronunció en huída por el flanco derecho de la columna, pero dos medias compañías le cortaron la retirada. Dueños los nuestros de la expresada cotta, en el incendio que se produjo en el camarín que hemos dicho había en el centro de ella perecieron abrasados más de 100 rebeldes: en estos mismos momentos, llegó al sitio del combate la columna L. Arteaga; unidas las fuerzas de éste con las de Olaguer, continuaron persiguiendo al enemigo. Oculto mucha parte de éste en otros varios atrincheramientos, cuando se vió descubierto atacó á nuestras fuerzas con fuego de fusilería y con arma blanca; mas dominando las columnas la expresada loma, pudieron los rebeldes hacernos muy pocas bajas en aquella ocasión, mientras que, terminado el combate, se contaron de 70 á 80 cadáveres de insurrectos en cada una de las trincheras, y

sembrado de ellos el campo vecino: 700 bajas hicieron al enemigo
en tan memorable jornada las tropas de Olaguer; no menos de 300 las
de Arteaga; como quiera que el movimiento envolvente resultó completo, la columna Sarthou les hizo 200
bajas más, habiendo todavía aumentado el número de ellas con 36 muertos que hicieron á los rebeldes dispersos las columnas del teniente coronel Villalón y del capitán Cundaro.
Nuestras sensibles pérdidas fueron:
el teniente Sanz Huelín, del 6.° de
cazadores, y 24 individuos de tropa
muertos; el teniente Valdeloisa y 75
de tropa heridos. Hecho glorioso:
todos los jefes de columna, todos los
oficiales y tropa, fueron entusiastamente recomendados por el general
Ríos al General en jefe.

2.° *Acerca del plan de los rebeldes
para el ataque de Manila y fuerza de
Santiago especialmente.*— Los rebeldes

no abandonaban su manifiesto propósito de caer sobre Manila: era éste
su constante *desiderátum* desde que
en los antros del Catipunan *el hermano Dimarayasan* había convencido á
los asociados de lo útil que les era,
al alzarse en armas, entablar lucha
simultánea por dentro y por fuera
de la capital. Los conspiradores de-
tallaron tan minuciosamente su plan
para apoderarse de Manila, que con
anticipación al mes de Agosto habían acordado enviar ocho individuos al Japón con el fin de que se
instruyesen en el preciso término de
un mes en el manejo de los cañones,
procurar adquirir algunos de pequeño calibre y conducirlos á los montes de San Mateo, en donde aquellos
indios que vinieran del Japón ya
instruídos enseñarían á otros. Á más
llegaba el deseo del Catipunan respecto á poder disponer de personal
que pudiera dirigir artillería: en la
proposición á que nos referimos, y

que en aquel infernal centro se discutió, se advertía, para en el caso de que no fuese fácil á los filipinos que se designasen aprender la instrucción de artillería, se procurase contratar japoneses prácticos en la misma, y que éstos acudiesen á las islas para propagar con más tiempo su enseñanza en el lugar mencionado en los montes de San Mateo, en cuyas intrincadas laberínticas espesuras hallaban escondrijo seguro las armas y pertrechos de guerra que acumularan. En la distribución de estos medios había de tenerse gran cuidado en reservar los precisos para la gente de San Juan del Monte, Mandaloyan y Pasig, porque estos pueblos con sus barrios anexos coadyuvarían eficazmente al esfuerzo de los que asaltasen Manila: 300 hombres de los más listos y mandados por cinco jefes irían en lo general de la conflagración derechamente al ataque de la fuerza de Santiago, y se designaban los sitios en que desde la catedral habían de ocupar los rebeldes como fuerza de sostén para los que acometían la Maestranza. Se dispuso alquilar cuantas casas pudieran en las vecindades de este establecimiento para estar preparados al mejor éxito. En apoyo de los 300 hombres que habían de ir contra la fuerza de Santiago, otros 300 se situarían *en cascos* frente á Santa Clara; 1.500 rebeldes armados con bolos y de los procedentes de San Mateo y 1.000 más de los de San Juan del Monte y Mandaloyan, acudirían á la Maestranza para sacar armas y distribuirlas al grueso de las partidas que vendrían desde todos los pueblos limítrofes, *matando á su paso á todos los españoles.*

Tal era muy ligeramente analizado y sólo en lo relativo á la toma de Manila el croquis trazado en la proposición del hermano Dimarayasan y aprobado por el Catipunan. Como complemento, se acordaba que en el caso de no poder verificarse la toma de Manila y sus arrabales por el medio propuesto, se lograse aprovechándose de la fiesta de San Andrés ó de la del Corpus *para la matanza de los castilas*. Manila era la aspiración de los catipunados.

3.° *Operaciones sobre Pasig y Taguig*.—En los comienzos del presente año se notaba mucho movimiento en los pueblos de las márgenes del Pasig y del interior en aquellas zonas. Se ordenó el día 1.° la salida de tres compañías de infantería de marina hacia el pueblo de Pasig; fuerzas del escuadrón peninsular con su comandante Ugarte á la cabeza sostuvieron dos horas y media de fuego para llegar; el general Galbis fué en demanda de aquel pueblo con una compañía: á Pasig también acudía el capitán Cabrera con 80 hombres desde Cainta y otras fuerzas; el destaca-

mento de San Pedro Macati recibió
refuerzo de 150 soldados al mando
del capitán Samaniego; el capitán
Ramos cubría el puente Malibay. La
fuerza de San Juan del Monte se au-
mentaba con una compañía del 5.°
de cazadores. El coronel Ruiz Sarralde acudió desde Malabong á la línea
Guadalupe. La marcha del general
Galbis fué muy accidentada: al llegar al sitio de Bambang por el río
Pasig, halló tupidas de rebeldes las
dos orillas y obstruído el paso con
cascos; vióse allí el general Galbis
obligado á sostener nutrido fuego
con grandes grupos; pero á pesar de
todo, á las doce de la noche logró
pasar y seguir á Muntinlupa, en donde, racionado y aumentando su fuerza hasta 190 hombres, volvió á Bo-
cario, desembarcando el día 2 en Na-
pindán, atravesando por entre 4.000
hombres, al mando de Aguinaldo, y
tomando á la bayoneta trincheras
importantes, pero no defendidas con

tenacidad por los rebeldes, porque
se vieron amenazados en la retaguardia por el coronel Ruiz Sarralde; llegó á Pasig, habiendo causado muchas bajas al enemigo, y sufriendo
las fuerzas de Galbis las bajas de 3
muertos, 11 heridos y 21 contusos.
Cuando el general Galbis llegó á Pasig, el pueblo estaba ardiendo; el destacamento había sufrido en lucha
tenida 6 muertos, 2 heridos y 15
contusos; pero había logrado la dispersión del enemigo. La columna
Albert, que desde Bosoboso venía
rápidamente á Pasig, batió los rebeldes en la posición por éstos elegida,
frente á los vados de Pateros y de
Malapad-na-bató (piedra ancha), en
donde habían construído trincheras
hasta Taguig, y al lado opuesto seguían los atrincheramientos hasta
Muntinlupa (pequeña tierra). Los
rebeldes allí llegados de Cavite, al
verse amenazados por un movimiento envolvente de la columna, huye-

ron hacia el Sur, continuando Albert su marcha á Pateros y á Pasig. En Pateros había estado Emilio Aguinaldo con el fin, según él mismo aseguró, de conferenciar con Llanera. Lo que hubo fué un plan urdido que el Capitán general averiguó mandando prender á sus dos principales autores. Querían cegar el Pasig. Se les frustró una vez más el proyecto de dar un golpe sobre Manila, evitado por las precauciones adoptadas por el Capitán general, que eran aplaudidísimas.

4.º *Muchos encuentros y combates en el mes de Enero.* — La actividad de nuestras tropas se oponía admirablemente al vertiginoso movimiento que para entorpecer ó evitar las operaciones sobre la provincia de Cavite emprendieron los rebeldes de las demás provincias limítrofes. Las instrucciones del Capitán general á nuestras tropas se cumplimentaban

á satisfacción. En la primera quincena de Enero decaía ya visiblemente el
ánimo de los insurrectos; en Bulacán, después del gran revés que sufrieron en Cacarón de Sile, se presentaban muchos á indulto, y las partidas que mermadas continuaban en
el campo no tenían un instante de
reposo.

La que atacó en tales días Palun-
gubat y Santor fué batida por completo por las fuerzas del general
Ríos, las cuales destruyeron además
los barrios rebeldes de Quingua y
de Bigáa, batiendo además poco después un grupo importante independiente de las de Llanera, que apareció por Bongabón y Pinagcandaba.
Las columnas Villalón-Oyarzábal, de
la misma brigada Ríos, desalojaron
de importantes posiciones en la sierra de Sibul á Llanera, haciéndole
muchas bajas. La partida rebelde de
Mójica fué también batida por la columna de Paombong, que en bancas

cayó al amanecer sobre Hagonoy, y muriendo en el combate el cabecilla pampango Manuel Viray. La de Baliuag sorprendió al enemigo en Bonga-mayor y le hizo 47 muertos. Se prendió al general maestro Eusebio Roque, al cual se le formó juicio sumarísimo, siendo fusilado en la cabecera de la provincia (Bulacán). Esta importantísima captura hízola el teniente coronel Villalón, el cual, conocido el hecho en la Península, después de haber sido felicitado por el General en jefe, recibió igual premio de S. M. la Reina y del Ministro de la Guerra.

Atacada la estación de Polo, sufrieron los rebeldes duro castigo, y en un encuentro en la primera zona, entre los muertos que se hicieron al enemigo se halló el cadáver del cabecilla Lucas Namunti. Con la generosa intervención del cura párroco se admitieron 44 presentados en Bulacán.

Como quiera que después del gran éxito obtenido en las operaciones del Pasig y Taguig era fácil conocer los intentos del enemigo para entrar en La Laguna y por el Oeste de Batangas, las fuerzas de la división Lachambre ejercieron la más provechosa vigilancia sobre aquellas líneas. encomendadas á las columnas de Biñán y del Bañadero. con las de Lian-Tuy-Balayan-Calaca. El general Jaramillo fortaleció grandemente la línea del Pansipit.

Amenazado de nuevo el pueblo de Santa Rosa por los insurrectos, el coronel Zabala, de la brigada Cornel, lo salvó, acudiendo desde Biñang y operando en combinación con la columna de Santo Domingo, se hicieron al enemigo bastantes bajas: nosotros tuvimos siete heridos. El general Galbis y el comandante Albert saliendo de Mariquina impidieron la marcha de numerosa fuerza insurrecta, haciéndola repasar el Zapote. Entre Malinta y Novaliches sostuvo encuentro con los rebeldes, á quienes batió y dispersó el comandante Carpio. Baquero les hizo en Magallón 20 bajas, entre ellas un cabecilla. Olaguer, recorriendo Angat, les hizo 47 muertos, arrasando los barrios rebeldes de Tabac y Ninga. Fué también destruído por la columna de San Miguel un campamento en estribaciones de la sierra de Sibul. Baquero, en dos días de operaciones sobre Punsalan, hizo al enemigo 53 muertos.

En estas mismas fechas, el gobernador de Tayabas, teniente coronel Torres, aprehendió 10 cabecillas, entre ellos el de más importancia, Marcelino Tolentino. La partida que entró en Tiaong se disolvió por las columnas perseguida.

En la jurisdicción de San Juan de Batangas, y por la columna de aquel lugar, fué batida la partida del cabecilla Castillo, y á poco la partida de

Batín fué batida y dispersada por el teniente Polo.

Los presos que se habían conducido á Marianas con los que allí existían, se rebelaron, amenazando seriamente el orden público en aquellas tierras españolas tan distantes de Manila. La lucha que para reducirlos se libró fué durísima: 90 muertos y 40 heridos se les hicieron.

En esta primera quincena de Enero se creó una nueva Comandancia general para las provincias de Cagayán é Isabela, encomendándose al distinguido coronel Camiñas.

Todas las provincias del Norte de Luzón enviaron á Manila secciones de voluntarios de infantería y caballería, perfectamente equipados y pertrechados. Al remitir los de Ilocos-Norte, el pundonoroso gobernador civil Sr. La Guardia, teniente coronel de caballería, ofreció sus servicios militares, oferta agradecida por el Capitán general.

Esta autoridad superior de las islas continuaba propulsando las operaciones, que ya no podían ser más activas, y comunicaba singularmente á Bulacán la urgencia en batir por completo á Llanera, para poder efectuar una nueva distribución de fuerzas, y dar comienzo á las operaciones sobre Cavite. Así se ejecutaba, y en la segunda quincena de Enero, todo eran combates y encuentros, acciones y escaramuzas.

El capitán Boluda batía y dispersaba en San Ildefonso la partida de Mendoza, quien pereció en el encuentro. Emboscadas de los nuestros en Dumayat y Pulingao, cerca de Candaba, hicieron muchas bajas al enemigo. Fuerza fraccionada del comandante Albert en reconocimiento sobre los montes Bulao, Pantayarin y en el curso del río Nangca batió y dispersó al enemigo en Mapalasan y en Sapang. 25 muertos causaron á los rebeldes los voluntarios y la

Guardia civil de Nueva Écija en Cabanatuan, y 14 la columna de San Miguel en Paliquit.

La columna de Angat y la de Albert en el río de San Mateo batían en sus respectivos lugares grupos rebeldes, causándoles bastantes bajas, y eran rechazados y batidos los insurrectos que se presentaban á la vista de Parañaque y otros que en Batangas amenazaban á Tuy.

La caballería cargó cerca de San Juan del Monte contra grupos que acababa de batir Albert, haciéndoles 21 muertos vistos.

En operación combinada con los voluntarios de Macabebe, el capitán Angosto atacó y tomó unos atrincheramientos que los rebeldes habían hecho entre Angat y Nozagaray. Las operaciones eran tan decisivas por todas partes, que el día 22 de Enero el general Jaramillo comunicaba no verse ya partida alguna en aquella importante zona de Batangas limítrofe con Cavite. Barraquer había aniquilado los insurrectos de Bataan y Zambales.

A pesar de que Llanera conminaba con la aplicación de la pena de muerte á los que se acogiesen á indulto, las presentaciones eran numerosas, aunque seguían los hechos de armas. En la última, semana de este mes entraron los rebeldes en Manban (Tayabas) y en La Paz (Tarlac): fueron batidos, dejando esta partida 53 muertos sobre el campo, sin que los nuestros tuvieran más que 4 heridos: querían pasar á Nueva-Écija por río Chivo. Los voluntarios de Macabebe batieron á los rebeldes en Tibaguin, haciéndoles 19 muertos; en Batangas el capitán de Miguel destrozó una partida insurrecta en el barrio Sampio de Balayán; hízole 80 bajas, dejando 23 muertos abandonados en el campo.

El teniente coronel Villalón batió en Bustos y Bulasacán gran número de insurrectos, apoderándose de su campamento ; hecho importante por el cual, el Capitán general primero, y el Ministro de la Guerra después, le felicitaron.

La columna del capitán Cabanna batió á la partida del ex gobernadorcillo Miguel, apoderándose de prisioneros y documentos de importancia. La columna Orozco batió y dispersó 100 rebeldes en Siniloan y Cavinti.

Con ser muchos los hechos de armas que acabamos de citar, no son todos los que se libraron durante el mes de Enero: más enumerarán seguramente quienes se dediquen á escribir la historia de la tan interesante campaña contra la insurrección de los tagalos; siendo así que nosotros no hemos podido pretender ni pretendemos tal empresa, esperamos el perdón de nuestros lectores y la resignación de éstos para lo incompleto de nuestros detalles.

5.º *Operaciones en los meses de Febrero, Marzo y primera quincena de Abril. Preparativos para el ataque de las posiciones insurrectas en la provincia de Cavite. Nueva organización del ejército de operaciones.* — Las órdenes generales del 22 de Diciembre y su complementaria de 13 de Enero, organizaban el ejército de operaciones en la isla de Luzón, del modo y forma que el General en jefe entendía conveniente al mejor servicio; mas antes de dar comienzo á las operaciones de Cavite, que era lo fundamental ya, en el estado de decaimiento en que se hallaba la insurrección en las provincias vecinas, el general Polavieja organizó nuevamente aquel ejército de la manera que vamos á transcribir, ya que no nos sea posible, doliéndonos de ello grandemente, describir con la debida precisión los demás hechos.

Organización del ejército de operaciones en la isla de Luzón.

DIVISIÓN Y COMANDANCIA GENERAL DE LA LAGUNA, BATANGAS Y TAYABAS

Comandante general. Excmo. Sr. General de división D. José Lachambre.

Ayudantes de campo.
- Comandante de infantería . D. Rafael Lachambre.
- Idem de caballería.......... D. José Ochoa.
- Idem de infantería.......... D. Federico Monteverde.

Estado Mayor.......
- Jefe de Estado Mayor: Teniente coronel............... D. Jenaro Ruiz Jiménez.
- Comandante.................. D. Manuel Quintero.

- Coronel de caballería........ D. León Espiau.
- Idem de artillería............ D. Francisco Rosales.
- Idem de ingenieros.......... D. Francisco de Castro.
- Teniente coronel de caballería........................ D. Víctor Espada.
- Capitán de ingenieros...... D. Juan Tejón.

Primera brigada.

Jefe............ Excmo. Sr. General de brigada D. Pedro Cornel.

Ayudantes de campo. { Teniente coronel de infantería............ D. José Mora Mur.
Capitán de ídem............ D. Mariano Mora Mur.

Oficial Estado Mayor { Capitán................... D. Carlos Alonso.

Afectos á la brigada. { Capitán de ingenieros........ D. Pedro de Anca.
Coronel de infantería....... D. Pedro Zabala, para ser empleado en mando de fuerzas.

FUERZAS

Infantería............ { Batallón cazadores núms. 1, 2 y 12......... Completos.
Regimiento de línea núm. 74, 2.° batallón. Idem.
Dos guerrillas montadas.

Segunda brigada.

Jefe............ Sr. General de brigada D. José Marina Vega.

Ayudantes de campo. { Primer teniente de caballería D. Constantino Gesem.
Idem de infantería......... D. Eduardo Macías.

Jefe Estado Mayor..	Comandante...........	D. Enrique Toral.
Oficial en prácticas..	Primer teniente de artillería	D. Jorge Fernández Heredia.
Afectos para mando	Coronel de infantería........	D. Vicente Ruiz Sarralde.
en medias brigadas.	Idem de artillería.........	D. Vicente Arizmendi.

FUERZAS

Infantería.........	Batallones de cazadores números 6 y 15.........	Completos.
	Idem núms. 4 y 11........	4 compañías de cada uno.
	Regimiento de línea núm. 73	Un batallón.
Artillería.........	Idem de plaza.........	Un batallón.
	Una guerrilla montada.	

Tercera brigada.

Jefe............	Excmo. Sr. General de brigada D. Nicolás Jaramillo.	
Ayudantes de campo.	Capitán de infantería.......	D. Mariano Lecha.
	Segundo teniente de ídem..	D. Felipe Blanco.

41

Jefe Estado Mayor.. Comandante............... D. Felesio Aguilar.
En prácticas........ Capitán de ingenieros...... D. Manuel García Morales

Afectos á la brigada. { Coronel de infantería....... D. Emilio Galisteo, jefe de la línea de Pansipit.

Idem íd............... D. Juan Núñez, para mando de fuerzas.

FUERZAS

Batallón cazadores núm. 2............ Dos compañías.
Idem íd. núm. 13 .... Completo.
Regimiento de línea núm. 74....... Una compañía.
Idem íd. núm. 73............... Tres compañías.
Artillería................... Una sección de montaña.
Ingenieros.................... Una ídem de 50 hombres; un parque móvil.
Una guerrilla montada.

Centro para aprovisionamiento, municiones y hospital de esta brigada: Taal.

Fuerzas afectas al Cuartel general de esta división.

Caballería........
{
Regimiento de Filipinas núm. 31...... Un escuadrón.
Voluntarios movilizados de Ilocos Norte Un escuadrón.
Guerrilla montada de Ilocos Sur...... 25 caballos.
}

Artillería........
{
Dos obuses b. c. de 15 centímetros.
Seis piezas de 9 centímetros, batería montada.
Ocho del regimiento de montaña.
Cuatro Witworth.
}

Ingenieros........
{
Una compañía de 150 hombres (para la primera y se-
gunda brigada).
Un parque móvil.
}

Voluntarios del Abra................ 200 hombres.
Idem de Ilocos Sur................ 300 hombres.
Idem de Albay................ 500 hombres.

Hospitales de campaña: 100 camas en Taal, 100 en Calamba, 100 en Biñang.
Centros de raciones, municiones y toda clase de recursos: Taal, Calamba,
cuartel de Santo Domingo y Biñang.

Medios de transportes: Media brigada, cuantos se puedan reunir en el territorio de su mando y 600 chinos.

Brigada independiente.

Jefe............	Excmo. Sr. General de brigada D. Francisco Galbis.	
Ayudantes de campo	{ Comandante de infantería..	D. José Sánchez Fano.
	Capitán de artillería........	D. Francisco Sierra.
Oficial Estado Mayor	Capitán.......................	D. Juan Méndez de Vigo.
Afectos al Cuartel general...........	{ Capitán de ingenieros......	D. Bernardino Cervella.
	Coronel de Estado Mayor...	D. José Barraquer.
	Idem de caballería..........	D. Salvador Arizón.

TROPAS

Infantería.........	{ Batallones de cazadores números 3, 7 y 14...........	Completos.
	Idem núms. 5 y 11.........	4 compañías de cada uno.
Caballería.........	{ Tres guerrillas montadas.	
	Un escuadrón peninsular.	

Artillería......... Dos morteros Mata, dos piezas b. c. de 12 centímetros, dos ídem íd. de ocho centímetros, cuatro ídem de montaña, dos ídem antirreglamentarias, dos ídem Krup acero de 8 centímetros (antirreglamentarias).

Ingenieros .... Una compañía de 100 hombres.

Voluntarios de infantería .... {Los ilongos, 500 hombres; de la Unión, 110; de Caga— yán, 173; de Isabela, 200. •

Transportes: Media brigada.

COMANDANCIA GENERAL DEL CENTRO DE LUZÓN

Comandante general. Excmo. Sr. General de brigada D. Diego de los Ríos.

Ayudantes de campo. {Primer teniente de infantería D. Juan Moscoso.
Idem íd .... D. Manuel Carrillo.

Estado Mayor....... {Jefe de Estado Mayor: Co— mandante.................. D. José Olaguer.
Oficial de ídem: Capitán.... D. Fernando G. Zuluaga.

Afecto á la brigada. Coronel de infantería....... D. Gregorio Estraña.

FUERZAS

Batallones de cazadores núms. 4, 5 y 9........... 4 compañías de cada uno.
Idem núm. 8................................ 6 compañías.
Regimientos de línea núms. 68 y 73............ 1 compañía.
Idem núm. 70 y regimiento infantería de marina
núm. 2.................................... 2 ídem.

COMANDANCIA GENERAL DE MANILA Y MORONG

Comandante general. Excmo. Sr. General de división D. Enrique Zappino.

Ayudantes de campo. { Teniente coronel de infantería.... D. Jaime Bosch.

Capitán de infantería....... D. Calixto Granados.

FUERZAS

Infantería.......... Batallón cazadores núm. 9.. 4 compañías.

Idem íd. núm. 10............ Completo.

Segundo batallón, segundo regimiento infantería de marina y de línea núm.70. 3 compañías.

Artillería.......... Regimiento de plaza........ 2 compañías.

Caballería.......... Idem de Filipinas núm. 31.. 1 escuadrón.

Voluntarios......... { Batallón infantería Voluntarios de Manila.
El escuadrón de ídem íd.

Tiene además la Guardia civil veterana, la Guardia civil de las dos provincias, y en Artillería los recursos de la Maestranza.

NOTA.— En atención á la escasez de personal de Administración y Sanidad militar, los Comandantes generales y jefes de brigada emplearán en los cuarteles generales correspondientes á los oficiales de dichos cuerpos que tengan destino en sus zonas de operaciones respectivas compatibles con aquellos cargos.

Manila, 7 de Febrero de 1897.

6.º *Instrucciones dadas por el General en jefe.* — No es absolutamente indispensable disfrutar la honra de pertenecer á la gloriosa carrera de las armas para apreciar cuánto significa y vale la técnica que organiza un ejército y la muchedumbre de cosas que interesa prevenir para el mismo, al hacer la guerra. Además de que esto lo inspira el común sentido, con muy poco que se lea el «Arte militar», se aprende bien. El mariscal de Saxe decía: «La guerra se hace sin dejar nada al acaso, y en esto sobre todo se reconoce la habilidad de un general».

Ahora bien: el general Polavieja organizó el ejército de Luzón y preparó las operaciones de Cavite ajustándose, como en las demás y en todas, á lo promulgado por la ciencia y sancionado por la práctica. Es claro que no podemos conocer ni conocemos todas las órdenes generales y circulares que dictara, ni mucho me-

nos las instrucciones verbales que
diera para la ejecución de su plan
de campaña; pero el gran número de
las que á nuestro conocimiento llegaron, por nuestro tesón en buscar-
las, nos permiten hacer tal afirmación.

Acercábase la fecha que allá en sus
cálculos había señalado el general
Polavieja para el comienzo de las
operaciones sobre la provincia de
Cavite: en las respectivas zonas operaban las fuerzas á ellas destinadas: á
los lugares designados para depósitos
se conducían las municiones, raciones y material sanitario convenientes, todo ello calculado, teniendo en
cuenta hasta cualquier interrupción
temporal en sus líneas de comunicaciones; se detallaba hasta el punto
de sustituir las insignias de los diferentes grados de la jerarquía militar
con otras menos vistosas, colocadas
sobre el hombro, en el arranque de
la manga libre, lisa, cual la del sol-

dado, medida interesante para que la condición de jefe ú oficial no sirviese de puntería preferente al enemigo: con análogo objeto, para que no lo fuesen los soldados, se les proveía de fundas de rayadillo, de color sufrido, para ocultar el rojo vivo de las mantas de campaña que en forma de banda cruzaban su pecho: se les proveía de tubos de caña, *bombones*, para que cargados de agua no sufriera la tropa atormentadora sed: 20 hombres por compañía llevaban el bolo de trabajo, que es verdadera *herramienta de gastador*, es decir, una de aquellas cinco cosas que, según máxima del gran Napoleón, «es preciso que no se separen nunca del soldado, su fusil, sus cartuchos, su mochila, sus víveres para cuatro días y su herramienta de gastador»: mandaba el general en jefe la más escrupulosa exactitud en la redacción de los partes, sin exagerar el número de enemigos ni sus bajas, para que no redundase el error en desprestigio de nuestras armas : prevenía revistar diariamente el armamento, correaje, equipo y vestuario, singularmente el calzado : disponía los útiles que éstas habían de llevar para la confección de ranchos y transportar camillas: ordenaba extensa y concienzudamente el cumplimiento *ad pedem literæ* de aquellas sabias disposiciones del reglamento de campaña, para impedir el más ligero abuso ó desmán por parte de la tropa, que debe siempre ceñir sus actos á los principios de la más severa disciplina : recomendaba sus instrucciones á los oficiales de marina, comandantes de las lanchas que habían de operar en la Laguna de **Taal** asegurando el dominio de aquellas aguas, y vigilar la isla del volcán en el centro de las mismas: al general Polavieja se le veía en la práctica de aquel otro principio consignado en la máxima Napoleónica núm. 83, de las compiladas y ampliadas por García Camba, y que dice: «Un general en jefe no debe dejar jamás descansar ni á los vencedores ni á los vencidos.»

Nosotros pudimos saber con qué corrección y eficacia el general Polavieja harmonizaba la acción de las fuerzas del ejército con las navales, informando al comandante general de aquel apostadero y escuadra, el distinguidísimo contraalmirante señor Montojo, de todos los detalles de las operaciones que habían de ejecutar las fuerzas de tierra, á fin de que la autoridad de marina pudiera ordenar con acierto cuanto creyese necesario á la escuadra á sus órdenes, á las cuales el General en jefe ponía también las fuerzas de infantería de marina situadas en Binacayan, Dalahican y plaza de Cavite, con las tropas que la guarnecían.

Pudimos averiguar que el día 7 de Febrero, el General en jefe, Marqués de Polavieja, al remitirles la nueva organización del ejército, la cual hemos transcrito poco há, daba á los comandantes generales de Manila y Morong, de La Laguna, Batangas y Tayabas, del centro de Luzón y de la brigada independiente, Sres. Zappino, Lachambre, Ríos y Galbis, extensas, concretas instrucciones, detallando el modo y forma con que habían de concurrir cada uno á la ejecución del plan; pudimos conocer en qué términos se señalaba al general Zappino la misión de conservar *á todo trance* el orden público en Manila y su provincia, y de qué suerte se encomendaba á la inteligencia, celo y probada pericia de este general la vigilancia de la línea Novaliches-San Mateo, así como la protección de la comarca habitada por leales, el norte y centro de Morong, para librarla de los remontados é insurrectos de las otras zonas de la misma.

Supimos de qué manera el general Polavieja encargaba al general Ríos, encomiando la pericia, bizarría y clara inteligencia de éste, acabar de librar de rebeldes la provincia de Bulacán, ya que tanto en ella se había logrado, y extinguir por completo los merodeadores que quedaban en Tarlac y Nueva Écija. No nos fué imposible conocer aquellas detalladas instrucciones dadas por el General en jefe al general Galbis para cuanto éste había de ejecutar en la importante línea de Las Piñas-Almansa-Muntinlupa, los destacamentos que había de cubrir y el oficio que habían de desempeñar el resto de fuerzas móviles de la brigada, y que habían de operar impidiendo *á todo trance* cruzasen los rebeldes el río Pasig en demanda de los montes de San Mateo, ordenándole, al propio tiempo que esta misión defensiva, el apoyo de la acción ofensiva del general Lachambre sobre Silang, y también la marcha de éste sobre Imus, por la izquierda del frente de aquella brigada cuyo centro había de ser Almansa, para operar batiendo la zona comprendida entre aquel punto y San Pedro de Tunasán y el Zapote hasta su curso medio. La columna que tal hiciera habría de ponerse en contacto con las fuerzas de Lachambre tan luego éste acudiese á Pali-Parang, con el fin de atacar la casa-hacienda de Salitrán. A la pericia y discreción del distinguido general Galbis, dejaba el General en jefe la construcción en Almansa ó en el punto que aquél estimase conveniente, de un fuerte que se artillaría con un cañón Krupp de acero de 8 centímetros, fuerte que sería apoyo central para la caballería. Otra columna de la misma brigada habría de custodiar el curso inferior del Zapote y amagaría sobre Bacoor, haciéndose cargo de la artillería de posición para batir en combinación con los fuegos de la escuadra el mencionado pueblo envuelto por atrincheramientos que; sumados con los de la izquierda del Zapote, constituían extensa línea de serios obstáculos.

Muy incompletamente, es obvio, pudimos saber algunas de las instrucciones con que el General en jefe trazara la campaña ofensiva que había de llevar á cabo la división del valeroso general Lachambre, de justo renombre y fama. El general Polavieja dió á éste la mayor suma de recursos para la empresa, reservándose la brigada Galbis, que ya hemos dicho destinaba al aislamiento de Cavite con Manila y á la amenaza de atacar Imus por Bacoor. La artillería, excepto la sección de montaña que tenía el general Jaramillo, y la caballería, quedaban afectas al cuartel general de la división Lachambre, así como los voluntarios indígenas, con recomendación de que se les foguease para prepararlos á la

persecución que habrían de emprender después contra los restos de la
rebelión. Al mismo cuartel general
eran agregados jefes, oficiales y voluntarios españoles de infantería del
escuadrón de Manila y de las guerrillas. El comandante honorario de la
de San Miguel, magistrado Sr. Ripoll de Castro, quedaba afecto al
cuartel general como ayudante de
campo agregado á las órdenes del
general Lachambre: el de la misma
guerrilla de San Miguel, D. Carlos
Peñaranda, era también adjunto al
cuartel general de la división al frente de 30 individuos de la misma, que
tan señalados servicios venía prestando desde 1.º de Septiembre del
año anterior, lo mismo que la de San
Rafael, que poco después se creara.
Los de la primera guerrilla asistieron en las operaciones de Cavite á
los combates de Munting-ilog, Malaquing-ilog y á la toma de Silang,
siendo su proceder tan distinguido,

42

que algún individuo de ella ha obtenido hasta cinco cruces rojas.

Las fuerzas de Lachambre contaban ya con el parque móvil de ingenieros á cargo del ilustrado coronel D. Francisco Castro; con los hospitales de campaña que se designan en la organización que hemos transcrito; con un depósito de 200.000 raciones, 1.220.000 cartuchos de fusil y 800 disparos de cañón en Calamba; con 100.000 raciones y 1.200.000 cartuchos y 600 disparos de artillería en Biñang; con 100.000 raciones, 1.000.000 de cartuchos y 200 disparos de artillería en Taal.

El General en jefe detalló las operaciones por modo notable. No valga para nada nuestra afirmación: ¿qué significa ésta teniendo en cuenta la del general concepto y aquella otra que aún resuena en nuestro propio oído, y que nos dirigió el insigne general Lachambre al honrarnos aceptando nuestro abrazo de sincera entusiasta felicitación? «El general Polavieja ha dirigido la campaña admirablemente»; esto en rigor de letra nos expresó.

El general Lachambre recibía acabado croquis del camino que había de recorrer en su campaña ofensiva: había de comenzar por las operaciones sobre Silang. Según las instrucciones del General en jefe, para efectuar éstas, el general Lachambre había de reconcentrar las brigadas Cornel y Marina con toda la artillería, parque de ingenieros, caballería, voluntarios y medios de transporte que creyese convenientes, en el cuartel de Santo Domingo, y desde allí marchar sobre Silang, por su frente, envolviendo por la izquierda los atrincheramientos de los rebeldes, y arrollados los obstáculos que á su paso hallase, atacar Silang por Balate, á la izquierda del río Imus y por la derecha de éste y al Norte de Iba, uniéndose ambas fuerzas por un puente sobre dicho río. Vencido Silang, y dejándolo bien guarnecido, emprendería la marcha en dos columnas hacia Imus; la más fuerte por el camino que va á Pérez-Dasmariñas, y la otra, de menos fuerza, por el que conduce á Paliparang : reunidas ó separadas estas columnas, marcharían sobre la casa-hacienda de Salitrán; y guarnecida ésta, á la que creía el General en jefe sería preciso batir con los obuses de 15 centímetros, continuar sobre Imus, en cuyas inmediaciones el General en jefe tomaría el mando de todas las fuerzas para atacar á dicho punto, Bacoor, Cavite Viejo y Noveleta. Para evitar que los rebeldes reconcentrasen sus fuerzas sobre las del mando del general Lachambre, el General en jefe había ordenado al general Jaramillo que la víspera de salir el general Lachambre del cuartel de Santo Domingo hacia Silang rompiese el fuego sobre los atrincheramientos rebeldes de Bayu-

yungan, amagando al día siguiente
forzarlos para simular la subida al
Sungay por su vertiente meridional,
y no cesando en estos movimientos
hasta que el general Lachambre fuese dueño de Silang: logrado esto, el
general Jaramillo continuaría las
operaciones sobre Talisay por la laguna de Taal con las lanchas armadas y cubriendo siempre el Pansipit.
Para distraer también fuerzas rebeldes, á la vez que cubrir Manila, el
mismo día que el general Lachambre marchase hacia Silang, el general
Galbis amenazaría á Bacoor é Imus,
ocupando la margen derecha del Zapote por el curso inferior, mientras
que, por el superior, fuerzas de la
misma brigada amenazarían envol-
verlo y marchar sobre Paliparang.
en donde, si se hacía posible, co-
municarían con las del general Lachambre primero y después en la
casa-hacienda de Salitrán. Aquí re-
cibiría el general Lachambre nue-

vas instrucciones para atacar Imus.

Las fuerzas navales á las órdenes del Excmo. Sr. Comandante general de Marina habían de apoyar las operaciones sobre Silang y sobre Imus, cañoneando los atrincheramientos rebeldes de la costa desde la desembocadura del Zapote hasta las trincheras de los rebeldes en Licton y simulando también un desembarco en Santa Cruz y en Naic. La infantería de Marina de Dalahican amagaría sobre Noveleta, y la de Binacayan tirotearía las trincheras rebeldes, mientras el general Lachambre operase según le indicaba el General en jefe, cuyo cuartel general se situaría en Parañaque ó Las Piñas. Encomiando justamente el valor y pericia del general Lachambre, el General en jefe, entre otras que no conocemos, le dió las instrucciones á que aludimos.

La primera quincena de Febrero fué más tranquila que las anteriores. El día 1.º al medio día atacaron los rebeldes Las Piñas, siendo rechazados. dejando cinco muertos y huyendo hacia Bayanan. En Tarlac, la Guardia civil acababa con los restos de la partida Páez. El general Ríos terminó las operaciones importantísimas sobre los esteros de Bulacán, asegurando la navegación del río de Santa Cruz. El día 7 el general Cornel practicó un reconocimiento sobre terreno ocupado por el enemigo en 7 kilómetros de extensión, destruyendo un campamento y tres trincheras. En la primera zona de Bulacán se batieron grupos de la partida Maglomo, causándoles siete muertos y cogiéndoles armas y caballos. Algunos grupos de Cavite lograron desembarcar en Zambales, redoblando con tal motivo su vigilancia las fuerzas de la escuadra sobre aquellas costas y las de Bataan. El valeroso capitán de la Guardia civil La Torre batió en Ibalim y monte de Tibagua una partida de 100 hombres, haciéndole siete muertos, sufriendo los nuestros un herido y dos contusos. Hubo otras muchas novedades, de escasísima importancia todas.

7.º *El General en jefe sale á operaciones. Inicio de las mismas. Marcha del general Lachambre hacia Silang. Combates en Malaquing-ilog y en Muntingilog. Toma de Silang.* — Encargando el despacho al general segundo cabo Sr. Zappino, el General en jefe, señor Marqués de Polavieja, salió el día 14 de Febrero á operaciones, situando su cuartel general en Parañaque, á 10 kilómetros de Manila, sobre la playa de aquella inmensa bahía y situado en el camino que conduce á la provincia de Cavite: la dominación española fundó este pueblo en 1580, bajo la advocación de San Andrés.

Había dado principio la acción ofensiva que para reconquistar di-

cha provincia de Cavite trazara el
General en jefe: estrictamente ajus-
tado el general Jaramillo al plan y
órdenes que recibió de dicha superior autoridad, en la tarde del día 13
atacó bizarramente á la bayoneta el
fuerte Tranquero en las vecindades
de Bayuyungan; lo tomó con pocas
bajas, causando muchas á los rebeldes.

El general Lachambre, al frente de
las brigadas Cornel y Marina, salió
de Santo Domingo el día 15 á las
once de la mañana en demanda de
Silang. Al poco trecho dividiéronse
estas fuerzas: Lachambre con Cornel
iba por el puente de Carrillo; Marina
envolviendo sobre Silang por el mismo vado de Santo Domingo; ambas
brigadas habían de reunirse para la
acción común en las proximidades
de Silang. Durante la noche del 15
al 16, estas fuerzas vivaquearon en
la mitad poco más ó menos del camino entre Santo Domingo y Silang,

á 7 kilómetros respectivamente. Y amaneció el 16; al toque de diana emprendióse la marcha sin novedad alguna hasta las cuatro de la tarde, en que el batallón cazadores número 15, perteneciente á la brigada Marina, que iba fraccionado, halló una fuerte trinchera sobre el barranco y sitio de Malaquing-ilog (grande río): el teniente coronel D. Antonio Topete mandó tomarla: defendiéronla tenazmente los rebeldes: dentro de ella cayó muerto por un lantacazo, destrozado, el comandante Vidal: un cuarto de hora más tarde llegaba á aquel sitio la brigada Cornel, quien envió sobre aquella trinchera al capitán Villaba: 21 hombres perdió este bravo oficial en aquella empresa, que no pudo terminarse ni después de estas dos valientes acometidas: venía la noche, y se acampó allí, instalando un hospital de sangre. Los generales Lachambre y Cornel se reunieron: Marina debía estar muy cerca; pero no se veía. El general Cornel, á las dos de la madrugada, ordenó al teniente coronel del segundo de cazadores, D. Fortunato López Morquecho, que con una compañía, única que no estaba de servicio, las guerrillas montadas y una sección de tiradores, se situase en el camino que conduce al río de Malaquing ilog, con el fin de que tan pronto amaneciese lo vadease á distancia de 500 metros de aquella trinchera y cayese sobre ella. A las cinco de la mañana, y poniéndose á la cabeza de las fuerzas de López Morquecho el general Cornel, se practicó un reconocimiento; y avanzando, al llegar al alcance de los insurrectos, hicieron éstos una descarga, cayendo heridos el ayudante del malogrado general Zabala, teniente Taboada, y contuso el capitán de ingenieros D. Pedro de Anca, ayudante del general Cornel, más dos soldados heridos. Los insurrectos sostenían tenazmente su posición ; y en vista de esto, el general Cornel dispuso que una sección de cazadores hiciera sostenido fuego oblicuo, mientras tanto el teniente coronel López Morquecho flanquease la trinchera por cualquier modo que fuese : orden terminante, dada con la sobriedad de frase y la admirable energía con que las produce esa incomparable letra de las sabias Ordenanzas vigentes en nuestro ejército, compuesto por fortuna siempre de quienes saben cumplirlas. López Morquecho fué reforzado por una compañía del mismo batallón y dos piezas de artillería de montaña, al mando del capitán Massat. Marchaba esta fuerza por el flanco derecho, y á un kilómetro de distancia, halló un paso del barranco mencionado y otras dos trincheras sobre el mismo. Emplazáronse las piezas, y haciendo fuego también en dirección oblicua, protegidas por una compañía, López Morquecho mandó á otra

que avanzase, previniendo al capitán
que en el momento de emprender
la subida hacia la primera trinchera
mencionada mandase tocar paso de
ataque, y con toda la velocidad posible se echase encima de la misma.
Simultáneo con este movimiento lo
sería el que á la carrera también
practicase López Morquecho sobre
las dos trincheras de la izquierda; y
así se efectuó con notabilísimo éxito, porque consternados los rebeldes al verse atacados denodadamente
por la retaguardia, abandonaron sus
atrincheramientos, dejando muchos
cadáveres. Dado el parte correspondiente y arrasados aquellos obstáculos, por disposición del general Cornel, la columna continuó su movimiento de avance sobre Silang. No
halló novedad alguna hasta la llegada al río de Munting-ilog (pequeño
río) y punto en que se presentaba un
puente de caña destrozado, y una
gran trinchera al frente en el lado

opuesto: á poca distancia otro igual obstáculo. El general Cornel mandó al mismo teniente coronel, Fortunato López Morquecho, tomase aquellas posiciones en igual forma que las anteriores, y á ellas fué el valeroso teniente coronel, del *todo Madrid* tan conocido cuanto de aquellos tagalos, que há treinta años habían ya de agradecerle el amparo que á sus vidas y haciendas les prestara en su calidad de jefe de la sección de la Guardia civil de Tambobo.

Para atacar la trinchera de Munting-ilog, López Morquecho llevaba dos compañías y tres secciones de tiradores: lo abrupto de aquel terreno impedíale llevar fuerzas montadas: haciendo fuego oblicuo, llegó hasta los bordes del barranco: López Morquecho se descolgó por allí con los 300 hombres á quienes mandaba, y con igual rapidez y muy pocas bajas relativamente á las que él causó al enemigo, tomó aquella posición.

La columna siguió su marcha; y apoderándose de un fuerte verdaderamente sólido y de gran capacidad que había á menos de dos kilómetros de Silang situado, nuestras fuerzas se detuvieron, acampando toda la brigada. En los alrededores de Silang, así como dentro del mismo pueblo y al resguardo de muchos atrincheramientos, se veían millares de rebeldes. Continuó el avance. En el horrible fuego que se produjo al iniciarlo, cayó gravísimamente herido de dos balazos el teniente coronel Fortunato López; condujéronlo al fuerte que acabamos de citar, así como á todos los demás heridos, y en el mismo foso de la fortaleza hiciéronle la primera cura: el primer alivio que este bravo jefe sintió, fué con la noticia que treinta horas después le dieron de haber entrado los nuestros en Silang, en aquel pueblo durante tantos meses lugar de las tristes fazañas del rey Víctor.

La brigada Marina, desde que dejó de verse en Binambangan, envolviendo los barrancos y cruzando el río pequeño por Agallac y Pooc, llegó á Iba, á unos 500 metros de Silang. Tomó el barrio de Munting-ilog, en donde luego acampó. Avanzando, unióse el general Lachambre á la brigada Marina y continuó la gloriosa arriesgadísima marcha. El enemigo, además de los obstáculos que la naturaleza allí ofrece, tenía por defensa innumerables atrincheramientos y reductos casi inexpugnables; descolgándose con cuerdas por vertientes, flanqueando aquel semillero de defensas, y tomando á la bayoneta las trincheras, se verificó la toma de Silang. El coronel Zabala, en la vanguardia de la brigada Cornel, entró el primero en aquel pueblo, arrollándolo todo después de pasar el río Tibagan, que por dos puntos lo hubo

de pasar también el bizarro general
Marina para dejar cogida por el flanco aquella formidable posición. Fué
tal el pánico que se apoderó de los
rebeldes, que mezclándose con nuestras tropas entraban en el pueblo,
dejando gran número de armas blancas y de fuego Remington y Maüsser,
y abandonando más de 500 muertos
contados en el primer momento. La
batería de montaña, mandada por el
capitán Masat, hizo destrozos enormes en las masas.

Los rebeldes nos mataron al capitán Jaén, al teniente Martinez y á
seis soldados; hirieron al comandante Rodríguez Navas, al capitán de
caballería Maquieira, á los tenientes
Escol y Sobrino, resultando contusos el coronel Ruiz Sarralde, el teniente coronel Ortiz, capitán Fernández de Castro y 17 individuos de tropa. El 19 de Febrero, á las 11 y 30
de la mañana, se izó en el convento
de Silang el glorioso pabellón espa-

ñol, en medio del frenético entusiasmo de los nuestros, que se extendió á todo el Archipiélago.

El General en jefe estaba satisfechísimo de todos: del general Lachambre, á quien llamaba alma de aquella importante operación, hacía los más cumplidos elogios, así como de los demás generales, jefes, oficiales y tropa. A todos señalaba merecedores de recompensas, dedicando á las fuerzas de la Armada la especial mención que merecían los señalados servicios de ésta.

S. M. la Reina y el Gobierno felicitaban expresivamente al General en jefe y Ejército y Armada; la augusta Madre de D. Alfonso XIII, al conocer la heroica muerte del coronel Albert en el puente de Zapote, declaraba bajo su protección á la familia de tan bizarro jefe.

8.º *Operaciones en otras zonas. Toma de Pamplona. Toma de Dasmariñas.*

EN FILIPINAS · 675

Toma de Salitrán. — Mientras en la zona de Silang se obtenían tales glorias, en las otras todo iba bien. Las fuerzas de Marina cooperaban admirablemente á la acción ofensiva. El día 16, atacando Binacayan numerosas fuerzas enemigas, que cargaron con furia sobre aquel destacamento con fuego de fusilería y lantaca, fueron rechazadas con grandes pérdidas. El día 18, un bote armado del crucero *Lezo*, protegido por los fuegos de la escuadra, desalojó al enemigo de sus trincheras, haciéndole más de 100 muertos : de los nuestros fueron heridos los alféreces de navío señores Vial y Martínez y 15 individuos de la dotación misma.

Para auxiliar los servicios de mar, disponíase también de medios que merecen especial mención; no fuera justo dejar de agradecerlos y aplaudirlos. Además de las embarcaciones de las guerrillas de San Miguel y San Rafael en continuo servicio, algunas casas navieras y la Compañía Marítima, así como las obras del Puerto, según ya hemos dicho, pusieron á disposición gratuitamente del General en jefe, siendo desde luego aceptado el ofrecimiento, un importante material náutico, que prestaba singularmente en estos días muy buenos oficios. La Compañía Trasatlántica, en todas ocasiones anhelosa de servir á la Patria, y portándose en esta ocasión como en todas, cedió seis gabarras armadas con cañones Hontoria de 9 centímetros unas, con Krupp de 8 y medio facilitado por Marina otra; para 100 hombres de infantería la cuarta, todas con completo arreglo y con sus costados revestidos por corcho y lona. Otras dos destinaba á la bahía de Manila y el Pasig: todas con capacidad para 100 combatientes y todas de hierro de 2 pies 4 pulgadas de calado y racionadas.

El general Jaramillo, después de

apoderarse el 13, según anteriormente hemos dicho, del fuerte Tranquero, asaltó el de Bignay el día 15 después de penosa marcha hacia el Norte, en la que hubo de transportarse á brazo la artillería. El capitán Fita ayudó al soldado indígena Gaudencio Garay para coronar aquella fortificación, en cuyo ataque nos hirieron al comandante Noguera y al teniente Macías. El mismo general Jaramillo, el día 16, tomó Bayuyungan y San Gabriel y Baraquilong, muriendo de los nuestros en tal empresa el capitán Tena y 28 individuos de tropa; los rebeldes tuvieron muchas bajas. Barraquer, aun entonces coronel, el 15 de Febrero, después de batirse con 2.000 insurrectos que tenazmente se le oponían, se apoderó de todos los atrincheramientos que defendían Pamplona, á la derecha del río Zapote, y de este mismo pueblo. ¡Qué éxito, Dios eterno! Cuatro horas duró este rudísimo combate y terminó tan brillantemente, que las fuerzas en persecución de los rebeldes rebasaron el Zapote y allí mismo en la orilla izquierda acuchillaron cientos de rebeldes. Estos nos mataron al teniente Ruiz Soto y 18 soldados más, y nos hirieron á los capitanes Burguete, Torres y Suárez y 43 individuos de tropa. El coronel Barraquer, que había dirigido esta acción, afirmaba desde aquel instante el dominio sobre todo el curso inferior del Zapote por su orilla derecha. Sobre este mismo río tuvimos la desgracia de que muriese gloriosamente el coronel Albert el día 17, excediéndose por su arrojo de las órdenes que tenía para amagar, pero no pasar el río después de tomar los atrincheramientos próximos al puentepor donde quiso cruzarlo, á pesar de aquéllas, y sin que tampoco moderase sus ímpetus el recuerdo de seis hijos, á los cuales no podía legar

otra cosa sino honor y gloria. En
este hecho también nos hirieron al
capitán Varela y 27 soldados más.
El general Lachambre organizó Silang sin perder momento. Cumplía
bien y fielmente las instrucciones
del General en jefe, que exactamente concordarían con el propio criterio de su ilustre lugarteniente. El
Mariscal de Villars decía: «En la
guerra, todo depende de imponer al
enemigo, y conseguido esto, de no
darle tiempo de volver á tomar alien-
to.» Y el gran proscrito en Santa
Elena sentaba como principio que
«una marcha rápida aumenta la moral del Ejército y sus medios de
triunfo».

El general Lachambre salió en la
mañana del 24 de Febrero de Silang,
con dos columnas: una en demanda
de Paliparang, la otra sobre Pérez-
Dasmariñas. Arizón, envolviendo el
curso superior del Zapote, había de
batir los bosques vecinos de Palipa-

rang y unirse á la primera. Se fingi-
rían ataques sobre el río Bacoor y
sus esteros; se amagaría otra acción
por Noveleta, todo lo cual y más aún
prevenia el General en jefe, con el
fin de disminuir las fuerzas rebeldes
que hubieran de oponerse á Lachambre. La escuadra seguiría cañoneando Bacoor y sus innumerables trincheras.

A cuatro kilómetros de Dasmariñas, en el barrio de Sampaloc, empezó resistencia viva contra las fuerzas Lachambre. Acudieron á aquel
lugar muchos rebeldes capitaneados
por el titulado *generalísimo* Emilio
Aguinaldo: concentradas estas fuerzas rebeldes en los atrincheramientos inmediatos á Dasmariñas, la columna principal, con los generales
Cornel y Marina, los tomó todos,
arrollando al enemigo y desplegando
en la marcha hasta el mismo pueblo
batido por la artillería de 9 centímetros.

El general Marina atacó de frente
en la vanguardia : no pudo flanquear
la izquierda por impedirlo un profundo barranco, y Cornel envolvió
la derecha por un terreno todo inun-
dado. Marina, sin esperar la columna Villalón, que venía por Paliparang, en cuyo sitio se había unido
con Arizón, y viendo que el día avanzaba, se apoderó de dos trincheras
de piedra que defendían la entrada
de Dasmariñas, y fué tomando el
pueblo casa por casa, tenazmente defendidas. A 60 metros de distancia
fueron batidos por la artillería de
montaña la iglesia y el convento. In-
cendiados aquellos edificios, un grupo de 80 rebeldes pretendió salir de
ellos, y en lucha cuerpo á cuerpo
perecieron todos. En torno de la iglesia se encontraron once granadas
cargadas y de gran calibre. Por calle
paralela á la que Marina recorrió ga-
nándola paso á paso, entró Cornel
haciendo lo mismo, cañoneando y

persiguiendo á los rebeldes en fuga. Aguinaldo huyó en el primer período del combate, dejando encargado del mando á Estrella, también titulado general. Era éste un ex sargento de la Guardia civil, ascendido á segundo teniente antes de la insurrección: también huyó, y le sustituyó en el último período de esta acción el cabecilla Felipe García, que murió, siendo identificado su cadáver. En Dasmariñas lucharon más de 5.000 rebeldes, de los cuales 1.500 procedían de Imus. Llegó la columna Villalón, la cual en el camino por Paliparang había tomado tres trincheras, causando 15 muertos vistos al enemigo: más de 400 se recogieron en Dasmariñas pertenecientes á los rebeldes: nuestras bajas fueron el capitán Bernis de cazadores y 19 individuos de tropa muertos; heridos, los comandantes Carpio y Sáenz de Tejada, capitanes Ibáñez y Castan, tenientes Carrión, Salafranca, Giralt y Monserrat, todos

de infantería; teniente de artillería
Sendras y el de caballería Velasco;
Macías, ayudante del general Marín,
y 101 individuos de tropa y 10 contusos.

Para formar concepto exacto de la
pericia de nuestros generales en la
actual campaña de Filipinas y del
valor de aquellos soldados bisoños,
de aquellos quintos sin instrucción,
sino la somera que en unos pocos
días pudieron recibir en el Archipiélago, sería útil conocer los términos
en que el general Lachambre enco-
miaba á los unos y á los otros en
cuantos hechos de guerra intervino
y dirigió, pero muy singularmente
en este de que nos ocupamos, y en
el que los rebeldes habían cifrado
sus mayores esperanzas. El General
en jefe recompensó á todos con arreglo á sus atribuciones, y propuso á
los que más se distinguieron para
las gracias que él no podía otorgar.

El Capitán general seguía dirigiendo su plan y custodiando con la brigada Galbis la orilla derecha del Zapote.

Lachambre desde Dasmariñas había de ir y fué á Salitrán. Al amanecer del 7 de Marzo salió el general Lachambre hacia aquel pueblo. Llevaba un convoy é impedimenta. Con tres bajas en los nuestros se tomaron todos los atrincheramientos que el enemigo tenía en aquella dirección. El coronel Arizón, envolviendo la casa-hacienda, rápidamente se apoderó de ella. Los rebeldes abandonaron otras fuertes posiciones para reconcentrarse en su desordenada retirada sobre una trinchera de 1.000 metros, apoyada en su extrema derecha por un reducto que cortaba por completo el camino de Imus. Después de rudo combate, la media brigada Zabala tomó aquella posición; pero muriendo gloriosamente este general en el asalto de aquella gran trinchera con 10 individuos de

tropa más, y resultando herido el teniente Farfante, ayudante del general malogrado que acababa de per-
petuar, muriendo, el apellido que
tenía, *Zabala*. También sufrieron allí
lesiones más ó menos graves los capitanes Nart y Rubio, los tenientes
Fernández y Castro y 25 soldados
más. El General en jefe ordenó á Lachambre que desde Salitrán fuese al
Zapote con el fin de operar en combinación con otras fuerzas.

9.° *Sedición en Manila. Operaciones en otras zonas.* — El día 25 de
Febrero alcanzaron por producto de
su incesante inicua labor los conspiradores de Manila los medios de
determinar una algarada que causó
alarma general en la ciudad de Legazpi : un grupo de carabineros indígenas se sublevó en el cuartel próximo
al Pasig situado; y matando á un sargento europeo, Miguel Lozano, é hiriendo al oficial de guardia, D. José

Antonio Rodríguez, se declararon en rebelión, esperando que todos los catipunados de los barrios próximos se los unieran y apoderarse de Manila. La Veterana, fuerzas del mismo instituto á que los sediciosos pertenecían, y sobre todo la columna del teniente coronel Jiménez, los castigó, singularmente en San Lázaro, merecida y severamente. En la revuelta, los insurrectos asesinaron al teniente coronel Fierro, que, vestido de paisano y desde un carruaje, los increpó por su fechoría. Los voluntarios de Manila prestaron en esta acción excelentes servicios, batiéndose con éxito en los arrabales y acudiendo todos á la defensa de la capital: 30 individuos, principales autores de aquella infame sedición, fueron objeto de consejo sumarísimo: los 27 carabineros que se alzaron lleváronse 36 fusiles. El complot quedó deshecho, y la energía con que desde el primer momento procedió el general Zappino, encargado del despacho, pues el General en jefe estaba en su cuartel general de Parañaque, devolvió la calma á la capital.

Algunos grupos se presentaron en estas fechas por Hagonoy, Santol, Santa Rita (Pampanga), que se hicieron desaparecer inmediatamente, siendo por igual batidos los que querían reanudar la insurrección en Bataan, que las fuerzas Barraquer habían dominado por completo.

Continuando las operaciones en Bulacán, se batió á los remontados en las estribaciones de Sierra Sibul. En Balayán (Batangas), un grupo rebelde que incendió varias casas fué rechazado con grandes pérdidas. En los primeros días de Marzo, la columna del Sur de Bulacán atacó un campamento atrincherado en el sitio Agón, cerca de Novaliches; después de tres horas de combate, lo tomó, dejando los rebeldes 102 muertos sobre el campo: 20 de ellos vestían uniformes de la Guardia civil y Carabineros; identificóse entre los cadáveres el de Pedro Pacheco, jefe de las partidas de San Mateo. El general Jaramillo batió en los sitios de Dayapan y Sambón las partidas que habían sido desalojadas de Bayuyungan : les hizo 40 muertos y dos prisioneros, experimentando los nuestros tres heridos. Otros muchos encuentros se producían en los primeros de Marzo en Bulacán y se descubrieron trabajos para levantar las provincias de La Pampanga, Tarlac, Nueva-Écija y La Laguna : vanos esfuerzos.

El teniente de la Guardia civil de Malabong sorprendió en Tinajeros un grupo de conspiradores encerrados en una casa, desde la cual hicieron al ser descubiertos tenaz resistencia. Siete de ellos murieron en la contienda. En La Laguna, el comandante López Herrero ocupó el día 13 de Marzo un campamento atrincherado en el camino de Siniloan. Dujiols sorprendió grupos en Guadalupe haciéndoles 7 bajas. En Bulacán hubo encuentros los días 13, 14 y 15 como siempre favorables á nuestras armas.

10. *Continúan las operaciones de la división Lachambre. Combates en el Zapote y en Presa de Molino. Toma de Imus. Toma de Noveleta. Ocupación de Cavite Viejo, Binacayan, Santa Cruz y Rosario. Toma de San Francisco de Malabón.* — El 9 de Marzo salió de Almansa una columna de 9 compañías al mando del teniente coronel Salcedo: cruzó el Zapote, y tomando las trincheras que lo defendían por aquel punto, se posesionó del camino que conduce á la casa-hacienda de San Nicolás: había de aguardar contacto con las fuerzas de Lachambre á 2 kilómetros de aquella casa; la columna Salcedo tuvo sus Lacoste, es decir, falsos guías, y éstos la condujeron, no á su lugar

44

de destino, sino á sitio en que el enemigo concentró defensas con muchos refuerzos que recibió de Bacoor é Imus. Quisieron los rebeldes envolver á la fuerza de Salcedo, ocupando aquéllos el frente y el flanco izquierdo, dejando también trincheras á retaguardia; pero el engaño fué burlado por el valor de los nuestros. El enemigo, rechazado á la bayoneta, fué perseguido, dejando 100 muertos en las trincheras, que fueron tomadas en lucha cuerpo á cuerpo. Nuestras bajas fueron los tenientes Otegui, Zaragoza y Muiños heridos; 2 capitanes contusos; 8 individuos de tropa muertos y 30 heridos. En este día, la Escuadra casi redujo á cenizas todo Bacoor y bombardeó con tiros muy certeros Cavite Viejo, Binacayan, Noveleta y Rosario.

En la misma fecha, y en los días 10 y 11, los rebeldes atacaron sus posiciones perdidas de Salitrán y Dasmariñas: inútil tentativa; perecieron unas cuantas docenas de ellos más, y nosotros tuvimos 10 heridos, 7 en el primer pueblo y 3 en el segundo.

El general Lachambre salió de Salitrán el día 9 para continuar la marcha trazada por el General en jefe. La retaguardia sostuvo por corto tiempo vivo fuego con los rebeldes, á los que se hicieron bastantes bajas, é hiriéndonos ellos al teniente Girald, del 6.° de cazadores, y á 5 de tropa. Después de vivaquear en Pasong sin novedad, y pasando el río Paliparan, el general Lachambre fué por las lomas de San Nicolás hasta Presa de Molino, obra de solidez, muy bien hecha, como generalmente lo están las construídas por los frailes, autores también de la á que aludimos, situada en una de las dos bocas del Zapote. Presa de Molino estaba muy fortificada: bien supo el general Lachambre utilizarla para las obras de defensa que allí practicó. La valiente brigada Marina acometió á los rebeldes de aquella posición, los cuales, poco tenaces en defenderla, la desalojaron dejando 5 muertos y cogiéndoles muchas armas, municiones y cuatro lantacas. Continuó Lachambre su marcha hasta Pamplona, dominando hasta este punto todo el Zapote: en ambas orillas acampó.

Desde Pamplona, el general Lachambre fué á conferenciar con el General en jefe, quien le recibió con las mayores pruebas de consideración y afecto, ordenándole la toma de Imus. Cuán imposible le fué al General en jefe ponerse al frente de las tropas para ir personalmente al ataque de aquel lugar, ya lo demostraremos al hablar de la gravedad del mal que le aquejaba en tales días.

Antes de que se efectuase la marcha de la división Lachambre á Imus, el General en jefe organizó una brigada más para operar con todo medio posible contra aquel baluarte de los tagalos. La nueva brigada iba mandada por el general Arizón, recién ascendido á tal jerarquía, y se había constituido con cuatro compañías del batallón 13 de cazadores, perteneciente á la brigada Jaramillo; dos compañías de cada una de las otras brigadas, y algunas fuerzas más de la brigada independiente, de la cual, por enfermedad del general Galbis, que regresaba á España, había tomado el mando Barraquer, ya general también, ascendido en aquellos días.

Regresando el general Lachambre á su campamento del Zapote, pronto terminó la construcción de los fuertes para asegurar aquel sitio, y en breve también dió fin á los reconocimientos necesarios que practicó. Los cruceros *Castilla* y *Cristina* disparaban sobre Imus con inconcebible acierto, dada la distancia y obstáculos que en ésta se presentaban para impedir el objetivo; el resto de la Escuadra seguía cañoneando y apagaba los fuegos de las trincheras rebeldes de Bacoor y Cavite Viejo. El 22 de Marzo emprendió la división Lachambre en demanda de Imus. Salió de su campamento del Zapote, y á las cuarenta y ocho horas cabales se izaba en la torre de la, iglesia de aquel pueblo nuestra gloriosa bandera nacional. No se creía generalmente que tamaña empresa pudiera lograrse en tiempo tan escaso: en Imus se temía gran lucha; lo que no se dudaba era del éxito. Comenzaron los rebeldes á disputarlo á la división Lachambre en las mismas orillas de Paliparang, y extremaron su defensa en adelante. La primera resistencia la venció pronto y bien el regimiento 74; y continuando su marcha la división con gran convoy de víveres y municiones, llegó sin novedad hasta un kilómetro de Salitrán. Allí pernoctó, siendo hostiliza-

da por continuo tiroteo. El 24 en
marcha ofensiva maniobró para atacar una formidable trinchera recientemente construída de dos kilómetros de longitud, que cerraba por
completo el camino, apoyando sus
extremos en los bosques y barrancos. Por tres puntos distintos se
asaltó, sembrando de cadáveres de
insurrectos aquel suelo, y sufriendo
los nuestros sensibles pérdidas. Allí
murieron heroicamente peleando los
tenientes D. Constantino Grund, ayudante del general Marina; D. Juan
Pérez Igual y D. Miguel García, con
cinco individuos de tropa. Fueron en
el mismo sitio heridos los capitanes
D. Mariano Ruiz y D. Joaquín Sáenz
de Gracia; los tenientes D. Serapio
Sánchez, D. Atanasio Medina Chue-
ca, D. Ramón Gozálvez, el médico
D. Aureliano Rodríguez y 100 individuos de tropa. Tomada esta trinchera enorme, la división acampó
en Malagasán, entre el río Imus y el

camino de Dasmariñas, y continuó el avance envolviendo las posiciones enemigas, que cubrían por entero aquel lugar, que era la Meca de los rebeldes.

Después de la trinchera que acabamos de citar, se presentó otra entre Lumangbayan y Tansagluman, de 3.000 metros de extensión. Se atacó con un fuego convergente, muy prolongado, de todas las columnas, y el enemigo la desalojó, siendo perseguido en lucha cuerpo á cuerpo. Más de 400 cadáveres dejó allí. En la primera de estas trincheras se recogió mortalmente herido á Críspulo Aguinaldo, titulado *teniente general*, hermano de Emilio, *el generalísimo*. La división Lachambre tuvo allí también bajas muy sensibles: murieron gloriosamente los capitanes Sánchez Mínguez y Salgado, el teniente Ortiz y 22 individuos de tropa; fueron heridos el teniente coronel Carsi; los capitanes Hidalgo, López y Comas; los tenientes González, Antolín, Ruiz, Vizcaíno, Fernández y Fraguero, con 119 individuos de tropa. A la vista de Imus, la división Lachambre, perdida por el enemigo toda esperanza, cubrió su retirada, produciendo un voraz incendio, en cuya línea, desde la hacienda hasta el pueblo, se produjeron muchas y estruendosas explosiones : dos horas contuvo el avance de nuestras tropas tan criminal medio; al cabo de tal tiempo entraron apoderándose del pueblo y de aquella hacienda que los PP. Recoletos tenían en él, y que venía secularmente destinada á servir de casa de salud, en la cual, sin gasto alguno, la recuperaban ó defendían muchos españoles peninsulares sin reparar su condición social alta ó baja: todos cuantos querían, sin que jamás estuviese deshabitada; hacienda y casa en la cual no tenían gran interés los frailes en procurarse insecticidas para conservar las especies agrícolas que en ella entraban, porque en la misma, si no en mayor proporción, volvían éstas á salir en forma de dádivas cristianas: el 50 por 100 de las que de allí salían, aun en concepto de préstamo, no eran reintegradas nunca. ¿Quién lo ignora?

Aun era densa la humareda causada por aquel incendio, que los rebeldes produjeron en Imus, cuando nuestras tropas de la división Lachambre entraron en aquel baluarte de la *tagalia* ingrata, y al huir en horrible confusión sus moradores, dejaron en poder de los nuestros, dueños legítimos del territorio, haces informes de fusiles Remington y Maüsser, y cañones y lantacas, montones de armas blancas, depósitos de pólvora y municiones y fábricas de cañones y fusiles. A una señal que se dió desde el campanario de Imus, la desbandada había sido general, agolpándose en tropel las turbas catipunadas y sus perversos directores sobre el camino de Cavite Viejo, del *Magdalo* de Aguinaldo y sus áulicos consejeros del Sangunian-bayan.

La toma de Imus se conmemoró con entusiasmo delirante en la Manila española: mucho debió padecer en aquel día la pequeña, alevosa, desdichada parte de la Manila del Catipunan. ¡Viva España! ¡Viva el Rey! ¡Viva Polavieja! ¡Viva Lachambre! ¡Vivan el Ejército y la Armada! Estos eran los entusiastas gritos que secaron las fauces de todos los españoles del Archipiélago, desde Tawi-Tawi á las Baschins.

Tomado Imus, en nueva conferencia verbal, el general Polavieja ordenó la toma de Noveleta, y allí fué el ínclito general Lachambre, antiguo teniente de aquella batería Provedo, que en otra guerra triste, en que eran nuestros también, los vencedores y los vencidos, solía cambiar de personal cada treinta días, por quedar fuera de combate todos los que formaban parte de aquella unidad táctica de heroicos artilleros, que con tanta fama lucharon en los inverosímiles accidentes de la tierra vascongada. Noveleta, el pueblo al cual los rebeldes, después del acta de Santa Cruz, en que cambiaron los nombres de todas las localidades de la zona, le llamaban los mismos Magdinan, que quiere decir *vencedor*, fué fácilmente vencida y atacando Lachambre de revés los fuertes atrincheramientos que la defendían. Los rebeldes, desde la lucha de Dasmariñas, ya no se batían desde superficies cerradas; querían el campo libre. Lachambre, que desde Manila regresó á Cavite acompañado del cuartel general y de muchos jefes y oficiales que iban á incorporarse á sus brigadas en el transporte de guerra *Isla de Cuba,* fué á Bacoor, abandonado por los rebeldes, y de allí á Imus. El 30 salió con su división sobre Noveleta, Cavite Viejo y Binacayan: en el mismo

día el general Barraquer envió un
convoy de 240 heridos á Manila. El
calor que se experimentaba era insoportable, presentándose en las tropas muchos casos de congestión, y
el general Polavieja ordenó que en
los conventos se establecieran enfer-
merías para los oficiales, y en las
iglesias otras para la tropa. En la
marcha á Noveleta iba á la vanguardia la brigada Arizón, la de Ruiz Sarralde en el centro y la de Marina á
retaguardia. A las nueve de la mañana, estas tropas comenzaron á ser
molestadas por el fuego enemigo: en
el barrio de Balimbing, jurisdicción
de Imus, allí principiaron los rebeldes á querer impedir el avance de
los nuestros: á las cinco de la tarde
se sostuvo con ellos fuego muy vivo
en el barrio de Bacao.

La división acampó entre los ríos
Ilang-ilang y Ladrón, quedando la
brigada de retaguardia al otro lado
del primero; la de vanguardia al otro

lado del Ladrón, y el cuartel general, con la brigada Ruiz Sarralde, entre los dos ríos mencionados. Este es el sitio que se llama Dos Bocas. Desde él salió la división Lachambre en demanda directa de Noveleta; y como desde Dos Bocas se amenazaba á tres pueblos distintos, el General en jefe vió cumplido su propósito, puesto que al situar en aquel lugar la división, impidió se concentrase el enemigo en un solo punto, sino que tenía que dividir sus fuerzas. Seguía la división el mismo orden que en el día anterior. La media brigada Arizón ya al amanecer sostuvo nutrido fuego, y éste se generalizó á las siete de la mañana; entonces avanzó el general Lachambre con su cuartel general, rápidamente hasta unirse á aquella brigada de vanguardia, ordenando al general Marina avanzase también, vadeando el Ilang-ilang. Unióse el general Marina al cuartel general y brigada Arizón, sosteniendo nutrido fuego. Pasado el río Ladrón, por otro nombre de las Cañas, iban nuestras fuerzas por entre sementeras que forman parte del llano extenso que allí hay, todo él privado de vegetación alta: en aquella superficie palayera se encuentran el pueblo de Santa Cruz, el convento de Tejeros, Rosario y San Francisco de Malabón á la izquierda; Noveleta está á la derecha, oculta por espesos grupos de cañaveral: al amparo de éstos precisamente hacían fuego los rebeldes, y cada instante más nutrido, hasta que llegó la columna Marina. Desenvolviéndose ésta por la izquierda y atacando á la bayoneta, el enemigo se declaró en precipitada huída en dirección de San Francisco de Malabón: sobre aquel flanco situó el general Lachambre artillería que cortaba la retirada á los rebeldes, y á las doce de aquel día entró la división, menos la brigada Ruiz Sarralde, en Noveleta. Estas últimas fuerzas se incorporaron tres horas después; Ruiz Sarralde se había tenido que detener, batiendo al enemigo que le hostilizaba. Las bajas sufridas por la división en estos dos últimos días 31 de Marzo y 1.º de Abril fueron 6 individuos de tropa muertos, 1 capitán y 39 soldados heridos con 4 contusos en la primera de estas fechas, y en la segunda tuvo la brigada Marina 6 muertos, 50 heridos y 9 contusos: las de Arizón y Ruiz Sarralde 3 heridos. Dentro ya de Noveleta, aun se batían los rebeldes desde muchas casas; en este pueblo no se veían, como en los demás, tantos destrozos por los incendios. En él mandaba el dueño de la casa en que se alojó el general Lachambre; había sido juez de paz; usaba el título de coronel jefe militar, hallándose en su domicilio muchos é importantes documentos relativos al Catipunan.

El general Lachambre continuó á

Cavite Viejo, no sin dejar debidamente organizado el pueblo de Noveleta : allí quedó una comandancia
militar á cargo del teniente coronel
Velasco, del 1.º de cazadores, con
seis compañías, dos de éstas pertenecientes á cada una de las brigadas.
Se entró en Cavite Viejo sin resistencia. Abandonadas la multitud de
trincheras en diseminación por todo
el camino, y cerrados los importantes
caseríos que hay entre este pueblo y
el de Noveleta. Los fuegos de la Escuadra habían causado mucho daño;
pero además una granada lanzada
con gran acierto por el teniente Va-
lera desde la batería de Porta-Vaga,
destrozó todas las casas que se hallaban á la derecha de la iglesia y de
toda aquella parte del poblado, pues
produjo un incendio formidable.

En el Sangunian-bayan, ó sea el
Consejo popular de Cavite Viejo, figuraba en primer término Baldo-
mero Aguinaldo; éste era el que lla-

45

maban Pangulo sá bayan; era padre
de Emilio *el generalísimo* y de aquel
Críspulo que hemos dicho murió en
la toma de Imus, en las trincheras de Anabo. Ocupado militarmente
Cavite Viejo (Magdalo de los rebeldes), cumpliendo las instrucciones
que del General en jefe recibió, Lachambre continuó su marcha á Binacayan, sin hallar resistencia tampoco; allí estaba en completo abandono la enorme trinchera contra la
cual tan heroicamente luchó y de
la que con tanta gloria se apodera-
ra el general Marina el 9 de Noviembre del año anterior, trinchera
acasamatada, aspillerada y artilla-
da, de extensión y de espesor inverosímiles y flanqueada por una serie de trincheras de menores diámetros, perfectamente construídas
todas; desde allí fué el general Lachambre á los polvorines de Binacayan, que eran nuestra línea avanzada y que tan molestados habían si-

do en todas horas por el fuego del enemigo.

En todas aquellas operaciones, antes de acampar en Dos-Bocas, el general Lachambre había venido arrollando y destrozando á los rebeldes, que experimentaron muchas bajas, sufriendo los nuestros la del teniente Adelardo Martín y 9 de tropa muertos, y el teniente Dávila, el médico Prats y 56 de tropa heridos.

Terminadas estas gloriosas jornadas, y antes de emprender el general Lachambre la marcha para recuperar los pueblos de Rosario, San Francisco de Malabón y Santa Cruz, que podían considerarse las definitivas de la reconquista de la provincia de Cavite, el general Lachambre pidió la autorización correspondiente para conferenciar de nuevo con el General en jefe, el cual le manifestó acudiese á Manila, mas dejando preparadas las operaciones pendientes para seguirlas sin descanso, aprovechándose de lo maltrecha que estaba la moral entre los rebeldes que quedaban en armas. Y así se efectuó. Después de brevísima estancia del general Lachambre en Manila y de haber conferenciado con el General en jefe, volvió á la comarca de sus brillantísimos triunfos.

Desde Noveleta, hostilizado por el enemigo, que en grandes masas reunido en San Francisco de Malabón destacó sobre aquel lugar gran número de rebeldes con intento de rescatarla, siendo rechazados con grandes pérdidas, y sufriendo los nuestros las de 7 muertos y 30 heridos, salió el general Lachambre, para recobrar San Francisco de Malabón, pueblo cuyo término municipal confina por el N. con el de Imus, por el S. con el de Silang, por el E. con el de San Pedro de Tunasán, y por el O. con el de Naic; es un terreno muy fértil. En aquel pueblo habíanse reconcentrado todos los principales elementos. Allí organizando y dirigiendo la defensa con gran empeño estaban Andrés Bonifacio y *el generalísimo* Emilio Aguinaldo; allí se reunieron los Mariano Álvarez, presidente del Catipunan de Noveleta; *Ariston Villanueva* (Kampuput), titulado *Ministro de la Guerra*; Diego Mójica, *Ministro de Hacienda*; Pascual Alvarez (Bagumbuhay), *Ministro de la Gobernación*; Frías, *Ministro de Gracia y Justicia*; el telefonista Jacinto Lumbreras (Bagumbayan), *que se había hecho Ministro de Estado*; Emiliano R. de Dios, titulado *Ministro de Fomento,* y muchísimos más, todos ellos ostentando títulos como los que sirven para expresar nuestras más respetables clases y jerarquías. Allí estaba aquel tristemente célebre Nocom, vil instrumento de las torturas que padecieron los religiosos y españoles peninsulares cautivos de los rebeldes, sobre todo después que llegó allí Paciano Rizal acompañando á la viuda de su hermano, el gran agitador de *la Tagalia*. Todo hacía creer que aun con la fe perdida, ofrecerían allí los rebeldes gran lucha. Era San Francisco de Malabón su último baluarte, y, en efecto, se batieron con vigor, pero por corto tiempo. La división Lachambre fué hostilizada desde poco después de su salida, mas la resistencia efectiva la ofrecieron los rebeldes cuando nuestras fuerzas estaban á 1.500 metros del pueblo. En lugar todo encharcado, con los flancos apoyados en las orillas de dos ríos; invadeable el Cañas, las tropas avanzaron bajo el fuego de las trincheras enemigas. Media brigada Marina atravesó el Ladrón y la otra media con la de Arizón atacó de frente y con gran denuedo al pueblo. Hubo lucha desesperada, pero corta, como hemos dicho; y preparado el asalto por la artillería, lo efectuaron nuestras fuerzas, cogiendo 30 prisioneros y dejando los enemigos más de 400 cadáveres sobre el campo. El general Lachambre se apoderó allí de cañones de bronce y hierro y muchas lantacas y de gran cantidad de fusiles de diferentes sistemas. Muchas bajas se causaron al enemigo, según acabamos de expresar; pero también fueron numerosas las nuestras. Allí nos hirieron al capitán Vallés y á los tenientes Vázquez, Aycart y Barrachina, resultando contusos el teniente coronel Carbó y los tenientes García, Sancho y Vizcarra. Las bajas entre los individuos de tropa ascendieron á 120. Con la toma de este pueblo se rescataron la viuda é hijos del capitán Rebolledo, asesinado en Noveleta.

Seguidamente se ocuparon Rosario y Santa Cruz; en el primero de estos pueblos fué muy eficaz el auxilio de la Escuadra cañoneándolo con gran acierto, así como á San Francisco de Malabón, causando muchas bajas á los rebeldes, y experimentando nosotros las de 2 marineros heridos. Los vecinos de Santa Cruz se presentaron todos acogiéndose al decreto de indulto, manifestando ser leales; que si no se habían presentado antes era por el temor que les inspiraran las amenazas de los insurrectos; en efecto, eran tales miedos fundados; acababan de ver de qué suerte los rebeldes quemaban la casa y se apoderaban de 7 ú 8.000 envases de palay que poseía en aquel pueblo el ex gobernadorcillo D. Hermenegildo del Rosario, indígena fiel á la Madre patria, que por modo alguno había querido adherirse al Catipunan cuando conminado fué hasta con el fusilamiento en la sementera de Baiga; acababan de ver de qué suerte se amenazó á indígena tan leal como D. Catalino Abuij, quien abandonó todos sus bienes antes que formar parte entre los catipunados del pueblo de Rosario; indígena amante de España tan firme como aquel ca-

pitán de Santa Cruz, Gil Valencia,
que salvó denodadamente de las garras de los rebeldes á seis frailes de
los de la provincia de Cavite, y á la
familia del español peninsular señor
Mier, que corrió los mismos riesgos
que aquellos religiosos. La declaración de los indios de Santa Cruz podía considerarse sincera, no producto de la política solapada.

11. *Operaciones en otras líneas. Sucesos de Calivo.* — Mientras se habían
desarrollado las últimas operaciones
á que nos hemos referido en la pro
vincia de Cavite, en otras zonas se
producían hechos de armas dignos
de mención, aun cuando lo mismo
por su conjunto que en sus detalles
se viese el decaimiento de los rebeldes. El general Jaramillo batió en
vecindades de Balayan, en San Pe-
driño, insurrectos á quienes sorprendió acampándose, y causándoles 23
muertos y muchos heridos, experi-

mentando los nuestros las bajas de 5 de los últimos y 2 que desaparecieron. Las presentaciones eran muchas. En Bulacán la efectuó al frente de un gran grupo el capitán municipal de Norzagaray; en Pateros hizo lo mismo un grupo de 719 individuos; en Manila más de 3.000 familias se acogieron á indulto.

Muy cerca de la divisoria de Manila y Bulacán, en Paso de Blas, la columna Olaguer-Felíu riñó acción con los rebeldes, causándoles 257 bajas y dispersándolos por completo. Allí perdimos al capitán Izquierdo y 6 soldados, resultando también heridos el capitán Ros y el teniente don Leopoldo Bejarano.

En reconocimiento por Nasugbú, el general Jaramillo, continuando operaciones, destruyó otro campamento atrincherado. El teniente coronel Jiménez atacó en el 2 de Abril al enemigo que ocupaba fuerte posición en sitio próximo á Manila, to-

mándola á la bayoneta y causando
al enemigo 64 muertos, cogiéndole
muchas armas, municiones y víveres. Allí nos hirieron al capitán Ávila
y 4 de tropa. En la Laguna de Taal,
la lancha *Amalia* echó á pique 2 barcas tripuladas por rebeldes de los
contornos, haciéndoles 3 muertos,
y 5 de éstos tuvieron los rebeldes en
el barrio Marín, batido por patrullas
de cazadores.

Acaeció en estos días en tierras
de Bisayas una intentona revolucionaria, rápidamente sofocada por el
acierto con que se operó. Un fanático, llamado Castillo, levantó gentes en armas en el partido de Aclan;
había constituído un Catipunan en
Malibog, barrio de Calivo, en la provincia de Cápiz. El gobernador político militar de la misma, Sr. Togores,
púsose al habla con el comandante
general de Panay y Negros; se organizó una expedición para llevarla á
cabo en el crucero *Ulloa*, con colum-

na de desembarco compuesta de marinería y Guardia civil, al mando del segundo comandante del citado barco, el teniente de navío de primera D. Francisco Rapallo. Operaron estas fuerzas flanqueando todo el terreno en torno de Calivo, en 50 kilómetros de extensión, y fraccionadas en secciones, pusieron en precipitada fuga á masas sediciosas que, aunque á distancia, quisieron oponerse á los nuestros; cogiéronse varios prisioneros, que declararon el vasto complot allí urdido en connivencia con los tagalos, ocupándose documentos de importancia á bordo de la balandra *Jolie Trinithy*, de la propiedad del tal Castillo, nombrado por los del Catipunan jefe militar de aquella zona, en la cual murió. Al llegar el comandante general, distinguido coronel señor D. Ricardo Monet, á Calivo, dió bando de guerra en virtud del cual se presentaron muchos sediciosos, y en lucha abierta con los principales comprometidos que quisieron fugarse de su prisión, perecieron 19 de ellos. La conducta valerosa y prudente del coronel Monet y de las fuerzas de la Marina y Guardia civil que compusieron la expedición á Calivo fué merecidamente encomiada, pues extinguió por completo el germen de grave mal que apuntaba en aquella comarca.

La Guardia iba extinguiendo los grupos de malhechores que quedaban en Nueva Écija y otras comarcas. En la de Batangas, durante los días 9, 10 y 11 de Abril, el general Jaramillo destruyó los últimos atrincheramientos que los rebeldes tenían, y persiguiéndolos por las estribaciones del Batulao, hasta la completa dispersión de aquéllos, á quienes causó muchas bajas.

Y aumentaban las presentaciones; se reconstituían de una vez pueblos enteros como Santa Cruz y Novaliches. Hasta el secretario de Llanera

se acogió á indulto en Bulacán con
un grupo de 542 rebeldes. A millares entraban diariamente las familias en los pueblos reconquistados de
la provincia de Cavite. La insurrección estaba militarmente vencida,
aun cuando era menester militarmente impedir reaccionase. Sólo después de que los tagalos recapacita-
sen, y considerando la magnitud de
la injusticia y error por ellos cometida y sufrido, se mostrasen verdaderamente arrepentidos del daño causado, es cuando podría volverse al
secular patriarcal régimen político
administrativo por la dominación española allí instaurado y practicado
sin solución de continuidad, *ab initio*.

12. *Enfermedad del General en jefe,
Excmo. Sr. Marqués de Polavieja. Nóm-
brase para sustituirle en el mando de las
islas y de su Ejército de operaciones al
Excmo. Sr. Capitán general de Ejército
D. Fernando Primo de Rivera, marqués*

de Estella. Nombramiento de Capitán general, Gobernador general del Archipiélago hasta la llegada del general Primo de Rivera, en favor del Excmo. Señor D. José Lachambre y Domínguez, teniente general. — Por atender á la salud de la Patria, há muchos años que el general Polavieja menosprecia la suya propia. Su prolongada estancia en los climas cálidos le hirió la entraña que más fijamente hiere el constitutivo de los europeos: el hígado. Con exacerbaciones y remisiones en tal padecimiento, el general Polavieja afrontó en Cuba manifiesto riesgo de su vida y en Filipinas de igual modo. A poco de instalar su cuartel general en Parañaque, el paludismo de la región le acometió en forma franca, pero intensa; una fiebre intermitente diaria de acceso doble alteró profundamente la calma que hasta aquel instante venía disfrutando en el organismo de dicho general, la entraña de antiguo lesionada; y aunque la fiebre se dominó pronto, sus secuelas en lo hepático hicieron entender á los médicos la urgente absoluta necesidad de que, en el primer barco, el ilustre general Polavieja regresara á la Península. Así lo expuso al Gobierno de S. M., en cuyo poder existir debe la luminosa consulta celebrada por los distinguidos individuos del Cuerpo de Sanidad militar, que la celebraron presididos por su Jefe técnico el Excelentísimo Sr. Inspector D. Joaquín Plá Pujolá.

El deber que nos hemos impuesto de expresar nuestro propio concepto acerca de los principales hechos que en estas páginas consignamos, no quedaría bien cumplido si no dijésemos lo que pensamos respecto de la enfermedad que aquejara al señor general Polavieja; nosotros creemos en la certeza absoluta del diagnóstico hecho sabiamente por los médicos militares y en lo indispensable del

regreso del General en jefe á la Península; pero al propio tiempo también pensamos que, si mientras las operaciones más activas, tanto en la provincia de Cavite cuanto en las demás zonas, cualquiera que fuese el estado de salud del general Polavieja, jamás por consideración alguna hubiera éste dejado el territorio de su mando, una vez lograda la reconquista de aquella provincia y casi extinta la rebelión en las demás, el general ilustre de quien nos ocupamos también hubiese enfermado lo bastante para abandonar aquellas islas en el caso de que en la Metrópoli se hubiera dudado respecto al envío de los medios que el general Polavieja creía precisos para asegurar definitivamente la pacificación de aquellas tierras de la Patria.............
....
....
....

El Gobierno de S. M. nombró al

señor Marqués de Polavieja Presidente de la Junta Consultiva, sin perjuicio de continuar en el mando hasta su embarque, y para sustituirle en el mando de Filipinas se nombró al Excmo. Sr. Capitán general de Ejército D. Fernando Primo de Rivera, marqués de Estella.

Por la Presidencia del Consejo de Ministros se expidió otro decreto nombrando para el mismo mando, hasta la llegada del señor general Primo de Rivera, al Excmo. Sr. D. José de Lachambre y Domínguez, ya elevado con general aplauso á la alta jerarquía de teniente general por su gloriosa campaña en la provincia de Cavite.

La *Gaceta* del día 15 de Abril publicaba el siguiente decreto del Gobierno general de las islas:

«Manila 15 de Abril de 1897.

»Habiéndose dignado S. M. admitir la dimisión que por razones de salud he presentado del Gobierno general de estas islas y demás cargos anexos, con esta fecha hago entrega de ellos al Excmo. Sr. Teniente general D. José de Lachambre y Domínguez, designado por el Gobierno Supremo para ejercerlos interinamente. Comuníquese y publíquese.—*Polavieja.*»

13. *Entrega del mando y regreso á la Península del Sr. Marqués de Polavieja.*—Este insigne general entregó el mando de las islas al bizarro general Lachambre. ¿Cómo quedaba en tal fecha aquel territorio que en tanta extensión estuvo conflagrado? Bien á la vista estaba el estado en que le dejó el ilustre marqués de Polavieja. Se veían pacificadas todas las provincias Norte de Luzón y Bataan, Zambales y Manila; algunos remontados en Morong formando pequeños grupos latro-facciosos, los cuales no sumarían en junto 300 hom-

bres; tampoco quedaban partidas en
Nueva Écija, y Pampanga y Pangasinán perfectamente tranquilas, excepción hecha de las sierras de Sibul, en donde se mantenían 500 rebeldes, tan desprovistos de armas,
que se sabía no llegaba á 50 el número de fusiles con que contaban; en
la provincia de Bulacán reinaba la
calma cuando tanta intranquilidad
había imperado allí y tantas docenas
de combates se habían reñido; en
Tayabas no había más de 100 tulisanes con armas blancas. En Batangas,
pacificada toda la parte oriental; en
la occidental, desde el Pansipit hasta
la costa de Ternate, comprendida
toda la parte de Cavite, quedaban en
armas los pueblos de la sierra con
partidas diseminadas por ambas vertientes, pueblos que sólo por miedo
no se presentaban á indulto, pues
los rebeldes los tenían *atemorizados
con sus amenazas*. Los pueblos toma-
dos en la provincia de Cavite, rápi-

damente reconstituyéndose; el 13 de Abril se sumaban más de 24.000 presentados.

Con el fin de consolidar las operaciones ejecutadas; cerradas por completo con la creación de aquella tan estratégica comandancia militar del Desierto de Manila todas las salidas para los pocos rebeldes que quedaban en las proximidades del Sungay; el general Polavieja, para normalizar por entero aquella tierra de España con las poco numerosas fuerzas con que contaba, entregó á su sucesor una nueva notabilísima por todos aplaudida organización militar para Luzón, contenida en la Orden general del Ejército de 12 de Abril, y que, por considerarla obra de estudio, la transcribimos también literalmente:

EJÉRCITO Y CAPITANÍA GENERAL DE FILIPINAS

E. M. G. — SECCIÓN DE CAMPAÑA

Orden general del Ejército del día 12 de Abril de 1897 en Manila.

El Excmo. Sr. General en jefe se ha servido disponer quede disuelta la división y comandancia general de La Laguna, Batangas y Tayabas, y que las tropas en operaciones y de guarnición en esta isla se organicen en la forma siguiente:

Brigada de Taal.

Jefe de la brigada: Excmo. Sr. General D. Nicolás Jaramillo.

Ayudantes de Campo y oficiales á las órdenes: Capitán de infantería D. Mariano Lecha. — Primer teniente reserva infantería D. Felipe Blanco. — Segundo teniente de infantería D. Leopoldo O'Donell.

Oficial de Estado Mayor: Capitán de ingenieros en prácticas en el Cuerpo, don Manuel García Morales.

Comisario de Guerra: D. Francisco Gómez.

Escolta: Un cabo y cuatro soldados del regimiento caballería núm. 31.

INFANTERÍA

Batallón cazadores núm. 12.
Batallón cazadores núm. 13.
Batallón cazadores núm. 15.
Voluntarios de Albay.

ARTILLERÍA

Una batería del sexto regimiento de montaña.

INGENIEROS

Dos secciones de la tercera compañía del batallón de ingenieros y un pequeño parque.

TROPAS DE ADMINISTRACIÓN MILITAR

Una sección de transportes de 20 hombres y los obreros precisos.

En Taal, un hospital para 100 camas.

DEPÓSITO DE VÍVERES, MUNICIONES Y EFECTOS DE UTENSILIO.

Los suficientes para las necesidades de la brigada.

Línea de aprovisionamiento y evacuación: Por el mar.

Estaciones telegráficas: Las de la provincia de Batangas.

Línea Tanauan-Bañadero.

Jefe de la línea: Teniente coronel del batallón cazadores núm. 11.

FUERZAS

Cuatro compañías del batallón cazadores núm. 11.

Voluntarios de Abra.

Línea de aprovisionamiento y evacuación: En época de seca por Calamba, y en la de lluvias por la Laguna de Bombón, San Nicolás á Taal, que toma entonces la de la brigada en este punto.

Estaciones telegráficas: Tanauan y Calamba.

Las otras cuatro compañías del batallón cazadores núm. 11 estarán destacadas, dos y media en la provincia de La Laguna y una y media en la de Tayabas, á disposición de los respectivos jefes militares, gobernadores de ellas.

Brigada de Silang.

Jefe de la brigada: Sr. General D. Vicente Ruiz Sarralde.

Ayudantes de Campo y oficiales á las órdenes: Primer teniente de infantería don José Garcia Otermín. — Primer teniente de infantería D. Antonio Dabán.

Oficial de Estado Mayor: Capitán de Estado Mayor D. Víctor Martín.

Comisario de Guerra: D. Francisco Biedma.

Escolta: Un cabo y cuatro soldados del regimiento caballería núm. 31.

INFANTERÍA

Regimiento infantería núm. 74.—Señor coronel D. Diego de Pazos.

Batallón cazadores núm. 1, batallón cazadores núm. 2, voluntarios de Ilocos. — Media brigada, señor coronel del regimiento infantería núm. 69 D. Pedro del Real.

ARTILLERÍA

Una batería del sexto regimiento de montaña.

INGENIEROS

Segunda compañía del batallón de ingenieros con un pequeño parque.

TROPAS DE ADMINISTRACIÓN MILITAR

Una sección de transportes de 30 hombres y los obreros que se consideran precisos.

A Silang se trasladará el hospital de Calamba, así como las factorías, depósito de municiones, efectos de ingeniero y demás; teniendo existencias suficientes para las necesidades de la brigada.

Línea de aprovisionamiento y evacuación: Por el camino que conduce por Carmona á Biñan; en este pueblo permanecerá el hospital y los depósitos de víveres, municiones y demás efectos.

Estaciones telegráficas: Silang, Biñan, Pérez-Dasmariñas en comunicación directa con Imus.

Brigada de San Francisco de Malabón.

Jefe de la brigada y gobernador político militar de la provincia de Cavite: el Excelentísimo Sr. General D. Rafael Suero y Marcoleta.

Ayudantes de Campo y oficiales á las órdenes: Capitán de infantería D. Rafael Fernández de Castro. — Capitán de caballería D. Fermín Pérez Rodríguez.

Oficial de Estado Mayor: Capitán de Estado Mayor D. Ignacio Despujol.

Comisario de Guerra: D. Pedro Amboade.

Escolta: Un cabo y cuatro soldados del regimiento caballería núm. 31.

INFANTERÍA

Regimiento infantería núm. 73.—Señor coronel D. Francisco Ibaleón.

Batallón cazadores núm. 6, batallón cazadores núm. 14, voluntarios Cagayán. — Media brigada, señor coronel D. Antonio Montuno.

ARTILLERÍA

Una batería del sexto regimiento de montaña.

INGENIEROS

Una sección de la tercera compañía del batallón de ingenieros y un pequeño parque.

TROPAS DE ADMINISTRACIÓN MILITAR

Una sección de transportes de 20 hombres y los obreros que se consideran precisos.

En San Francisco de Malabón un hospital con 100 camas.

DEPÓSITOS DE VÍVERES, MUNICIONES Y EFECTOS DE UTENSILIO

Los suficientes para las necesidades de la brigada.

Línea de aprovisionamiento y evacuación: Por tierra hasta Santa Cruz, y fluvial por el río «Cañas» al mar.

Además se ha instalado una línea Decauville desde Cavite Nuevo á Noveleta.

Estaciones telegráficas: San Francisco, Noveleta y de este punto con real general y Cavite Nuevo.

Brigada de Imus.

Jefe de la brigada: Excmo. Sr. General D. José Pastor.

Ayudante de Campo y oficiales á las órdenes: Capitán de infantería D. Luis Castroverde. — Segundo teniente de infantería D. Rafael Pastor.

Oficial de Estado Mayor: Capitán de Estado Mayor D. Gabriel Vismanos.

Comisario de Guerra: D. Enrique Díaz y Fernández Cosío.

Escolta: Un cabo y cuatro soldados del regimiento caballería núm. 31.

INFANTERÍA

Primer batallón del segundo regimiento infantería de Marina. — Señor coronel don Fermín Díaz Matoni.

Batallón cazadores núm. 3.

Batallón cazadores núm. 7.

ARTILLERÍA

Una sección del sexto regimiento de montaña.

INGENIEROS

Una sección de la sexta compañía del batallón de ingenieros y un pequeño parque.

TROPAS DE ADMINISTRACIÓN MILITAR

Una sección de transportes de 10 hombres.

En Imus un hospital con 100 camas.

DEPÓSITOS DE VÍVERES, MUNICIONES Y EFECTOS DE UTENSILIO

Los suficientes para cubrir las necesidades de la brigada.

Línea de aprovisionamiento y evacuación: Por el río de su nombre al mar.

Estaciones telegráficas: Imus, que enlaza con la red general por Bacoor y Pérez-Dasmariñas y con la brigada de San Francisco de Malabón y Noveleta.

Comandancia militar del Desierto de la provincia de Manila.

Comandante militar: Señor coronel don Juan Núñez Lucio.

Oficial secretario.

Oficial de Administración militar: Oficial primero D. Manuel Antón.

FUERZAS

Batallón cazadores núm. 5.

Voluntarios Ilongos.

Voluntarios Unión.

Voluntarios de la Isabela.

Línea de aprovisionamiento y evacuación: Por Parañaque ó Muntinlupa, donde continuase un pequeño depósito de víveres y municiones.

Estaciones telegráficas: Parañaque, Las Piñas, Almansa y Muntinlupa.

Comandancia general de Manila y Morong.

Comandante general: Excmo. Sr. General gobernador militar de Manila D. Enrique Zappino.

Ayudantes de Campo y oficiales á las órdenes: Comandante de infantería D. Calixto Granado.—Capitán de infantería D. Ernesto Zappino.

Oficial de Estado Mayor: Capitán de Estado Mayor D. Luis Roig.

INFANTERÍA

Tres compañías del regimiento núm. 70.

Cuatro compañías del batallón cazadores núm. 9.

Batallón cazadores núm. 10.

Dos compañías del segundo batallón del primer regimiento de infantería Marina.

Dos compañías del segundo batallón del segundo regimiento de infantería Marina.

Batallón voluntarios de Manila.

CABALLERÍA

Regimiento núm. 31, á excepción de las escoltas.

Escuadrón peninsular.

Escuadrón de voluntarios de Manila.

ARTILLERÍA

Regimiento de plaza.

Una batería del sexto regimiento de montaña.

Una batería de nueve centímetros.

INGENIEROS

Una sección del batallón de Ingenieros.

TROPAS DE ADMINISTRACIÓN MILITAR Y GUARDIA CIVIL

La de las dos provincias y la sección veterana.

Comandancia general de las provincias del centro de Luzón.

Comandante general: Excmo. Sr. General D. Diego de los Ríos.

Ayudantes de Campo y oficiales á las órdenes: Capitán de infantería D. Juan Moscoso. — Teniente de artillería D. Eduardo Ufer.

Oficial de Estado Mayor: Capitán de Estado Mayor D. Fernando Gómez y Zuluaga.

Escolta: Un cabo y cuatro soldados del regimiento caballería núm. 31.

INFANTERÍA

Una compañía del regimiento núm. 68.

Una compañía del regimiento núm. 70.

Una compañía del primer regimiento de infantería de Marina y otra del segundo.

Batallón cazadores núm. 4.

Batallón cazadores núm. 8.

Cuatro compañías batallón cazadores núm. 9.

Voluntarios Ríos Cánovas.

Voluntarios Pampangos.

INGENIEROS

Una sección del batallón de ingenieros.

GUARDIA CIVIL

La de las provincias del territorio.

Línea de aprovisionamiento y evacuación: El ferrocarril de Manila á Dagupan.

Las fuerzas de caballería en operaciones,

una vez concentradas en esta capital, excepción hecha de las escoltas, se dedicarán en primer término á remontarse.

El resto de la artillería que no se cita en esta orden general, que se encuentra en operaciones en la isla de Luzón, se concentrará también en Manila.

La Guardia civil que presta sus servicios en los cuarteles generales se incorporará en primera oportunidad á los tercios á que pertenece para dedicarse al del Instituto.

Las del 22 tercio que se encuentran en esta isla marcharán á las Bisayas, pero será preciso que preceda orden de este cuartel general.

La evacuación de enfermos ó heridos de las fuerzas de Cavite y Manila se efectuará con las tres gabarras hospitales cedidas por la Compañía Trasatlántica y obras del puerto. Diariamente saldrá de esta capital una gabarra remolcada por una de las lanchas de las guerrillas ó de las obras del puerto, ajustándose al turno establecido, y fondeará sucesivamente en Santa Cruz, Binacayan y Parañaque, donde han de acudir los enfermos y heridos que hayan de evacuarse; las escalas deberán hacerse de modo que á Santa Cruz se llegue con alta marea para facilitar el embarque.

47

Cuando sea preciso en la Laguna de Bay se dará la oportuna orden por este Estado Mayor para que lo preste una de las gabarras.

Territorio que comprende cada uno de los anteriores mandos.

BRIGADA DE TAAL

Toda la provincia de Batangas menos el territorio que se halla al Norte del arroyo Polo y costas de la Laguna de Taal, siendo ésta de la jurisdicción de la brigada, y la línea imaginaria que tiene la punta de Lipa con el vértice del monte Malarayat.

LÍNEA DE TANAUAN-BAÑADERO

El resto de la provincia de Batangas, más la parte de la provincia de la Laguna comprendida entre los arroyos Siranlupa y Pansol.

BRIGADA DE SILANG

Los límites de la línea Tanauan-Bañadero, la parte de costa de la Laguna de Bay comprendida entre la desembocadura arroyo Siranlupa y los límites de la provincia de la Laguna con la de Manila, descendiendo por el río Zapote hasta el paso Maledang y al Norte desde este punto por el paso Alibambang al barrio de Magasang sobre la carretera de Pérez-Dasmariñas á Imus al vado de Pasong-Castila en el río de San Agustín.

BRIGADA DE SAN FRANCISCO DE MALABÓN

Sus límites son Este el río de San Agustín desde Pasong-Castila hasta su unión con el río Ladrón, el mismo río hasta su desembocadura en la ensenada de Bacoor y toda la parte de costa de la bahía de Manila al Norte y Oeste de la citada desembocadura.

BRIGADA DE IMUS

Al Norte la costa de la bahía de Manila entre los ríos Zapote é Imus, al Oeste este río y el de San Agustín, al Sur los límites Norte de la brigada de Silang y al Este el río Zapote.

COMANDANCIA DEL DESIERTO DE MANILA

Toda la parte Sur de la provincia de Manila limitada al Norte por la línea de la embocadura del brazo más occidental del río Pasig á Parañaque.

COMANDANCIAS GENERALES DE MANILA
Y MORON Y DE LAS PROVINCIAS DEL CENTRO
DE LUZÓN

Los mismos que hoy tienen señalados.

INSTRUCCIONES

PARA LAS FUERZAS DE LA PROVINCIA DE CAVITE
Ó EN CONTACTO CON ELLA

Desde luego al situarse con las fuerzas que se les asigna ocuparán los puntos que hoy se encuentran guarnecidos si no reciben órdenes en contrario; cuidarán de tener constante enlace sus fuerzas con las límitrofes, bien entendido que éstos no existen cuando se trate de la persecución del enemigo.

Su principal misión será limpiar de rebeldes sus respectivas demarcaciones, para lo cual procurará tener en constante movimiento columnas más ó menos numerosas según el terreno que han de recorrer y noticias que tengan del enemigo.

Atraerán por todos los medios posibles á los que se hallan en el campo insurrecto, para lo cual mantendrán una exquisita vigilancia á fin de que las tropas hagan fuego únicamente á los que se presenten de una manera hostil, favoreciendo la reconstrucción de los poblados en los puntos convenientes con arreglo á lo dispuesto. No se destruirá más que lo absolutamente indispensable para la seguridad de los puestos y vías de comunicación.

Se recomienda el saneamiento de los poblados, caminos y campos, enterrando los cadáveres y quemando los animales muertos que hayan quedado al descubierto.

Los Excmos. Sres. Comandantes generales de artillería é ingenieros, Inspector de Sanidad é Intendente militar, tendrán muy presente esta orden general, para dentro de sus atribuciones respectivas tomar por su parte cuantas medidas fueran necesarias al mejor servicio, y á este fin procurarán tener noticia exacta y frecuente de las existencias de víveres, municiones, estancias de hospital y demás concerniente á sus cometidos, previniendo con su celo las necesidades de las tropas. El Excmo. Señor Intendente militar pondrá especial cuidado de que en la capitalidad de las brigadas y demás puntos ó puestos donde sea posible se suministre pan.

Como consecuencia á esta nueva organización, los señores jefes y oficiales que no tienen destino en ella volverán á desempeñar sus anteriores cargos. — El coronel jefe de Estado Mayor general interino, *Apolinar S. de Buruaga.*

Es indiscutible que al entregar el mando el insigne general Polavieja á su digno sucesor el general Lachambre, que por breves días lo ejerció, muy prestigiosamente por cierto, la insurrección estaba militarmente vencida y anonadados los elementos que la propulsaron. El general Polavieja, después de tender su mirada inteligente por el campo de la insurrección, había dicho: «En Cavite está el escándalo, y el peligro en Bulacán.» Ahora bien: en la primera de estas dos provincias quedaba lo que hemos consignado: algunos grupos rebeldes en las proximidades del Sungay, condenados á morir por inanición ó á fácil exterminio dentro del estrecho geométrico círculo en que se les encerró, sin que en él hubiera un solo punto vulnerable, es decir, de acceso

fácil para la huída: en Bulacán, desde el hecho de Cacarong de Sile, ó
lo que es igual, desde 1.º de Enero,
los rebeldes habían venido tan á menos, que en Abril ya no contaban
los 500 hombres que permanecían
alzados en toda la comarca más de
50 armas de fuego. El escándalo había cesado y el peligro había desaparecido.

¿Es que más tarde, en el mismo
territorio de la provincia de Cavite, que durante nueve meses vivie-
ra entre desórdenes y crímenes, aun
se produjeron hechos de guerra gloriosos para nuestras armas, pero
duros y á otra gestión ya encomendados? ¿Es que todavía hubo allí
un Maragondón y un Naic? ¿Es que
por fuera y más tarde aún se han
librado combates, cuales los de Pu-
ray, San Rafael y Aliaga? Todo ello
ha sido el soplo del Catipunan sobre los rescoldos del gran incendio
allí apagado por el valor de nuestras

tropas, incomparablemente dirigidas por el general Polavieja y llevadas perilísima y heroicamente á los lugares de combate por el general Lachambre y por todos los demás generales, jefes y oficiales del Ejército y Armada, cuyos nombres debe consignar en caracteres indelebles la historia patria, para rendirles el tributo que merecen.

¿Estaba previsto por el general Polavieja el caso de que aquel rescoldo, del apagado fuego, en la provincia de Cavite y en las demás se avivase por los vientos y de nuevo amenazara la destrucción de lo que se logró salvar? Nosotros no conocemos lo íntimo de lo que el general Polavieja pudo decir al gobierno de la Metrópoli; pero sabemos pensaba, que para consolidar el triunfo y no hacer estéril la sangre derramada, era preciso que la Patria hiciese nuevo esfuerzo y llevase á Filipinas 20 batallones más. Pensar esto, cuando no se había sufrido la menor contrariedad, sino, al revés, cuando todos los hechos de guerra constituían interminable serie de triunfos, aun cuando éstos costasen la vida en aquellos 122 días de mando á 1 general, 3 jefes. 16 oficiales y 279 soldados, y dejasen heridos, más ó menos gravemente, á 7 jefes, 73 oficiales y 1.200 individuos de tropa; pensar esto cuando el general Polavieja, victorioso pero enfermo, veíase obligado á regresar á la Madre patria, y, por consiguiente, desear tal aumento de fuerzas para mayor suma de medios de sus sucesores, era la demostración más evidente de que el general Polavieja comprendió perfectamente la extensión del mal entre los fanáticos tagalos.

Es seguro que lo que el general Polavieja pensaba, por patriótico deber lo expusiera al Gobierno de la Metrópoli, y si así aconteció, ¡ah!, nadie puede dudar que la gestión de este ilustre general, aunque rápida, fué tan gloriosa como completa: venció cuanto tenía al frente, y dió fórmula para vencer lo de después.

El 15 de Abril embarcó el general Polavieja para efectuar su viaje de regreso á la Madre patria. El magnífico vapor *León XIII*, de la Trasatlántica, le conducía. Si grandioso había sido el recibimiento que la ciudad de Manila había hecho al Marqués de Polavieja, no hay que ponderar las aclamaciones y sinceras muestras de respeto, admiración y cariño que caudillo tan ilustre recibió al abandonar la capital de las islas, dejando en ellas la más placentera eterna memoria.

En la mañana del citado día, Manila entera acudió á los muelles del Pasig, para dar triste entusiasta adiós de despedida al general esclarecido por tan notorias virtudes. Hiciéronsele los honores de ordenanza, y embarcó en la lancha de Malaca-

ñang, convoyada por todas las sur-
tas en las aguas de aquel río, y que
condujeron hasta el *León XIII* á todas
las autoridades civiles, militares y
eclesiásticas: allí iban, entre tan hermoso convoy, la *Felisa*, la *Polavieja*,
el *P. Capitán*, la *Cristina*, la *Ilo-ilo*,
la *Mariposa*, llevando á su bordo los
beneméritos voluntarios del batallón
y escuadrón de Manila y guerrillas
de San Miguel, San Rafael y del Casino español, los cuales habían en-
tregado el día antes al general Polavieja una espléndida placa conme-
morativa de la adhesión y respeto
que profesaban á su insigne General
en jefe.

Los barcos extranjeros tomaron
parte en aquellos agasajos, y el de la
armada inglesa, que estaba fondeado
en la bahía, le saludó con los mismos honores con que nuestra artillería de la plaza le despidiera. A las
nueve y media se levaron las anclas
del *León XIII:* las turbias procelosas

aguas de aquella inmensa bahía de 33 leguas de bojeo y 18 brazas de profundidad estaban tranquilas, sin duda para no impedir lo solemne de aquel desfile de embarcaciones por la proa del gran trasatlántico que conducía al ilustre soldado, á quien nosotros también saludamos con un entusiasta ¡Viva Polavieja!

BREVES CONSIDERACIONES

AL TERMINAR EL PRESENTE TOMO

~~~~~~~

Han resultado inútiles los esfuerzos que hemos practicado para comprender en un solo volumen todo cuanto creíamos deber decir acerca de la INSURRECCIÓN EN FILIPINAS: lo abundante de la materia y nuestra extraña sintaxis lo han impedido; pero también nos obligaría á la publicación de algún apéndice el hecho triste de prolongarse, cual se prolonga, el estado anormal en aquel territorio de la Patria, y la continuación de los trabajos que fuera del mismo ejecuta el laborantismo para mantener la guerra.

Tan incompletamente como el lector acaba de observar, la hemos des-

crito desde que estalló hasta el día
15 de Abril último, y siguiendo el
mismo orden cronológico, continua-
remos en el siguiente tomo sintetizando los principales hechos que hayan tenido lugar desde la expresada
fecha hasta la del 31 de Diciembre
del año actual. ¡Quiera Dios que antes de ella encuentre fin la insurrección tagala, y que no hayamos de
poner á prueba la paciencia de nuestros lectores, escribiendo un tercer
volumen !

FIN DEL TOMO PRIMERO

ÍNDICE

CPSIA information can be obtained at www.ICGtesting.com
Printed in the USA
LVOW03s1353051114

411991LV00043B/1373/P